Guía Práctica del Rolex Vintage

UN MANUAL DE SUPERVIVENCIA PARA LA AVENTURA DEL **R**OLEX VINTAGE

Una práctica enciclopedia para entusiastas, coleccionistas, buscadores y aficionados a los relojes Rolex vintage. Este libro de fácil consulta contiene información crucial, datos y especificaciones, detalles esenciales provenientes de catálogos y variantes de los ejemplares más deseados y coleccionables de Rolex.

Portable, de amena lectura y fácil de usar, esta guía desmitifica el lenguaje cifrado de la comunidad de coleccionistas y ayuda al lector a encontrar, adquirir y lucir ejemplares de alta calidad de los más hermosos Rolex del mercado de segunda mano.

Dedicatoria

Para todos los que tienen intereses y pasiones. Y para N. y B., quienes espero que algún día quieran llevar estos pedazos de metal que les dejo. Toda mi gratitud para Carla, una inspiración constante y un modelo a seguir. Te quiero más de lo que imaginas.

Créditos

Imágenes: Watch Geek YouTube, Jan Johnson (watchblog.dk), Benn.ch, Jocke, Orchi Pilar, Grenville Lawrence, Dominic Byrne, Melvin Hollenberg, Flickr The Commons, Wikimedia Commons, Imperial War Museum, The Internet Archive CC, Unsplash Creative Commons, Pixabay CC, Vecteezy, John Torcasio.

Traducción del inglés de Juan José Mateos.

Copyright

Todos los derechos reservados. Ninguna parte de este libro puede ser reproducida o utilizada en cualquier forma o medio, electrónico o mecanizado, incluyendo fotocopias o grabaciones o por cualquier medio de almacenaje de información y sistema de recuperación, sin el previo permiso por escrito del autor. El autor ha realizado un gran esfuerzo en la preparación de esta guía, asegurándose de la exactitud de los datos ofrecidos. Sin embargo, este libro no incluye ninguna garantía, expresa o implícita. Ni al autor, el traductor, los agentes y distribuidores serán responsables de cualquier daño causado directa o indirectamente por este libro.

Aviso Legal

Esta guía es una obra no autorizada compilada sin ninguna ayuda de Rolex, empresas asociadas o empleados en activo. Es un trabajo independiente sin vínculos legales, económicos o personales con la famosa casa relojera. No ha sido patrocinada por, asociada con o afiliada con Rolex S.A., Rolex USA o cualquier otra de sus empresas subsidiarias o afiliadas.

Las siguientes son marcas registradas de Rolex Watch Company Limited, Ginebra, Suiza: Rolex, el logotipo de la corona, Oyster, Oysterquartz, Sea-Dweller, Explorer, Submariner, Tridor, Jubilé, Jubilé, Milgauss, Air-King, Cellini, Tudor, Tudor Prince, Tudor Princess, Tudor Day-Date, Mini-Sub, Lady-Sub, Tudor Monarch, y el logotipo del escudo Tudor. El autor reconoce los derechos de propiedad intelectual de la compañía y sus subsidiarias y distribuidores.

Presentación

Esta guía está destinada a los coleccionistas de relojes Rolex vintage de segunda mano. Se trata de una guía de campo en la que realizar comprobaciones rápidas que pretende ser concisa, exacta y centrada en los datos. Engloba líneas de productos y referencias al tiempo que remarca aspectos importantes para los coleccionistas. Muchos de estos detalles no tendrán mayor interés para el cliente promedio de Rolex, pero resultarán cruciales para el comprador de relojes Rolex vintage.

Esta guía busca llenar el vacío existente entre los libros de sobremesa y las referencias técnicas de los fabricantes. Compila el conocimiento interno y la experiencia de varios coleccionistas, resumiendo la información esencial necesaria para adquirir un Rolex vintage. Esta guía no es una biografía de Hans Wilsdorf ni un relato histórico sobre sus empresas, sino un libro centrado en los propios relojes, tomando el punto de vista de un coleccionista. Si lo que busca son los datos y la información necesaria para hacer una buena compra, esta guía de supervivencia para el comprador le resultará esencial.

Este libro partió de un resumen de notas y datos que yo mismo he buscado y recopilado a lo largo de muchos años. Aunque me gustaría decir que está completamente libre de errores, no puedo hacerlo. He hecho un gran esfuerzo por verificar y refrendar la información con manuales de servicio, catálogos y materiales de venta. Sin embargo, gran parte de esta información proviene de fuentes secundarias, como catálogos de subastas y foros sobre relojes online.

Todo ese conocimiento colectivo ha sido recopilado aquí para ser compartido con otros. Espero poder dotar al lector de la potencia de fuego intelectual necesaria para poder hacer frente a los indeseables personajes que acechan en las sombras del mercado de relojes vintage.

Información y Verificación

Se ha realizado un gran esfuerzo por verificar la completa exactitud de la información ofrecida en esta guía. Esta verificación se ha realizado mediante la consulta de múltiples fuentes y realizando pruebas de control de calidad.

Para validar la descripción de las referencias se ha empleado Amazon Mechanical Turk (MTurk) y Human Intelligence Tests (HIT). Mturk es una plataforma que coordina a usuarios realizando búsquedas en internet. Su labor fue confirmar las especificaciones y descripciones de las referencias Rolex.

Los investigadores humanos descartaron las búsquedas no concluyentes basándose en el predominio de los resultados. El juicio de alguien no experto en la materia puede generar resultados imperfectos, al igual que los propios empleados de Rolex pueden incurrir en un uso erróneo del formato de numeración referencial.

Las referencias más excepcionales y poco comunes han sido particularmente sometidas a esta valoración humana. Pese a que sean pocos, es posible que existan errores de este tipo.

Los resultados HIT fueron sometidos a un control de calidad para verificarlos mediante un proceso independiente. Individuos contratados a través de Fiverrr.com realizaron comprobaciones de datos al azar de los resultados de Amazon.

La verificación del control de calidad consistió en realizar el mismo tipo de búsquedas hechas por los equipos de Amazon HIT. Aproximadamente 150 referencias fueron seleccionadas al azar para ser verificadas, 1 de cada 10 resultados de Amazon HIT. La tasa de error detectada fue insignificante.

La calidad de los datos aquí recogidos resultará aceptable para la mayoría de los coleccionistas. Sin embargo, si usted cuenta con información acerca de una referencia que considere que es correcta y no se incluye aquí, por favor, hágamelo saber. Estaré encantado de realizar correcciones y expandir la información, y será un placer saber de los lectores de esta guía.

morningtundra@gmail.com

revised: IV 2020

ÍNDICE

INTRODUCCIÓN 1
    Rolex antiguos 3
    Rolex vintage 5
    Rolex modernos. 7
    Rolex contemporáneos. 8
    La caja y corona Oyster. 9
    El movimiento Perpetual 10

AUTENTICIDAD, ORIGINALIDAD E INTEGRIDAD 11
    Autenticidad 12
    Originalidad 12
    Integridad 13
    Transicionales 14

COMPRA 15

EN NÚMEROS 21
    Números de serie de cajas. 25

ESTADO 27
    Cajas 28
    Sellos de calidad 34
    Evaluación de esferas 37
    Manecillas. 46
    Coronas. 49
    Cristales. 50

RELOJES ANTIGUOS Y DE BOLSILLO 51
    Tabla de referencias de relojes de bolsillo 53
    Rolex Prince 53
    Tabla de referencias del modelo Prince y Princess 56
    Tabla de referencias de otros modelos de pulsera. 57
    Cronógrafos y Moon Phase antiguos 63
    Tabla de referencias del modelo Dato-Compax 65
    Tabla de referencias de cronógrafos antiguos 68

RELOJES HERRAMIENTA 73
    Oyster Perpetual Submariner . . . 71
    Tabla de referencias del modelo Submariner 88
    Oyster Perpetual Sea-Dweller . . . 92
    Tabla de referencias del modelo Sea Dweller 101
    Oyster Perpetual Yacht-Master . .102
    Tabla de referencias del modelo Yacht-Master 104
    Oyster Perpetual Explorer 105
    Tabla de referencias del modelo Explorer 107
    Tabla de referencias del modelo Explorer II 107
    Oyster Perpetual Explorer II. 108
    Oyster Perpetual Milgauss 113

Tabla de referencias del
modelo Milgauss 115

Cosmograph Daytona 116

Oyster Perpetual Air-King 122

Tabla de referencias del
modelo Air King 125

Oyster Perpetual GMT-Master . . . 126

Tabla de referencias del
modelo GMT Master 131

RELOJES CLÁSICOS Y CROSSOVERS 135

Oyster Perpetual 141

Tabla de referencias del
modelo Oysterdate 152

Oyster Perpetual Datejust 156

Oyster Perpetual Day-Date 167

Rolex Bubbleback 174

RELOJES DE VESTIR 185

King Midas 187

Cellini Prince 189

BRAZALETES 195

Eslabones terminales y
pasadores 199

Códigos y modelos de
brazaletes 204

MOVIMIENTOS 217

Cronograma de movimientos . . . 226

Tabla de referencias de
movimientos 227

ACCESORIOS 235

EPÍLOGO 243

INTRODUCCIÓN

"El escritor que engendra más palabras de las que necesita da tarea al lector que lee."
- Dr. Seuss

Rolex lleva fabricando relojes en una gran variedad de estilos desde hace más de un siglo. Los diseños y líneas de sus productos han ido cambiando según los gustos predominantes y las modas de cada momento. Aquellos relojes con un estilo similar se agrupan en una *colección*. También estas colecciones han variado con el tiempo.

Cada reloj dentro de una colección tiene un número de referencia. Los más entusiastas de la relojería conocen cada modelo de reloj por su número de referencia (ref.). Esta misma costumbre se da al hablar de los mecanismos internos.

El mecanismo de un reloj, también conocido como *movimiento*, puede presentar una variedad de configuraciones. Cada variante es llamada *calibre* (cal.), y es identificado por un número de serie único. Un calibre puede contar con funciones específicas como cronógrafo (o cronoscopio), calendario o segundo huso horario. Estas funciones adicionales son conocidas como *complicaciones*.

Esta críptica jerga puede ser una irritante barrera de entrada para los recién iniciados. Sin embargo, los entusiastas tienden a emplear apodos, muchos de ellos un tanto infantiles, para referirse a ciertos relojes. Entre estos apodos se incluyen nombres de superhéroes y estrellas de cine.

Los hábitos de la comunidad del Rolex vintage pueden ser tan peculiares como sus propios miembros, por lo que comprenderlos a ellos y a sus relojes requiere de cierta paciencia. Contagiarse de su locura en este proceso es inevitable. Los primeros síntomas incluyen obsesión compulsiva y desconexión de la realidad, mientras que los casos extremos pueden derivar en bancarrota y divorcio.

Si, pese a todo, aún está usted interesado en adquirir un Rolex vintage, esta guía le servirá como Piedra de Roseta, un decodificador universal del lenguaje cifrado propio de esta extraña obsesión.

Esta guía cuenta con más de 1.400 referencias únicas. Las cifras oficiales y los volúmenes de producción siguen siendo un secreto ya que Rolex nunca ha hecho públicos sus registros oficiales al respecto.

El conocimiento que poseemos proviene de propietarios, coleccionistas, entusiastas, archivistas e historiadores. Sus datos proceden de viejos catálogos, anuncios y manuales de servicio para relojeros.

Combinando esta información con la observación directa, los estudiosos logran inferir una gran cantidad de detalles hasta el momento desconocidos.

El vacío de información deja espacio para el debate y la especulación. Estas carencias de conocimiento a nivel público han suscitado considerables esfuerzos académicos e investigaciones en los últimos años.

La mayoría de la información que hoy poseemos proviene de la extrapolación y el cruzamiento de datos de antiguos catálogos y documentos de los centros de servicio. Pese a ser ricos en detalles, contienen errores de traducción y diferencias regionales.

Esta incertidumbre da lugar a mucho misterio y controversia, especialmente en torno a los relojes de edición especial, como los fabricados para personajes destacados o miembros de la realeza. Lo mismo ocurre con las ediciones limitadas realizadas para clientes comerciales como Comex y Pan American Airways (Pan Am). Además, se realizaron versiones adaptadas especialmente para las fuerzas armadas y prototipos que nunca salieron al mercado, ejemplares que resultan especialmente complejos de autentificar.

Tanto las referencias como el volumen de producción han fluctuado coincidiendo con los periodos de mayor o menor pujanza comercial de Rolex. Los procesos de producción y los métodos de gestión han debido adaptarse a los cambios socioeconómicos, incluyendo dos guerras mundiales, depresiones, revoluciones tecnológicas y cambios de gusto y modas. Estos hitos históricos hacen de la producción de cada periodo un reto singular para coleccionistas y compradores.

Los coleccionistas agrupan los relojes de estos periodos en tres categorías generales: antiguos (antique), vintage y modernos (modern classics). A su vez, se establecen varias subcategorías como Bubbleback, Military, Arabic o Transitional. La delimitación precisa de cada uno de estos grupos sigue siendo subjetiva pese a su uso cotidiano, generando dudas en el comprador inexperto.

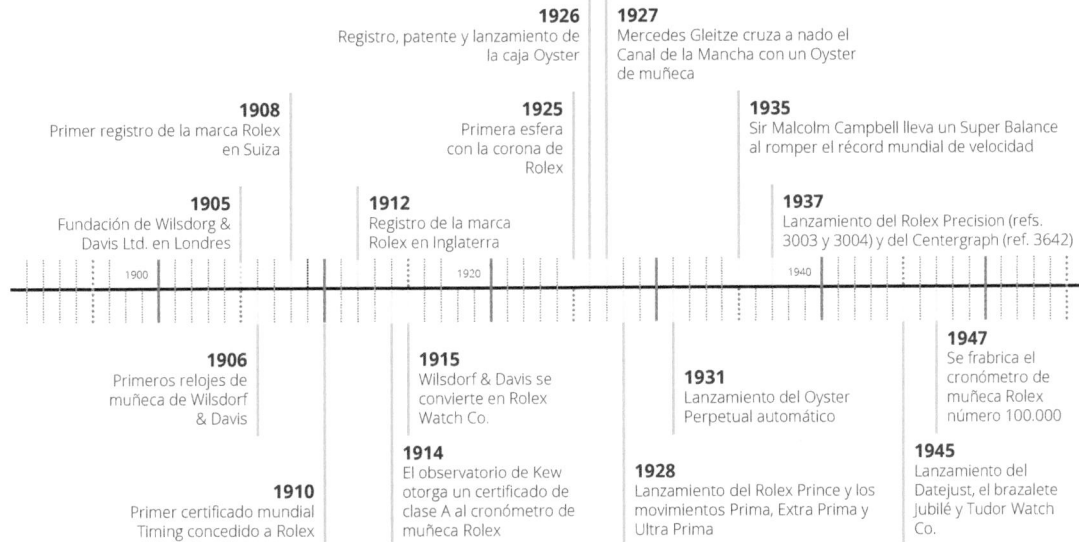

Rolex antiguos

Son considerados relojes antiguos aquellos producidos hasta finales de los años cuarenta. Se caracterizan por tener un tamaño menor al de los modelos actuales.

Los ejemplares producidos en torno a la Segunda Guerra Mundial son escasos, frágiles y escasamente originales en su totalidad. Aun siendo hermosos de contemplar, su delicadeza los hace poco aptos para el uso diario. Entre sus estilos encontramos el de bolsillo, el de trinchera o el de vestir, tanto para hombre como para mujer.

En esta época Rolex experimentó con distintas marcas y nombres comerciales destinados a diferentes regiones y mercados, incluyendo la Commonwealth británica y sus colonias. Existe un considerable interés por estos Rolex antiguos y sus submarcas experimentales.

Estos modelos conforman un grupo específico en lo referente a reparaciones y mantenimiento, servicios especializados que tienden a desaparecer.

Los Rolex antiguos que han llegado hasta nuestros días son auténticas proezas del diseño de comienzos del siglo XX. Resultan especialmente reseñables teniendo en cuenta su contexto histórico original.

La primera mitad del siglo XX fue una época difícil en la que prosperar como empresario, especialmente para los comerciantes alemanes, que se enfrentaban a un mercado hostil y poco receptivo.

Los Rolex antiguos resultan atractivos para un puñado de coleccionistas interesados en sus características particulares como su tamaño y su durabilidad. En cualquier caso, estos relojes son históricamente significativos sea cual sea su estado, por lo que aquellos en buenas o excelentes condiciones son muy deseados, adquiriéndose por grandes sumas.

Marcas alternativas de Rolex

Admiralty	1914-1923	Reloj de bolsillo estilo half hunter con punzón del joyero.
Aqua	1927-1959	Primeros Oyster resistentes al agua, anunciado junto al Submarine.
Buick	1940	Se cree que fue destinado únicamente al mercado canadiense.
Eaton ¼ Century Club	1930-1950	Regalo para empleados premiados de las tiendas Eaton.
Genex	1920-1933	Registrado 1922 y vendido a A. Schild en 1933.
Hans Wilsdorf Geneva	1935-1940	Escaso y montado únicamente en cajas Oyster.
Hofex	1920	Un fabricante solo de mecanismos.
Ingersol	1920	Historia compleja, la empresa cambió de propietario varias veces.
James Walker Ltd, London	1920	Distinguido vendedor inglés que también ofrecía Rolex y Marconi.
Lonex	1915-1920	Fallida marca de relojes de bolsillo.
Marconi	1909-1920	Un precursor del Tudor.
Neptune	1930	Los primeros Oyster, destinados al mercado canadiense.
Oyster	1930 - 1940	En los países de la Commonwealth (Canadá, Singapur, India).
Panerai	1930	Rolex suministró mecanismos, esferas y cajas a Panerai.
Rolco	1927-1930	Comercializado en los paises de la Commonwealth.
Rolwatco	1922-1926	Relojes para mujer, cajas habitualmente de oro de 9 quilates.
Sky-Rocket	1930	Mercado canadiense.
Solar Aqua		Fabricado para tiendas Eaton y Lund & Blockley.
Tudor	1926	Adoptada formalmente en 1946, reemplazando todas las demás marcas aquí listadas (a excepción del Solar Aqua y el ¼ Century Club).
Turtle	1930-1942	Creada para los hermanos Zell de Portland, Oregon. Incluye las submarcas Turtle Timer, Turtle Deluxe, Turtle Perpetual, Turtle Lipton y Turtle Royal.
Unicorn	1919-1933	Una marca conocida que habría reemplazado a Marconi. Comercializada junto a Rolco. A. Schild la compró en 1933.
Viceroy	1925-1935	Marca de relojes de trinchera.
Victory	1945	Marca conmemorativa de la victoria de los aliados en la IIGM. Comercializado en los paises de la Commonwealth.
Wilson & Sharp Edinburgh	1920	Un distinguido joyero escocés.
Wintex	1920	Un fabricante solo de mecanismos.

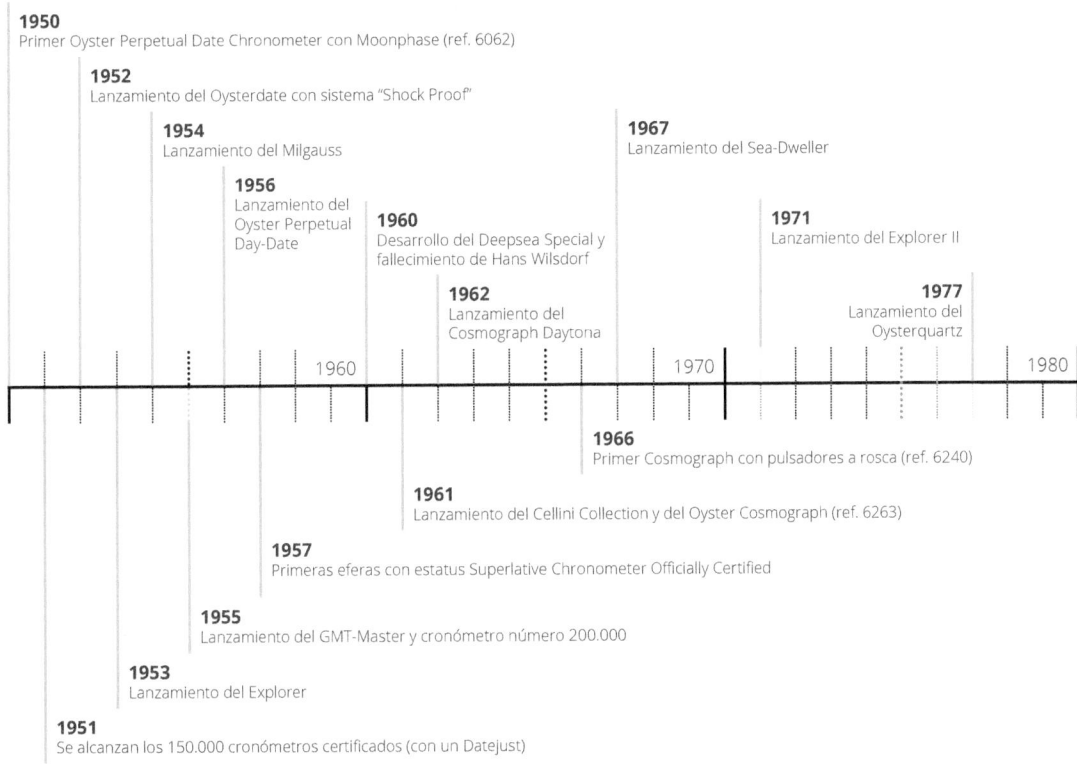

Rolex vintage

Los relojes clásicos o de la era *vintage* son aquellos producidos entre las décadas de los cincuenta y los setenta.

Este resultó ser un periodo especialmente prolífico para Rolex. Lograron el éxito comercial con sus nuevas líneas de relojes deportivos y profesionales. Fue un periodo de relativa calma a nivel mundial, lo que permitió que la marca se expandiera a nuevos mercados lanzando productos novedosos.

Superada la guerra, grandes hombres y mujeres tuvieron libertad para perseguir sus objetivos personales. Los años cincuenta y sesenta fueron tiempos extraordinarios para estos pioneros. La libertad para viajar y una relativa prosperidad facilitaban la persecución de estas nuevas metas, rompiéndose récords en todo el mundo.

Una precisa medición del tiempo resultaba crucial en campos como el montañismo, la aviación, la exploración, los viajes espaciales o el buceo de saturación. El reloj de muñeca era un instrumento crítico, y Rolex había emprendido la misión de fabricar el mejor.

Los coleccionistas consideran esta como la época dorada, con referencias robustas y resistentes al uso. Muchas de ellas son históricamente relevantes y han sobrevivido al paso del tiempo en excelentes condiciones.

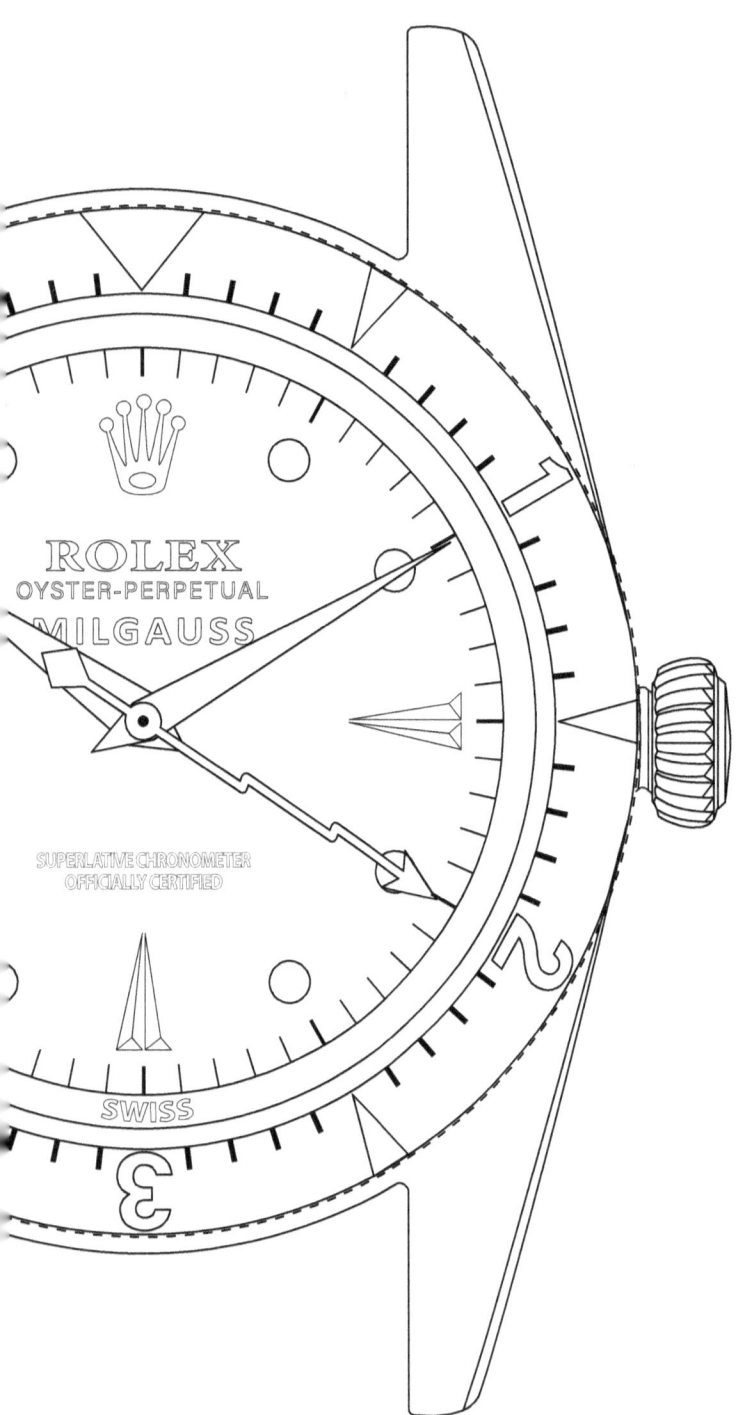

El mercado de los Rolex vintage es amplio y dinámico. Los precios han mantenido una trayectoria al alza desde hace años atrayendo a nuevos coleccionistas, inversores y especuladores. Los modelos diseñados para actividades exigentes al aire libre son los que han protagonizado las mayores subidas. Los más prácticos y populares son aquellos hechos de acero inoxidable.

Esta rápida subida de precios ha atraído la atención de inversores y especuladores, por lo que el joven coleccionista debería saber que los Rolex vintage no conforman una clase de activo de inversión. A diferencia de los activos de inversión, los relojes requieren de un mantenimiento costoso y son propensos a sufrir daños o ser objeto de robo. Con precios volátiles, los relojes resultarán poco rentables como valor refugio a largo plazo. Compradores, entusiastas y coleccionistas deberían reconsiderar sus razones para invertir en esta clase de relojes.

En posteriores capítulos de esta guía examinaremos ejemplos de las dificultades específicas a la hora de adquirir cada modelo, desde el problema de las falsificaciones a las restauraciones poco profesionales. Encontrar ejemplares originales en condiciones aceptables no resulta fácil.

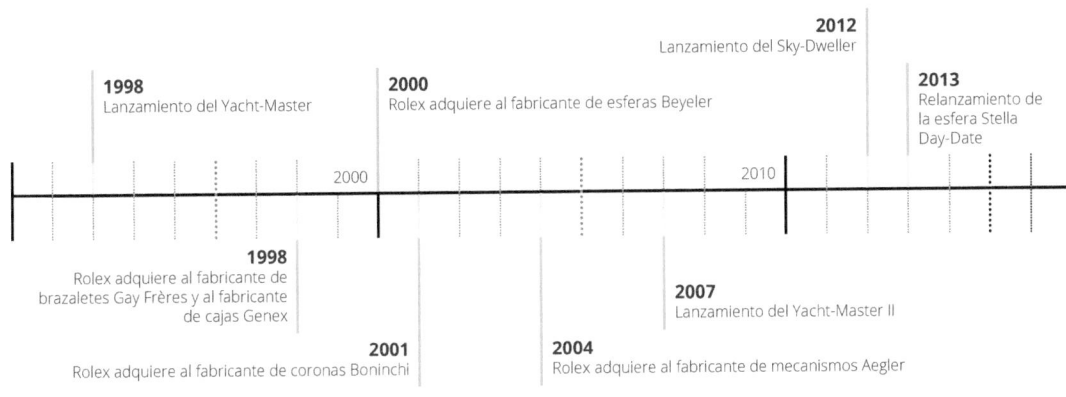

Rolex modernos

Los Rolex modernos (*modern classics*) son aquellos relojes producidos entre los años ochenta y el cambio de siglo. La denominación no es oficial, sino acuñada por los coleccionistas, y no debería confundirse con la colección Rolex Classic o con otros modelos de estilo clásico.

Este tipo de relojes son, en general, rediseños basados en icónicos modelos clásicos. Los centros de servicio Rolex aún pueden trabajar en ellos gracias a sus movimientos contemporáneos y disponer de recambios, lo que hace estos relojes más accesibles y prácticos de mantener para el coleccionista neófito.

Este grupo de clásicos modernos se ha ganado el corazón de los coleccionistas más jóvenes, ya que aquellos entusiastas con menor experiencia a menudo no cuentan con los recursos y los conocimientos necesarios para lanzarse de cabeza a la adquisición de modelos vintage o antiguos.

El mercado de los clásicos modernos es el de más rápido crecimiento. Es líquido, pero en la actualidad todavía ofrece valoraciones y precios razonables.

Esta época fue un periodo de agresivas adquisiciones empresariales para Rolex impulsadas por su director general Patrick Heiniger, cuyo objetivo era lograr la integración vertical de la cadena de suministradores. La velocidad a la que fue capaz de adquirir e integrar subcontratistas, suministradores y asociados supone un triunfo de la gestión y el liderazgo empresarial.

El resultado fue una producción más consistente, con menos defectos y anomalías. Estas características, comunes en los vintage, lo son mucho menos en los modernos gracias a una producción simplificada y unos controles de calidad mejorados.

Oyster Perpetual Classic	Oysper Perpetual Professional	Cellini
Oyster Perpetual	Cosmograph Daytona	Cellini Time
Datejust	Sea-Dweller	Cellini Date
Day-Date	Submariner	Cellini Dual Time
Pearlmaster	GMT-Master II	Cellini Moonphase
Sky-Dweller	Explorer	
	Explorer II	
	Milgauss	
	Yacht-Master	
	Yacht-Master II	

Rolex contemporáneos

La relevancia histórica es una característica atractiva de los Rolex antiguos, vintage y modernos. Los grandes logros humanos posibilitados por una precisa medición del tiempo no hacen sino incrementar la carga nostálgica de estos relojes.

Calcular el tiempo de vuelo, de oxígeno o de luz solar son algunas de las funciones de importancia crítica que impulsaron aún más la reputación de estos relojes. La historia de la horología los ha reconocido como herramientas esenciales y sus descendientes modernos reclaman con orgullo esta parte de su genealogía.

Rolex sigue capitalizando su legado, comercializándolo intensamente. Muchos compradores de Rolex contemporáneos creen que están adquiriendo un pedazo de su historia. Pese a su belleza, estos son relojes producidos en masa como modernos artículos de joyería de lujo que homenajean a sus antecesores clásicos.

La actual gama de productos Rolex obtiene gran parte de su dignidad de estos viejos relojes y su nostálgico legado. Todas las colecciones actuales incluyen algún ejemplar basado en modelos anteriores. Diferentes números de referencia identifican de forma única a cada uno de ellos.

El sistema de numeración referencial ha evolucionado de forma irregular a lo largo de los años. Incluso durante periodos de producción estables se dan extrañas inconsistencias. Estas anomalías hacen que el coleccionismo resulte más desafiante y entretenido. Esto ya no sucede con los Rolex contemporáneos, ahora uniformemente perfectos gracias a los sofisticados métodos de manufacturación modernos.

El objetivo de esta guía son los Rolex antiguos y vintage de segunda mano. Sin embargo, para ofrecer un contexto más completo, es necesario incluir referencias contemporáneas de las colecciones actuales. Encontrará varios ejemplos más adelante con el fin de ofrecer una mejor imagen de conjunto y establecer una base para el coleccionismo de ejemplares antiguos, vintage y modernos.

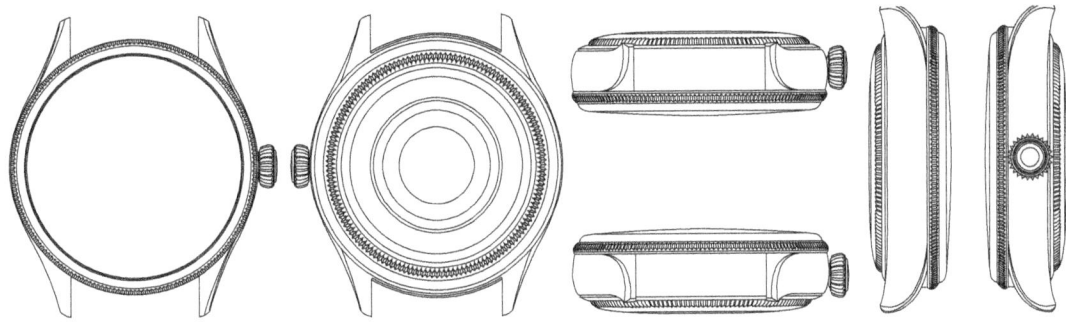

La caja y corona Oyster

La marca Oyster es comúnmente asociada a la icónica caja resistente al agua. Pocos saben que también existió una colección de relojes con este mismo nombre lanzada en 1926. Esta primera colección Rolex Oyster será estudiada en secciones posteriores de esta guía.

Las cajas resistentes al agua ya existían antes de que Rolex introdujese la Oyster. Dennison, un fabricante de cajas británico, logró una patente en Reino Unido en 1872, y Ezra Fitch, cofundador de la marca Abercrombie & Fitch, obtuvo una patente estadounidense en 1879 y 1881. Estas patentes y diseños fueron combinadas y puestas al servicio del Alcide Droz & Fils Impermeable, un reloj de bolsillo resistente al agua hecho en 1883.

En 1917 dos submarinistas comandantes de la Marina Real británica encargaron el reloj Submarine Commanders. Se trataba de un reloj de muñeca resistente al agua con fondo roscado y bisel, ambos con juntas tóricas. Contaba además con una junta hermética en el tubo que evitaba que el agua entrase al interior del reloj a través de la corona. Aunque hoy en día este diseño es habitual en los Rolex, no resultó un éxito comercial en su momento.

En octubre de 1925 Paul Perregaux y Georges Perret registraron la patente suiza nº 114.948 correspondiente a una corona que se roscaba a la carrura creando un sellado hermético. Esta es la patente que Hans Wilsdorf adquirió y que posteriormente expandiría y mejoraría.

Menos de un año después, en 1926, Wilsdorf registró la patente nº 120.848 y aplicó el diseño a su caja Oyster.

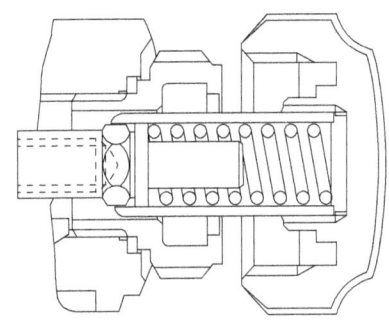

Dibujo de la patente: sección de la corona a prueba de agua Triplock.

El movimiento Perpetual

La historia de la caja Oyster está íntimamente relacionada con la invención del movimiento automático Perpetual.

En el pasado era habitual que los propietarios de relojes olvidasen ajustar completamente la corona sellando herméticamente la caja. Estos descuidos tenían como resultado el daño terminal de los componentes internos del reloj. Rolex concluyó que la solución a este problema pasaba directamente por eliminar la necesidad de desenroscar la corona para darle cuerda al reloj, lo que desembocó en una agresiva carrera por desarrollar un movimiento automático.

Rolex empleó por primera vez el término *Perpetual* con su primer movimiento bumper o de martillo de tipo automático en 1931. Los movimientos de martillo emplean un muelle unido a una pesa que oscila adelante y atrás (o arriba y abajo), a diferencia de los movimientos oscilantes de un rotor.

El diseño rotatorio no fue una innovación de la industria; su creación se debe a John Harwood de la Isla de Man, en 1923. Al no ser capaz de comercializar su invento o ejercer la patente, compañías como Rolex aprovecharon la idea.

En 1931 Rolex ya había establecido los cimientos de su futuro éxito comprando las patentes necesarias y realizando sus propias pequeñas mejoras de diseño. Esto condujo al rotor de giro de 360 grados, que fue aplicado a los movimientos manuales convencionales y encapsulado en cajas resistentes al polvo y al agua.

La altura y anchura resultante era mayor que la de los modelos de la competencia, muchos de los cuales contaban con diseños técnicos más sofisticados.

Este producto de gran tamaño no debería haber sido un éxito de ventas, y, sin embargo, gracias su destreza comercial y a su habilidad para influenciar la percepción de los clientes, Rolex logró dominar la industria con estas pequeñas innovaciones.

Rolex ofrecía algo robusto y sustancial que llevar en la muñeca, a lo que no era necesario darle cuerda (aunque era posible hacerlo) y resistente a los elementos. No se trataba de alta horología, sino de una apuesta por lo práctico y lo efectivo, inteligentemente empaquetado y lanzando con rapidez.

Y por ello, casi un siglo después, las palabras OYSTER y PERPETUAL adornan casi todas las esferas Rolex que salen de su manufactura.

AUTENTICIDAD, ORIGINALIDAD E INTEGRIDAD

"Aquellos que eran vistos bailando eran considerados locos por quienes no podían escuchar la música."
- Friedrich Nietzsche

La comunidad del Rolex vintage es diversa y engloba numerosos puntos de vista, a menudo contradictorios.

Existe, especialmente en internet, una malsana y exagerada obsesión por la originalidad, la autenticidad y la integridad. Aunque estos aspectos son importantes, los recién iniciados deberían mantener una cierta perspectiva, atendiendo al contexto y recordando sus propias prioridades.

La mayoría de nosotros buscamos un Rolex auténtico, en buenas condiciones cosméticas y en un adecuado estado de funcionamiento. Aunque esta guía no le ayudará a identificar una falsificación, reducirá las posibilidades de que sea engañado al intentar encontrar un reloj de estas características sin sobrepasar su presupuesto.

Las falsificaciones o réplicas son ensambladas con la intención de engañar. Las restauraciones y los nuevos acabados también pueden realizarse con esta misma intención, buscando hacer pasar un ejemplar como enteramente original. Mientras que las falsificaciones son ilegales, las restauraciones no declaradas no lo son, por lo que los compradores deberían estar atentos a señales de intervención o modificaciones.

Las esferas falsas pueden ser extremadamente difíciles de identificar, incluso para los supuestos entendidos. Los avances en tecnología y materiales y las décadas de práctica han dado lugar a falsificaciones increíblemente convincentes. Muchas son realizadas a partir de esferas Rolex genuinas extraídas de relojes donantes. Los falsificadores están bien informados, altamente preparados, cuentan con generosos recursos y logran engañar a expertos de todo el mundo. Por tanto, si usted cae en uno de sus engaños, no sea demasiado duro consigo mismo. Le puede ocurrir al más diligente e informado de los compradores.

Autenticidad

Muchas fuentes autorizadas pueden refrendar la autenticidad de un Rolex vintage. Las mejores opciones son los Centros de Servicio Rolex autorizados (Rolex Service Centers o RSCs) y los especialistas independientes en Rolex vintage.

Tal vez le sorprenda saber que muchos distribuidores autorizados y vendedores al por menor de Rolex carecen de la capacidad para autentificar Rolex antiguos y vintage.

La *autenticidad* señala si un reloj contiene algún componente no original de Rolex o piezas falsas. Esta una cuestión de niveles, que van desde la falsificación completa al Rolex genuino modificado con algunas piezas del mercado de postventa. El término debería emplearse con cautela ya que los límites no siempre son claros.

La autentificación requiere abrir la caja y examinar el movimiento. Un relojero con experiencia debería ser quien se encargase de esto personalmente, empleando las herramientas adecuadas. Si esto no le fuera posible, existen otras opciones.

Comience tomando fotografías bien enfocadas e iluminadas desde todos los ángulos. Retire la correa o el brazalete y tome fotografías de los números grabados entre las asas. Si es posible, retire el fondo y tome fotografías de los números grabados y del movimiento.

Centro de Servicio Rolex en Praga, República Checa

Comparta estas fotografías en un foro online sobre relojes. Coleccionistas con experiencia y entusiastas le darán sus más honestas opiniones. Los distintos puntos de vista pueden ayudarle a establecer el grado de autenticidad de un reloj y a calcular el riesgo relativo.

Originalidad

Al hablar de *originalidad* estamos asumiendo que todos los componentes son auténticos. La originalidad será determinada por la ausencia de piezas de recambio o de segunda mano. Aún cuando estas piezas sean genuinas, habrán sido incorporadas tras el proceso de fabricación.

La originalidad concierne principalmente a un pequeño grupo de coleccionistas de élite. Son personas interesadas en lo más exclusivo del mercado por su excepcionalidad, como son los ejemplares nunca usados, en perfecto estado y jamás modificados.

Estos relojes habrán pasado décadas a buen recaudo en alguna caja fuerte, por lo que su estado es conocido como NOS (New Old Stock). Un NOS es un reloj nuevo, nunca vendido, un resto de inventario correspondiente a viejas existencias.

La enorme mayoría de los relojes vintage disponibles para el aficionado medio no son NOS, sino relojes usados y gastados que han adquirido un encanto y carácter único. En el caso de estos ejemplares, la originalidad importa mucho menos que otros factores como su estado de funcionamiento y su autenticidad.

El calificativo *completamente original* (all original) se reserva a aquellos relojes que contienen las mismas piezas con las que salieron de fábrica. Esto implica que nunca han sido abiertos o reparados. Se trata de ejemplares únicos, piezas de museo que nadie querría llevar en la muñeca.

Los actuales talleres de restauración y repristinación son capaces de devolver cualquier reloj a un estado anterior, incluyendo el NOS. Esto equivale a poner a cero el cuentakilómetros de un coche. Ya que la intervención es imposible de detectar, denominar estos relojes como completamente originales supone una falta de honestidad.

Integridad (Correctness)

Hablamos de *integridad* cuando todas las piezas de un Rolex son las propias de esa referencia y pertenecen al mismo conjunto. Esto también se conoce como *integridad temporal* (period correctness).

Es habitual encontrar relojes en los que los números de referencia del fondo y de la caja no se corresponden. Muchos fondos son intercambiables y se pueden trocar de manera fortuita si se junta varias sobre el banco de trabajo de un relojero. Otras veces no hay repuestos del fondo original disponibles y el relojero tiene que utilizar cualquier otro que encaje.

También es común ver un bisel reemplazado que no se corresponde con la edad del reloj o no es el mismo que el bisel original del ejemplar. Esto es habitual en los relojes GMT Master, en los que el propietario puede elegir el color del bisel a su gusto.

También es posible encontrar un reloj al que se le ha colocado un brazalete que no se encontraba entre las opciones oficiales. Pese a que los componentes reemplazados de un Rolex no deberían ser determinantes al comprar un reloj que le guste, reconocerlos puede serle útil para entender mejor el valor del ejemplar y negociar un precio justo.

Transicionales

Por lo general, los relojeros suizos tienen una cultura frugal y consciente de los costes. Es habitual diseñar piezas y componentes aptos para ser reutilizados en diferentes líneas y modelos.

La introducción de una nueva referencia a menudo permite la utilización de restos de inventario, lo que muchos fabricantes aprovechan.

Estos curiosos relojes con sus configuraciones anómalas son conocidos como *transicionales*. Los transicionales son aquellos modelos que incluyen partes o componentes de referencias previas o futuras. Los coleccionistas se debaten entre si son más o menos deseables o coleccionables.

Aunque fueron producidos en volúmenes relativamente pequeños, no aparejan un precio superior frente a los modelos no transicionales.

Es común encontrar fondos con el número de referencia inicial borrado y uno nuevo añadido. Este tipo de correcciones no son problemáticas si el número de referencia pertenece a un periodo en el que se produjo una transición entre modelos. También es posible ver antiguas esferas y movimientos ensamblados en cajas nuevas (como es el caso del Submariner ref. 168000), o movimientos retirados usados en modelos de nueva producción (GMT-Master ref. 16710 con cal. 3135).

Submariner transicional ref. 168000

Los coleccionistas sin experiencia a menudo tildan estos ejemplares de falsificaciones o relojes Frankenstein montados a partir de excedentes o piezas sobrantes. Los coleccionistas más informados los reconocen como oportunidades.

Todas las líneas de Rolex cuentan con ejemplares reconocidos como transicionales, pero pocas tienen números de referencia específicos, como el Submariner ref.168000.

Estos no siempre son fáciles de identificar, por lo que los modelos transicionales genuinos pueden ser difíciles de autentificar como originales. Pese a esto, en capítulos posteriores encontrará información que le ayudará a determinar la autenticidad y la integridad de las referencias transicionales.

COMPRA

"El dinero no compra la felicidad, pero sí hace más agradable la desdicha."
- Spike Milligan

Si le interesan los Rolex vintage, en algún momento preguntará, ¿cuánto cuestan?

Hay muchos aspectos técnicos a considerar, pero el precio dependerá en gran medida de si usted pretende comprar o vender y de si de la parte contraria es un profesional o un particular. En cualquier caso, las valoraciones, como las opiniones, varían ampliamente.

El comprador debería reflexionar con detenimiento sobre la diferencia entre precio y valor y lo que estos conceptos significan para él personalmente.

Examine sus propias motivaciones. ¿Busca una pieza de joyería o algo en lo que invertir su capital a largo plazo? ¿Planea reunir una colección o encontrar un regalo para alguien especial? ¿Será este su primer o su último Rolex? Estas preguntas ahondan en la importancia le damos al valor y al precio.

Olvidarse de la introspección y dejarse llevar por el entusiasmo del vendedor le traerá sorpresas no deseadas y decepciones.

Si el *precio* es la cantidad de dinero necesaria para adquirir un reloj, entonces el *valor* es el aspecto deseable de ese reloj en términos de permutabilidad. Aunque estos dos conceptos están relacionados, no deberían confundirse entre sí.

Por ejemplo, un Submariner ref. 1680/1 de acero inoxidable alcanzará un precio inferior al de su variante en oro, la ref. 1680/8. Sin embargo, la variante en acero inoxidable es considerada más valiosa debido a su mayor demanda y la facilidad con la que puede ser vendida de nuevo.

En este caso, el valor está determinado por la amplitud del mercado y su liquidez. Mientras que el 1680/8 de oro macizo resulta soberbio y muy deseable, pocos coleccionistas se lo pueden permitir, por lo que revenderlo le llevaría bastante tiempo.

Los gustos predominantes respecto a un pesado Rolex de oro macizo varían geográficamente, aunque el mercado general de un 1680/8 siempre será más limitado y menos líquido que el de su variante en acero inoxidable.

Para un *comprador* con visión de futuro, el valor implica tranquilidad, servicio y conveniencia. Para un *vendedor*, el valor supone rapidez de transacción, tasas bajas, comisiones, volumen de negocio y aumento de su reputación.

Hya riesgos a tener en cuenta, tanto para el comprador como para el vendedor. Ambos deben tener en cuenta lo que saben el uno del otro y del propio reloj. Esto requiere una investigación sosegada, ahondando en el historial de precios de venta. Mientras que muchos le aconsejarán que *compre al vendedor* (aludiendo a la reputación de dicho vendedor), este es solo uno de los factores a considerar en esta compleja ecuación.

Entre las fuentes de información de precios se encuentran casas de subastas, eBay, Chrono24 y foros de venta de relojes. También proporcionan información útil las valoraciones, reseñas y recomendaciones que pueden encontrarse en Yelp, así como las calificaciones BBB de los vendedores. La membresía profesional y la acreditación de asociaciones como el AWCI y la NAWCC también son relevantes. El AWCI (American Watchmakers-Clockmakers Institute) tiene como fin establecer estándares de calidad en el servicio y formar a la comunidad horológica. La NAWCC (National Association of Watch & Clock Collectors) busca educar y promover prácticas éticas. Puede conocer el estado general del mercado charlando con vendedores y coleccionistas en encuentros y foros online.

Incluso habiéndose documentado minuciosamente, siempre correrá algún riesgo. Si hace una buena compra, todavía existirán riesgos a largo plazo inherentes a la posesión de un reloj vintage. Aunque los precios de los Rolex son más estables que los de otras marcas, esto no garantiza la sostenibilidad a la larga de su valor. Debe tener en cuenta el coste de su mantenimiento y la creciente escasez de recambios, además de las condiciones económicas y los gustos cambiantes. Es muy posible perder dinero con una buena compra, ya que no hay garantías de ningún tipo en ser propietario de un Rolex vintage.

Mercados

La ubicación del reloj que desea adquirir puede complicar la estimación de su valor y su precio. Si al adquirirlo atraviesa una frontera, ya sea comprándolo usted mismo o recibiéndolo por mensajería, pueden darse gastos y riesgos adicionales a tener en cuenta.

Es interesante saber que los distintos mercados regionales (Europa, Estados Unidos, Asia...) atienden a los gustos locales y aplican tarifas aduaneras propias. Por ejemplo, los precios y comisiones tienden a subir durante los periodos vacacionales, abarcando desde Acción de Gracias en noviembre al Año Nuevo Chino en febrero.

Las modas también varían. Modelos deportivos en acero como los Submariner,

GMTs y Explorer son más populares en Norteamérica y Europa. Los mercados asiáticos prefieren las cajas de menor tamaño realizadas en metales preciosos debido al significado cultural del oro, al modo en el que los metales de distintos colores lucen sobre los tonos de piel más oscuros y al hecho de que son más comunes las muñecas estrechas. Dicho esto, los coleccionistas asiáticos están entre los más informados, agresivos y ambiciosos, especialmente aquellos situados en los sectores más exclusivos del mercado.

Para el coleccionista situado en la zona media-baja del mercado, los impuestos, aranceles y costes de envío pueden suponer importantes incrementos en el precio final. Por ejemplo, el IVA del 21% en España o el VAT del 17,5% en Reino Unido ya se incluye en el precio de venta, mientras que en Estados Unidos los impuestos se aplican posteriormente sobre el precio de venta neto.

Los aranceles en Reino Unido para un reloj vintage no son los mismos que se aplican en Estados Unidos sobre ese mismo reloj. Los gastos de envío locales y los seguros también varían, resultando más barato realizar un envío desde Reino Unido a Estados Unidos mediante UK Royal Mail que desde Estados Unidos a Reino Unido vía UPS. Esto es importante si tiene que devolver un reloj con el que no está satisfecho.

Todas estas tasas pueden incrementar significativamente el coste total de adquirir un reloj.

Las garantías y coberturas al comprar un reloj desde el extranjero son casi nulas. El seguro del transportista es difícil de reclamar si el contenido se pierde o es dañado durante el trayecto. Todas las empresas de transporte importantes especifican el máximo a pagar en caso de reclamación en los términos y condiciones (la letra pequeña). Contratar un seguro adicional no suele merecer la pena.

Aunque PayPal y eBay ofrecen cierta protección al comprador, ejercer sus derechos puede ser complejo y requerirá que adjunte extensa documentación y registros de sus comunicaciones con el vendedor. La protección de las tarjetas de crédito para compras en el extranjero por internet también es difícil de usar, ya que los procedimientos y las coberturas varían según la compañía.

Incluso si un vendedor o sitio web afirma contar con numerosos clientes internacionales y abundantes reseñas positivas, debería saber que siempre existe un riesgo. Es conveniente tener un plan en caso de que algo salga mal y estar listo para abonar costes adicionales y hacer papeleo, dedicando tiempo y esfuerzo.

Dónde Comprar

El balance de riesgo siempre es más elevado para el comprador. Las buenas compras se logran maximizando la confianza y haciendo negocios en persona con alguien a quien usted ya conozca personalmente. Es lo que se llama un *trato entre familiares y amigos*.

Su siguiente mejor opción sería un comerciante del mercado gris, un vendedor con el que usted ya haya hecho negocios anteriormente y con quien tenga una cierta confianza, preferiblemente en persona. Los comerciantes del mercado gris son vendedores independientes, no oficiales y no asociados con Rolex. Adquieren su mercancía a través de distribuidores Rolex autorizados en ferias o mediante promociones a precios reducidos. Normalmente venden relojes nuevos, pero también suelen tener acceso a artículos vintage.

Muchos vendedores del mercado gris emplean foros online como canales de venta, invirtiendo fuertemente en su reputación en internet. Lo interesante de estos comerciantes es que tienen acceso a una red mayor y un inventario diverso. Sus servicios como conseguidores o concierges también pueden resultar muy útiles al encargarse de rastrear un reloj en cierto estado o con un precio específico a cambio de una comisión.

En su defecto, puede recurrir a casas especializadas en relojes vintage, como los populares sitios online HQMilton y BobsWatches. Los compradores confían en gran medida en sus descripciones, fotos, reputación y políticas de devolución. Al vender una pieza le harán ofertas bajas, cobrándole en función de lo que crean que el mercado puede ofrecer en base al inventario disponible del modelo (en torno al 8% o al 10%).

Su última opción son los distribuidores Rolex autorizados. Pocos tienen interés en vender relojes de segunda mano o vintage, prefiriendo dar salida a su inventario mediante otros canales de la red de comerciantes de segunda mano. De manera ocasional (y no oficial) pueden ofrecerle relojes de segunda mano que han obtenido como parte de un intercambio por relojes nuevos. Generalmente tienen muy poca experiencia en el altamente técnico mercado vintage.

Investigación y Consejos

Una forma excelente de determinar el precio prevaleciente de un reloj vintage específico es rastrear internet recopilando precios allá donde los encuentre. Esto puede incluir tanto relojes actualmente en venta como artículos ya vendidos. Los compradores con experiencia suelen disfrutar de este proceso mientras que los menos experimentados pueden encontrarlo complicado y aburrido. En otras palabras, la curva de aprendizaje es escarpada pero le resultará cada vez más fácil conforme avance.

Cuando recopile precios intente tener en cuenta si se incluyen brazalete, cajas, documentación, etiquetas y otros accesorios, y en qué estado se encuentran. También es recomendable limitar el periodo de muestra a los últimos doce meses, o incluso menos para las referencias más deseadas. Esto le permitirá calcular el precio medio de un modelo bajo condiciones regulares en el mercado actual, una referencia útil. eBay cuenta con un filtro de búsqueda muy práctico que permite listar artículos vendidos por su precio de compra final.

El siguiente paso es buscar la opinión de una de una tercera persona sobre el estado, originalidad y demanda de un reloj en particular. No debería preguntar, ¿cuánto vale este reloj?, sino, ¿cómo valoraría usted el estado de este reloj?

Las opiniones sobre su estado le ayudarán a situar el reloj por encima o por debajo del precio medio de referencia que calculó previamente. Le darán opiniones de todo tipo, pero recuerde que su objetivo es hacer un balance de todas ellas, o conocer cuál es la opinión mayoritaria.

También sería útil hablar con otras personas sobre las condiciones del mercado local y el interés a nivel regional por un modelo en particular. Si está considerando hacer una compra internacional, busque la experiencia de otros, especialmente con la logística y los aranceles.

Si usted no frecuenta los círculos de coleccionistas de relojes puede valerse de dos populares foros online para coleccionistas de Rolex. Son considerados sitios de prestigio, visitados frecuentemente por coleccionistas con experiencia y relojeros especializados en modelos vintage.

Si bien las opiniones y la experiencia de sus miembros son de gran valor, el formato de los foros puede hacer la búsqueda algo aparatosa.

- The Rolex Forums (www.rolexforums.com)

- Vintage Rolex Forums (vintagerolexforums.com)

Perspectiva

Confirmar que un Rolex usado es definitivamente auténtico, completamente original y plenamente íntegro resulta virtualmente imposible sin contar con un equipo de laboratorio forense avanzado (como un espectrómetro de masas) y grandes cantidades de datos históricos verificados.

El comprador debe aceptar que siempre correrá un cierto riesgo, y que incluso los coleccionistas de élite también tienen dificultades para alcanzar la certidumbre absoluta. Tendrá que aceptar esta realidad si desea evitar la parálisis del análisis o el arrepentimiento tras la compra.

La gran mayoría de los relojes vintage han sido sometidos a tareas de mantenimiento durante su vida útil. Con los componentes Rolex originales cada vez más escasos o desaparecidos, el uso de recambios o incluso piezas hechas a mano son habituales como medio para mantener estos viejos relojes en funcionamiento. Las piezas de repuesto Rolex genuinas son aceptables, aunque menos deseables que los componentes originales, tal como reflejan los precios de los relojes sometidos a mantenimiento. Si un reloj con piezas de recambio tiene un precio menor que otro con sus componentes originales, piense en lo siguiente. Existe un próspero mercado global de componentes de relojes despiezados, relojes que han sido desensamblados y cuyas partes de venden individualmente.

Si un reloj vintage cuenta con una de estas piezas donadas en lugar de una pieza de recambio identificable, ¿sigue siendo original? ¿a usted le importaría? ¿Sería alguien capaz de demostrar que sus piezas provienen de otro reloj Rolex? ¿Prefiere usted nuevas piezas que son genuinos repuestos Rolex o partes antiguas, usadas, de un reloj donante? Sabiendo que puede haber piezas originales o de recambio que no coinciden, ¿pagaría usted un precio mayor por un reloj usado que se vende como completamente original?

En el mundo de los coches clásicos los coleccionistas aceptan que las piezas no originales son indispensables para preservar el valor de vehículo y mantenerlo en funcionamiento. Estos componentes son los neumáticos, los filtros, las mangueras e incluso la pintura. En comparación, los componentes reemplazables de un reloj serían los resortes, los cristales, las coronas, las tijas, las juntas, las correas, los cierres y un puñado de piezas móviles. Un reloj vintage puede no ser completamente original, pero seguirá siendo bonito, funcional y altamente deseable.

Existen muchas y legítimas pequeñas variantes dentro de cada referencia. Algunas afectan al tamaño y marcas de la corona, el texto de la esfera, los índices, el bisel, o las manecillas, por nombrar algunas.

Estas variantes pueden ser fruto de personalizaciones, como la inclusión de otra marca en la esfera en colaboraciones con joyeros y marcas asociadas, tales como Serpico y Laino, Joyería Riviera, y Tiffany. Hay incluso más variantes entre las piezas de recambio Rolex que también han evolucionado con el paso de los años.

Todas estas variantes complican cualquier certificación de autenticidad, originalidad o integridad. Animo al comprador a aceptar la ambigüedad y el misterio como parte del carácter único de cada reloj vintage. Estos signos de uso en un Rolex vintage deberían ser bienvenidos, no rechazados.

También existe una clase especial de relojes adaptados. Se trata de movimientos de relojes Rolex de bolsillo empotrados en cajas de relojes de muñeca. Aunque no son originales, son legítimos y pueden resultar hermosos por haber sido artísticamente adaptados. No es una tipología recomendada para los nuevos coleccionistas, pues son relojes singulares enfocados a un nicho de especialistas muy cerrado.

EN NÚMEROS

"La única vez que he sido insultado en mi vida adulta fue cuando alguien me preguntó, "¿Tienes algún hobby?" ¿UN HOBBY? ¿ACASO PAREZCO UN PUTO AFICIONADO?"
- John Waters

El número de referencia de los Rolex vintage se encuentra grabado en la caja Oyster, entre las asas de la parte superior. El número de serie se encuentra en la parte inferior.

Esto se limita únicamente a las cajas Oyster. Cajas como la Cellini y las de Rolex antiguos como los primeros Bubblebacks tienen los números de referencia y serie grabados en la parte interna de sus fondos.

La posición exacta y la tipografía de estos grabados en las cajas Oyster varían notablemente. Se realizaron empleando un pantógrafo mecánico, por lo que el texto no es tan consistente o uniforme como los grabados a láser.

Es más, algunos centros de servicio Rolex tenían por costumbre grabar de nuevo los números si se desgastaban demasiado o se volvían difíciles de leer. Afortunadamente, esto ya no sucede.

Identificar grabados auténticos y originales requiere experiencia y práctica, e incluso así resulta debatible.

Los grabados pueden verse oscurecidos por la suciedad y la corrosión, o ser borrados por los eslabones terminales de un brazalete mal ajustado. En estos casos, una lupa de joyero es indispensable para leerlos.

El coleccionista debería estar atento a signos de regrabado, grabados secundarios u otros intentos de modificar estas marcas. Cualquier modificación de estos grabados reducirá seriamente el valor de un Rolex vintage.

Las convenciones empleadas para estos números de referencia son inconsistentes. Aunque se puede hacer algunas generalizaciones, existen muchas excepciones.

Algunos modelos cuentan con una referencia dual, lo que significa que la referencia de la caja se ha empleado en dos modelos diferentes.

Por ejemplo, algunos Air-Kings vintage tienen el mismo número de referencia que los Explorer.

Los números de referencia pueden dividirse en tres secciones que indican el modelo, el estilo del bisel y el material de la caja. Por ejemplo, un GMT con ref. 16710 indica con el 167 que se trata de un GMT Master II, con el 1 que su bisel es de acero (no el modelo con bisel de aluminio insertado) y con el 0 que se trata de una caja de acero inoxidable.

Clave del Material de la Caja (Referencia con Sufijo)

En ocasiones encontrará viejos números de referencia con un sufijo separado por una barra oblicua (/).

Por ejemplo, en la ref. 1675/8, el /8 denota una caja de oro macizo de 18 quilates. El empleo de la barra no es consistente y típicamente se asocia a referencias de cuatro dígitos. Para cuando aparecieron los modelos modernos con los números de cinco dígitos, la barra había caído en desuso. Nuestro ejemplo habría pasado a ser la ref. 16758.

La siguiente tabla le ayudará a traducir ese último digito, pudiendo ser empleada para validar la garantía y confirmar que esta se corresponde con el reloj al que acompaña. También puede emplearse para comprobar que la corona pertenece a la caja.

Sufijo	Material de la caja
0	Acero inoxidable
1	Chapado en oro amarillo
2	Chapado en oro blanco
22	Acero inoxidable y platino
3	Acero inoxidable y oro amarillo
4	Acero inox. y oro blanco 18k
5	Bañado en oro o Everose
6	Platino
7	Oro amarillo 14k
8	Oro amarillo 18k
9	Oro blanco 18k

Modelo y Colección (Referencia con Prefijo)

El prefijo en un número de referencia puede usarse para comprobar a qué colección pertenece un reloj (o una caja Oyster en particular). Esto es importante ya que las cajas Oyster tienen un tamaño estandarizado y pueden ser reutilizadas en varios modelos.

Si está buscando un reloj original, el prefijo de la caja debería reflejar el modelo de la esfera. Por ejemplo, si está examinando un Submariner vintage con ref. 167x, entonces está usted contemplando un reloj Frankenstein que ha sido ensamblado a partir de piezas desechadas.

Modelo	Prefijo
Submariner (sin fecha)	55, 140
Submariner Date (con fecha)	16, 166, 168
Sea-Dweller	16, 166
GMT Master	16, 65, 167
GMT Master II	167, 1167
Day-Date	65, 66, 18, 180, 182, 183
Datejust	16, 162
Daytona (Manual)	62
Daytona Cosmograph	165, 1165
Explorer II	165
Oyster Perpetual	10, 140, 142
Air King	55, 140
Date	15, 150
Oysterquartz Datejust	170
Oysterquartz Day-Date	190
Yacht-Master	166, 686, 696
Datejust (Cadete)	68, 682
Oyster Perpetual (Para mujer)	67, 671, 672
Date (Para mujer)	65, 69, 691, 692
Datejust (Para mujer)	65, 69, 691, 692
Oysterdate (Cadete)	65

Número de Serie de la Caja

Cada reloj Rolex sale de la manufactura con un número de serie único que puede utilizarse para obtener una fecha de producción aproximada. Sin embargo, el formato de esta numeración puede ser inconsistente o darse casos excepcionales, como aquellos relojes antiguos que no tienen número de serie alguno.

Rolex reinició sus números de serie en 1954 al alcanzar la cifra 999.999, haciendo posible que un reloj fabricado en los sesenta tenga el mismo número que uno de los cincuenta. Para ayudar a reconocer estos duplicados, Rolex comenzó a grabar los fondos de las cajas con códigos de fecha, facilitando la distinción entre un reloj previo a 1954 y uno posterior. Sin embargo, es posible que los fondos de estos relojes se intercambien en el banco de trabajo de un relojero.

Cuando los números de serie alcanzaron el 9.999.999 en 1987, Rolex comenzó a usar una letra como prefijo acompañada de seis cifras. Curiosamente, no empezaron por la A, sino por la R, seguida por la L, la E y otros caracteres de forma no secuencial.

El cambio más significativo en el formato de los números de serie llegó en 2010 cuando Rolex adoptó la numeración aleatoria, haciendo imposible determinar el año de fabricación. La teoría más aceptada es que Rolex no deseaba hacer público su volumen de producción anual a compradores o competidores, mientras que otros opinan que se trata de una medida antifalsificación.

El número de serie de un reloj puede encontrarse en la garantía, además de en el propio reloj. Los relojes fabricados antes de 2007 presentarán el número de serie grabado entre las asas inferiores. Para ver el número es necesario retirar el brazalete o la correa y, dependiendo del estado de la caja, puede ser necesaria una lupa de joyero para leerlo.

A finales de 2006 Rolex comenzó a marcar mediante laser el número de serie en el reborde (el anillo perpendicular que rodea el borde exterior de la esfera). En 2008 Rolex dejó definitivamente de grabar los números de serie y comenzó a emplear en exclusiva el marcado a láser en el reborde.

El número de serie de la caja no guarda relación con el número de serie del movimiento. Los mecanismos eran fabricados bajo diferentes procesos y, en algunos casos, por diferentes compañías (como Aigler o Valjoux). Los registros de producción y ensamblaje que relacionan los números de serie de cajas y movimientos se mantienen celosamente guardados. Estos registros están disponibles únicamente para los empleados de los centros de servicio Rolex. Existe un debate recurrente sobre lo completos y precisos que son estos registros respecto a los relojes vintage.

Números de serie de cajas por décadas

2010		2000		1990		1980		1970	
2019	Aleatorio	2009	V	1999	A,000,001	1989	L,980,000	1979	5,737,030
2018	Aleatorio	2008	M o V	1998	U,932,144	1988	R,598,200	1978	5,000,000
2017	Aleatorio	2007	M o Z	1997	U,000,001	1987	R,000,001	1977	5,008,000
2016	Aleatorio	2006	D o Z	1996	T,000,001	1987	9,400,000	1976	4,115,299
2015	Aleatorio	2005	D	1995	W,000,001	1986	8,900,000	1975	3,862,196
2014	Aleatorio	2005	F	1994	S,860,880	1985	8,614,000	1974	3,567,927
2013	Aleatorio	2004	F	1993	S,000,001	1984	8,070,022	1973	3,200,268
2012	Aleatorio	2003	F	1992	C,000,001	1983	7,400,000	1972	2,890,459
2011	Aleatorio	2002	Y	1991	N,000,001	1982	7,100,000	1971	2,589,295
2010	G	2001	K o Y	1991	X,000,001	1981	6,520,870	1970	2,241,882
		2000	K,000,001	1990	E,000,001	1980	6,434,000		
		2000	P,000,001						

1960		1950		1940		1920		1920	
1969	1,900,000	1959	399,453	1949		1939	71,224	1929	
1968	1,752,000	1958	328,000	1948	628,840	1938	43,739	1928	23,969
1967	1,538,435	1957	224,000	1947	529,163	1937	40,920	1927	20,190
1966	1,200,000	1956	133,061	1946	367,946	1936	36,856	1926	1
1965	1,100,000	1955	97,000	1945	302,459	1935	34,336		
1964	1,008,889	1954	23,000	1944	269,561	1934	30,823		
1963	824,000	1953	855,726	1943	230,878	1933	29,562		
1962	744,000	1952	726,639	1942	143,509	1932	29,132		
1961	643,153	1951	709,249	1941	106,047	1931			
1960	516,000	1950		1940	99,775	1930	23,186		

5 ESTADO

"Solo sé que no sé nada."
- Sócrates

El estado de un reloj es el principal factor determinante de su precio, pudiendo variar ampliamente. Al valorar el estado de un Rolex vintage, usted debería fijarse en si el desgaste y los signos de uso son consistentes, ya que si el desgaste es desigual con partes más viejas y otras más nuevas, el precio debería ser mucho menor. Esto sugeriría la presencia de componentes no originales.

La *pátina* es un signo de la vida del reloj que también está presente en su interior. Debería fijarse en otros indicios, como corrosión o mellas, particularmente en torno a la zona en la que el fondo encaja con la parte trasera de la caja. Esto se aplica al acero inoxidable, ya que el oro puede perder su lustre, pero no se corroe.

Si la caja y los mecanismos internos aparecen prístinos y sin marcas del tiempo, la esfera y las manecillas deberían presentar el mismo estado y viceversa. Esto mismo se aplica al brazalete, los cierres e incluso el estuche y el empaquetado.

Si inspecciona el movimiento, preste atención al estado de las cabezas de los tornillos. Deben mostrar el mismo color y estilo, y no deberían mostrar desgate, pues estos daños menores serían resultado de haber retirado y vuelto a colocar los tornillos con un destornillador inadecuado o en mal estado. También puede darse que falte algún tornillo. Con suerte, se tratará de un tornillo perdido y no estará en el interior del reloj causando costosos daños. Incluso los más diestros relojeros pueden cometer errores ocasionalmente.

Ninguna de las circunstancias descritas en esta sección debería ser decisiva a la hora de cerrar la compra de un reloj que usted desee pero son útiles indicadores de su valor y precio. Si un reloj tiene problemas en todos los aspectos mencionados su precio debería ser muy bajo, y además sería difícil de revender y caro de restaurar.

Cajas

Evaluar el estado de la caja de un reloj vintage es algo subjetivo para lo que no existe una escala estandarizada. Diferentes fabricantes han suministrado cajas a Rolex a lo largo de los años, incluyendo a C.R.Spillman (o Charles-Rene Spielman) y Genex, que Rolex adquirió en 1998. Las cajas de ambos fabricantes solían ser pulidas y terminadas por una compañía llamada Joi Poli que Rolex también adquirió ese mismo año.

Los relojes vintage son desarmados y limpiados varias veces a lo largo de su vida, estos mantenimientos normalmente incluyen el pulido de la caja. Una caja pulida sugiere que un reloj ha sido cuidadosamente conservado por su propietario.

Los coleccionistas consideran poco deseables las cajas pulidas, como indican sus bajos precios. Para el recién iniciado esto resultará poco intuitivo y confuso. Existe una visión idealizada y no muy realista de la búsqueda de relojes vintage originales en perfectas condiciones. Aunque estos casos existen, son poco comunes y se venden rápidamente por elevadas cantidades.

Resulta esencial comprender que pulir la caja de un reloj requiere de una gran habilidad, por lo que un relojero sin experiencia podría echar a perder un reloj en segundos. Debería evitar los relojes mal pulidos, pero no los confunda con aquellos relojes que han sido repetidamente pulidos pero de forma cuidadosa. Diferenciar ambos casos requiere algo de práctica.

Los coleccionistas de élite están dispuestos a pagar los costes extra que supone comprar en una casa de subastas para conseguir cajas en muy buen estado. Se trata de relojes comprados como inversión que jamás conocerán una muñeca sudorosa. Los coleccionistas novatos escucharán el *mantra la condición lo es todo* y pueden llegar a pensar que solo los ejemplares intactos y sin pulir merecen la pena. Esto es falso.

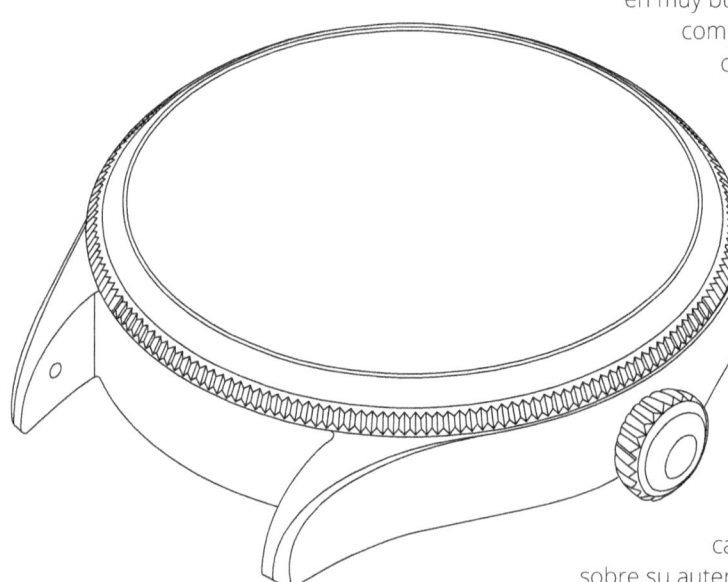

Patente D733582S, dibujo de la caja Oyster original.

Una caja pulida de manera correcta no debería disuadirle de comprar un reloj si a usted le gusta. Sin embargo, una caja mal o demasiado pulida puede ser cara de restaurar y generará dudas sobre su autenticidad y originalidad. El límite entre un pulido aceptable y uno malo puede variar y será determinado por la mirada subjetiva de quien lo contemple.

La obsesión malsana por las cajas como nuevas con los chaflanes marcados y el satinado intacto ha alimentado la demanda de los servicios de repristinación (conocidos como *moledores* o *lamedores*). Estos servicios se han vuelto muy populares y cada vez resultan más asequibles.

Quienes ofrecen estos servicios son habilidosos ingenieros industriales, diestros en el uso de tornos y pulidoras computerizadas. Se trata de un proceso muy especializado que logra recuperar el corte original de la caja y su satinado, añadiendo incluso acabados exóticos.

Combinando técnicas de pulido con los últimos avances en soldadura láser, una caja en mal estado o demasiado pulida puede restaurarse hasta parecer nueva e indistinguible de un reloj NOS de un inventario anterior que nunca fue vendido ni utilizado.

El mercado de los Rolex vintage está tan fuertemente invadido por estas cajas repulidas que los compradores deberían ser muy escépticos ante hallazgos fortuitos de relojes totalmente originales de este tipo. Sin pruebas documentales, estas afirmaciones no deberían bastar para justificar un precio elevado.

Las redes sociales (Instagram en particular), están llenas de relojes vintage con perfectas cajas restauradas, biseles fantasma y esferas con una gran pátina. Un bisel fantasma es aquel que ha tenido mucho uso y presenta un gran desgaste. Si a usted le gusta esta combinación, tendrá mucho donde elegir, pero tenga en cuenta que el aprecio por estos relojes de aspecto extraño puede desaparecer con la misma rapidez con la que surgió. Estos relojes podrían estar destinados a ser los donantes de piezas del mañana.

Fondos

Los fondos de las cajas Oyster de un mismo tamaño son intercambiables con idenpendencia de su número de referencia. Por ejemplo, un fondo de 40mm de un GMT-Master encajará en un Explorer de 40mm sin afectar su resistencia al agua. Es habitual encontrar relojes cuyas cajas y fondos no se corresponden.

Los fondos Oyster no presentan, por lo general, marcas en su cara exterior, a excepción de los Sea-Dweller y algunos Tudors. Rolex los diseñó expresamente lisos con el fin de permitir que sus clientes los personalizar con sus propios grabados. Estos pueden eliminarse puliendo o desgastando el fondo pero el resultado dependerá de la profundidad del grabado y de la pericia del relojero. Un reloj grabado o personalizado puede tener encanto pero ser difícil de revender, a no ser que aporte algo a la historia del reloj, como haber pertenecido a una celebridad.

Los fondos vistos tan solo se usaron en una referencia: el moderno Cellini Price. Cualquier otro modelo que encuentre con fondo visto responderá a una modificación posterior o se tratará de un reloj de bolsillo reconvertido o adaptado.

La cara interna de un fondo puede presentar una gran variedad de estampaciones. Estas varían según las referencias y han ido cambiando con los años. Lo más típico es encontrar marcas de fábrica de Rolex, el número de referencia del modelo y, en algunos casos, la fecha de fabricación u otros números de serie. La ilustración adyacente le ayudará a determinar si un fondo coincide con el marco temporal de su caja Oyster.

ROLEX
7 WORLS'S RECORDS
GOLD MEDAL
GENEVA - SUISSE

✠ 114948

1926

OYSTER WATCH Co
GENEVA SWISS
GRANT BRITAIN PATENTS
260554/1925
274.708 274.789
SWISS PATENTS
+ 114.940 + 120.848
+ 120.851 122.110
FRENCH PATENTS
630.179   630.180
U.S.A PATENT 1.661.232
GERMAN PATENT 443.386

1928

ROLEX
20 WORLD'S RECORDS
GREAT BRITAIN PATENTS
260554/1925
274.789
SWISS PATENTS
+114.948
+120.851

1929

OYSTER WATCH Co
GENEVA-SWISS
GRANT BRITAIN PATENTS
SWISS PATENTS
FRENCH PATENTS
U.S.A PATENTS
GERMAN PATENTS

1932 · 1945

OYSTER WATCH Co
GENEVA SWISS
GRANT BRITAIN PATENTS
260554 1925
274780 274780
SWISS PATENTS
114948 120848
120851 122110
U.S.A PATENT 1661232
D.R.P   471002

1934 · 1945

BREVETEE
Rolex S.A.
GENEVE - SUISSE
31 VICTORIES
HAUTEPRECISION

1938 · 1945

Oyster Watch Co
GENEVA - SWISS
PATENTED IN ALL COUNTRIES

1941 · 1945

GENEVA ⓡ SWISS
ROLEX
PATENTED

1945-1949

GENEVA Ⓡ SWISS
ROLEX
PATENTED

1949-1954

ROLEX
GENEVA SWISS
PATENTED

1952-1953

MONTRES
ROLEX S.A.
GENEVA SWISS

1953-1954

GENEVA SWISS
MONTRES
ROLEX
S.A.

1953-1955

MONTRES ROLEX SA
GENEVA
SWITZERLAND
PATENTED

1955-1982

MONTRES ROLEX SA
GENEVA
SWITZERLAND

1982-1985
"Patented" eliminado

MONTRES ROLEX SA
GENEVA
SWITZERLAND

1982-2005

ROLEX
GENEVA
SWITZERLAND

2005-Actualidad

Marcas estampadas en el interior de los fondos.

Asas

La mejor manera de evaluar la condición de una caja es mirar desde un lateral la posición y forma de los agujeros en el interior de las asas.

Deberían estar bien definidos y centrados verticalmente. Si aparecen descentrados y desproporcionadamente próximos al borde superior, la caja habrá sido agresivamente pulida y únicamente la soldadura láser podrá reaportar el material perdido.

Los agujeros de las asas también deberían ser claramente circulares, no cónicos o elípticos. Si están descentrados o son irregulares indican que se ha realizado un mal pulido.

El aspecto visual de las asas deber ser consistente en lo referente a su anchura y curvatura. Si bien las asas superiores e inferiores no son perfectamente simétricas, si deberían parecer proporcionadas en anchura y longitud.

No todas las asas presentan ángulos achaflanados o biselados, su acabado varía según el modelo e incluso puede cambiar dentro de una misma referencia. Los bordes y esquinas de las asas deberían ser marcados y filosos, con un claro contraste respecto a las superficies pulidas o satinadas. Unos bordes curvados o redondeados indican claramente un pulido anterior.

Acabado

Otro indicador esencial son los acabados de las cajas, especialmente las superficies pulidas o satinadas. Aunque son sutiles, Rolex realiza sus acabados con consciencia. El comprador debería buscar señales de distintos acabados ya que podrían haber sido desgatados por el uso o eliminados en pulidos posteriores. Si aún son visibles, ¿se corresponden con la referencia?

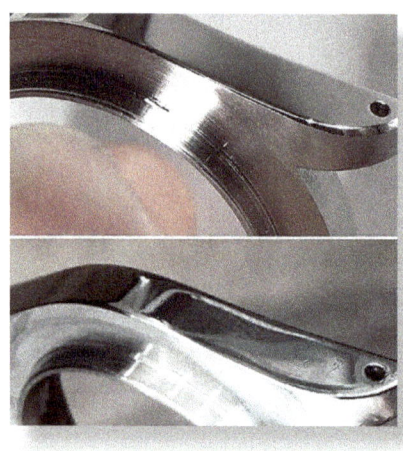

Muchas cajas Oyster vintage presentan un acabado satinado en la parte superior y un intenso pulido en los laterales. Unas pocas referencias presentas estos rasgos invertidos, con superficies pulidas y laterales satinados.

En modelos como el Datejust los laterales de la caja se muestran ligeramente combados, mientras que otras referencias como el Oyserdate (ref. 6.518) tienen los laterales en ángulo recto.

Debería determinar qué estilo es el propio de la referencia que examina y revisar si estas señales aún son visibles. En algunos modelos Datejust y Day-Date realizados en metales preciosos es habitual encontrar acabados exóticos, como el estilo rugoso o Morellis (ref. 1806). Este tipo de acabados ocultan mejor las señales de uso y pueden ser difíciles de restaurar si se dañan. Pese a tratarse de un gusto adquirido, son poco comunes, codiciados y coleccionables.

Corrosión

La aleación de acero inoxidable empleada en las cajas Oyster contiene mineral de hierro, cromo, níquel, molibdeno y pequeñas cantidades de otros elementos que confieren al acero sus propiedades antioxidantes y su resistencia a la corrosión. Esta aleación es conocida como 300 Series Austenitic Stainless Steel.

La aleación 316 es considerada como el acero inoxidable de grado estándar. Pese a su nombre, no es resistente a la corrosión del agua marina, específicamente del cloruro, fluoruro, yoduro y bromuro. Las aleaciones 304L y 316L (316L es la versión de bajo carbono de la 316) son derivadas de la 300 Series y son las empleadas en muchas cajas Oyster previas a 1987. Las cajas posteriores emplean acero 904L, con características ligeramente distintas.

Se cree erróneamente que la 904L es más dura y resistente a arañazos. Lo cierto es que la 316L tiene una puntuación de dureza Rockwell superior (HR B 95) a la 904L (HR B 79), y además también es más resistente a arañazos y más dura de pulir que la 904L. También se ha dicho que la 316L retiene mejor el pulido. Sin embargo, la resistencia a la sal y los ácidos de la 904L es superior.

A mediados de los ochenta Rolex adoptó la 904L como solución a la corrosión y las muescas. Este era un problema habitual en las cajas Oyster deportivas, por lo que se empleó por primera vez en el modelo transicional Submariner Date (ref. 168000).

La orina ataca a todos los aceros inoxidables austeníticos, tenga cuidado de no salpicar de orina su reloj y recuerde lavarlo tras practicar natación para eliminar cualquier resto de cloro. El bromo es igualmente dañino así que mantenga su reloj vintage lejos de jacuzzis y spas de agua salada.

Se dice que el acero inoxidable necesita respirar y que es necesario lavarlo con agua dulce regularmente. Cuando dos piezas de acero inoxidable están en contacto (como la caja y el fondo), lavarlas y dejar que respiren no una opción. Pese a los elementos que le confieren sus propiedades antioxidantes, se producirá cierta corrosión. Las juntas tóricas pueden agravar el proceso al retener sales y oxidantes que, con el tiempo, desencadenarán una reacción galvánica.

Como el agua salada, el sudor humano es altamente ácido y rico en haluros. La osmosis y la capilaridad atraerán estos elementos a la caja. Con una exposición reiterada y al evaporarse la humedad, la concentración de haluros y oxidantes aumenta y se concentra generando una reacción que finalmente atraviesa la protección antioxidante del metal.

Este proeceso es una reacción en cadena prácticamente imposible de detener una vez inciada. Se manifiesta formando mellas y picaduras que deben ser pulidas y rellenadas mediante soldadura láser. Incluso este tipo de intervenciones drásticas genera dudas ya que puede no detener por completo la corrosión y tal vez solo contribuya a debilitar la integridad estructural geométrica del acero al expandirse con el calor y contraerse al enfriarse.

Las mellas son una mala señal, acortan la vida del reloj y destruyen su valor vintage. Es un proceso lento, progresivo y crónico. Si bien algunos coleccionistas valoran esa estética Wabi-Sabi, otros lo consideran un cáncer.

Aunque la corrosión no debería frenarle al disfrutar de un reloj vintage, debe saber que afectará negativamente a su longevidad y a su valor.

Sellos de calidad

Los sellos de calidad (Hallmarks) pueden resultar complicados e intimidantes, pero en el caso de los Rolex vintage y antiguos tan solo hay seis sellos diferentes, incluso menos si excluimos las viejas cajas de plata. Después de 1995 el asunto se simplificó incluso más.

Si está buscando un Rolex de un metal precioso, los sellos de calidad son importantes. Si un reloj se vende como de oro de 18 quilates, los sellos de calidad son la mejor forma de verificar que todas las partes del reloj (caja, fondo, brazalete y cierre) tienen la misma calidad.

Los sellos deberían estar presentes en cualquier Rolex hecho de un metal precioso, apareciendo entre las asas de la caja, en el fondo, en el brazalete y en las hojas del cierre.

La ausencia de estos sellos indicaría que se trata de un baño, cobertura chapado en oro. Cuando los sellos no coinciden hablamos de un reloj Frankenstein ensamblado usando piezas diferentes.

Los sellos de calidad oficiales son concedidos por el gobierno suizo (Swiss Assay Office) y aplicados bajo licencia por la manufactura (Rolex).

Existen siete oficinas de calidad en Suiza, Rolex emplea exclusivamente la de Ginebra.

El símbolo de la oficina de Ginebra (Geneva Assay Office) es una G mayúscula que siempre está presente en el diseño del sello.

Barry era de una raza (Bernhard) posteriormente conocida como san bernardo. Fue el perro de rescate en las montañas de Suiza e Italia del hospicio de St. Bernhard. Ha sido descrito como el san bernardo más famoso, habiendo rescatado a más de cuarenta personas a lo largo de su vida. Su nombre en alemán es Menschenretter, que significa rescatador.

Los Rolex vintage y antiguos (anteriores a 1995) poseen sellos de calidad diferentes para las distintas purezas del oro y el platino (9, 14 y 18 quilates). Sin embargo, no se hace distinción entre los diferentes colores del oro (blanco, rosa o amarillo).

Los sellos de calidad del gobierno suizo son excepcionalmente detallados, lo que dificulta su falsificación. Deben ser constantes, careciendo de defectos en toda estampación. La oficina de calidad controla sus propiedades y, si no son perfectas, el artículo será descartado y no podrá ser puesto a la venta.

El nivel de detalle de un sello de calidad es esencial para determinar su autenticidad.

Los relojes de oro de 18 kilates (750) presentan el busto de Helvetia (una cabeza femenina) con una G mayúscula bajo su cuello. Los de oro de 14 kilates incorporan una ardilla con una G mayúscula en la parte superior. El platino presenta un íbice con la letra G entre sus cuernos.

El diseño de los sellos fue evolucionando. En 1933 se introdujo el sello Morgenstern (estrella de la mañana) para identificar los relojes de oro de 9 kilates (375).

La ley actual (posterior a 1995) ha concentrado los distintos sellos en una marca única, la cabeza de un perro san bernardo. Este sello oficial se usa en todos los metales preciosos, sea cual sea su calidad.

La Oficina de Control de Metales Preciosos llama Barry a este perro, que aparece junto al sello de responsabilidad del fabricante y su indicador de pureza. El sello de Barry presenta una X señalando la posición de la G, perteneciente a la oficina de Ginebra.

Gold		Silver		Platinum (from 10.02.1914)
750‰	583‰	875‰	800‰	950‰
Helvetia	Écureuil	Ours	Coq de bruyère	Tête de chamois

Sellos antiguos, 1933 aprox.

Gold			Silver		Platinum
750‰	585‰	375‰*	925‰	800‰	950‰
Helvetia	Écureuil	Morgenstern	Canard	Coq de bruyère	Bouquetin

* only for watch-cases

Sellos vintage, anteriores a 1995.

Los Rolex importados están sujetos a la inspección de las oficinas de calidad locales y pueden incorporar sellos adicionales además de los oficiales suizos. Por ejemplo, los relojes importados para su venta en Francia y Reino Unido tendrán sellos adicionales pero diferentes. Los sellos nacionales son muy numerosos y

quedan fuera del campo de estudio de esta guía.

Barry (arriba) y el sello del fabricante (abajo) en las asas de un Submariner de oro de 18 quilates.

Fondo de la referencia vintage 9708 de oro de 18 quilates con el sello de Helvetia (a la izquierda).

Evaluación de esferas

Este el aspecto más crítico, complicado y técnico de la evaluación de un reloj vintage. La esfera puede suponer entre el 50 y el 100% del valor añadido entre dos relojes del mismo modelo. El estado de la esfera, su originalidad, marcas distintivas, componentes originales y el nivel de retocado suponen la diferencia entre un reloj que no tiene precio y otro que carece de valor.

Rolex ha recurrido a varios fabricantes de esferas, incluyendo a Beyeler, Singer, Stern, Lemrich, y Metelem. Todos ellos estamparon su marca en reverso de la esfera, algunas solo resultan visibles al emplear una potente lupa.

Pequeñas diferencias, como la firma de un vendedor, una marca militar o defectos de producción pueden generar grandes disparidades de precio. Es indispensable estar atento a malas prácticas y actuaciones deshonestas en lo referente a estos detalles y marcas.

Si está usted buscando ejemplares de gran valor, es importante que consulte fuentes publicadas y reconocidas. Existen publicaciones técnicas para casi cualquier referencia, la mayoría acreditan el origen fiable de sus imágenes e información, incluyendo importantes coleccionistas, archiveros de fábricas y personal de museos. Algunos editores reconocidos son Guido Mondani, Pucci Papaleo Editore, James Dowling y John Goldberger.

TEXTOS E IMPRESIONES

La tecnología en los procesos de fabricación de mediados del siglo pasado no era perfecta, por lo que el aspecto del texto impreso puede variar en gran medida entre el comienzo de la producción y su final. Son corrientes las pequeñas diferencias en la fuente tipográfica, el color y la textura del texto impreso.

A excepción de algunos modelos modernos tardíos, la producción de las esferas corría a cargo de empresas subcontratadas. Las distintas tiradas generan pequeñas diferencias de calidad y consistencia.

Los textos en dorado se generaban mediante un proceso de osmosis inversa que revela la placa de latón bajo la pintura. Al aplicar una fina capa de laca, el latón continúa oscureciéndose con el paso del tiempo. Estas esferas, fabricadas hasta finales de los setenta, son muy deseadas, siendo objeto de sofisticadas falsificaciones que circulan abundantemente por el mercado.

La primera línea de texto de la esfera (*Rolex, Oyster Perpetual*) a menudo presenta una apariencia diferente al texto de la línea inferior (*Officially Certified Chronometer* o la profundidad certificada). La línea inferior, o texto de especificación, habitualmente se imprimía con posterioridad en un proceso distinto. Esto permitía que las esferas sin marcar recibiesen primero el nombre de la marca pudiendo después ser utilizadas en distintos modelos, lo que explica la diferencia de caracteres en una misma esfera.

La imagen de la corona de Rolex en las esferas también ha ido evolucionando y presenta muchas variantes. Algunas son específicas de un modelo en concreto, mientras que otras tienen un carácter periódico. Los detalles descritos en esta guía buscan recrear las opciones de los catálogos de configuraciones a través de las ilustraciones e imágenes publicitarias en el momento de su lanzamiento. El proceso de impresión de las esferas continuó avanzando durante los ciclos de producción de cada modelo, generando diferencias respecto a las primeras tiradas de relojes.

No es posible incluir en esta guía todas las variantes posibles de los catálogos de configuraciones por su cuantía y la falta de fuentes autorizadas con las que contrastar su exactitud.

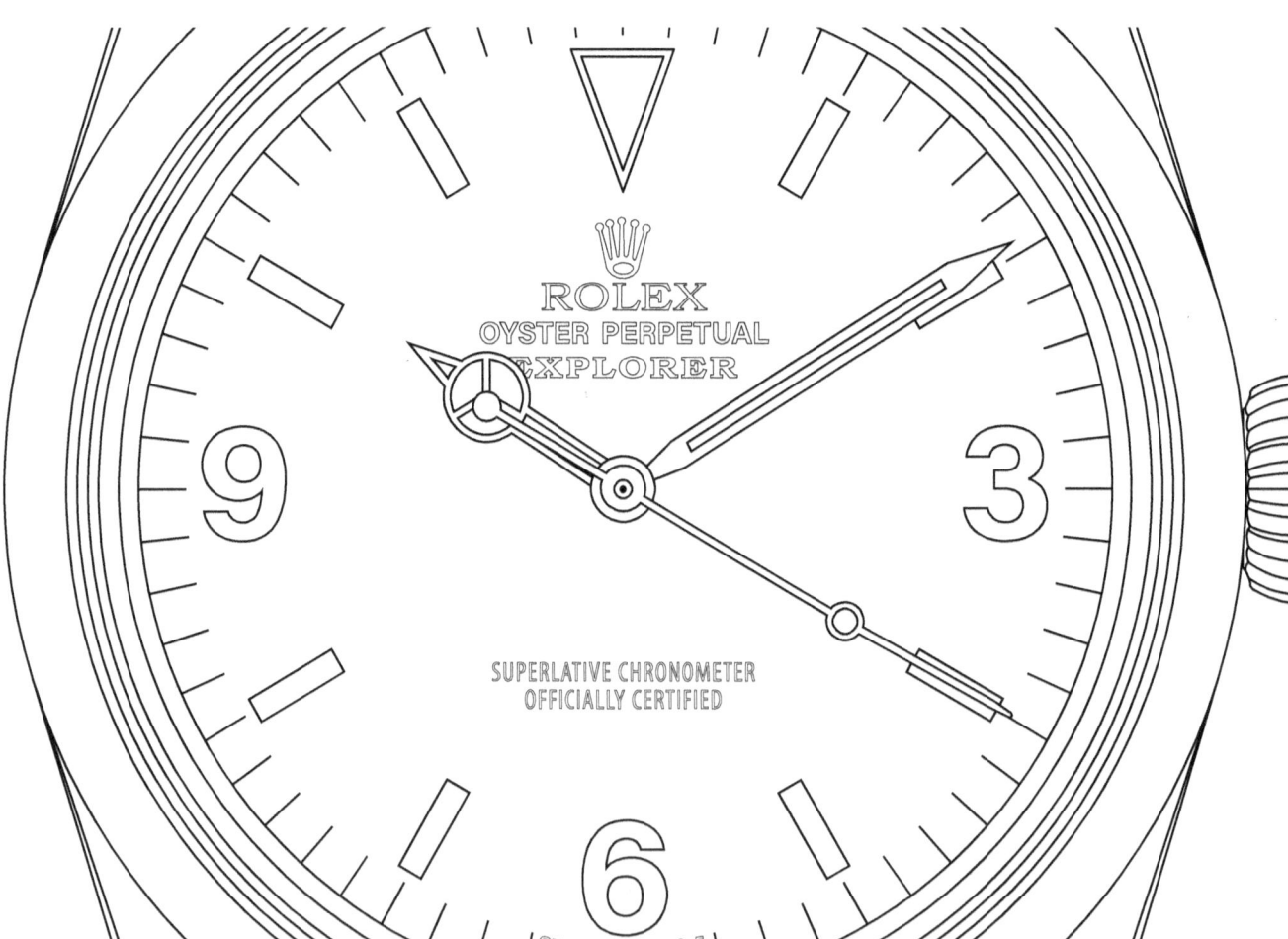

Bubblebacks y Explorer 6610 y 1016

  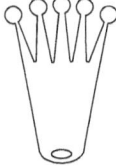  

Submariner 6205, 6200, 6538, 5510 y GMT-Master 6542

Submariner 5512 (no COSC), 5512, 5513 chapado, 5513 blanco, 5513 Bart Simpson

Submariner 1680: MK1 rojo, MK1 blanco, MK2 rojo, MK4 rojo, MK5 y MK6

Sea-Dweller 1665: DRSD MK2, White MK1, MK2 esfera Rail, MK4 blanco, Single Red Service

Luminiscencia

Ha habido cinco tipos diferentes de lumen aplicado a las esferas en la historia de Rolex, cada uno de ellos con características únicas (radio, tritio, luminova, Super-LumiNova y Chromalight).

Es común que los coleccionistas se sirvan de contadores Geiger para medir la radiactividad e inferir la originalidad y autenticidad de las esferas antiguas y vintage. Esto es necesario debido a la aparición de falsificaciones de una calidad cada vez mayor en las que se utilizan radio y tritio como materiales luminiscentes.

Esfera Bubbleback ref. 2940 de los 40 con quemaduras de radio. Fíjese en los índices verdes.

La primera generación de lumen, entre los años veinte y cuarenta, contenía radio. Era altamente radioactiva y todavía hoy puede suponer un riesgo para la salud si se ingiere accidentalmente (al inhalar polvo de radio). Cuando sus riesgos fueron más evidentes, ya a finales de los años treinta, los relojeros intentaron reducir los niveles de radioactividad al rebajar la fórmula con radio empleada en las esferas.

Al ser expuesto a la humedad, el radio luminiscente se degradará adquiriendo un tono verde sucio, similar al moho. Con el tiempo, el radio puede quemar la esfera y corroer el cristal. Este efecto craquelante sobre el cristal acrílico se conoce como agrietamiento.

Tritio envejecido en una esfera Turn O Graph de los 50. Fíjese en los índices de color crema.

La segunda generación de radio, menos peligrosa, fue introducida en los años cuarenta y se empleó en los primeros Submariner, Explorer, y Turn-O-Graphs entre 1953 y 1956.

El tritio apareció a principios de los sesenta, aunque el material luminiscente no es tritio puro, sino un compuesto de fósforo que se vale del tritio como fuente de energía, permitiéndole brillar. El tritio tiene una vida media de 12 años, lo que implica que pasado ese tiempo deja de resplandecer.

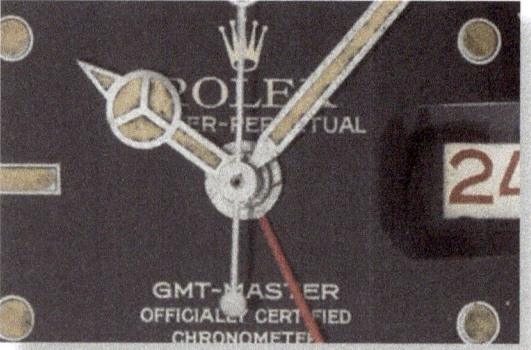

Tritio afectado por la humedad en una esfera GMT Master ref. 1675 de los 60. Fíjese en su aspecto enmohecido.

Tipo	Texto en la Esfera	Lumen	Periodo
1	SWISS	Radio inicial	1920 - 1930
2	SWISS	Radio tardío	1940 - 1963
3	T Swiss T	Tritio inicial	1963 - 1999
4	T Swiss T<25	Tritio inicial	1964 - 1967
5	T Swiss - T<25	Tritio tardío	1967 - 1997
6	σ T-Swiss-T σ	Tritio tardío	1970 - 1979
7	- T SWISS T -	Tritio tardío	1970s - 1998
8	SWISS	Luminova	1998 - 2000
9	SWISS MADE	Super-LumiNova	2000 - 2008
10	SWISS MADE	Chromalight	2009 - Presente

El tritio consumido (el fósforo del compuesto de tritio, en realidad) reacciona a la luz UV reteniendo cierto brillo durante unos segundos. Multitud de fórmulas de tritio y técnicas de aplicado testadas a través de los años han logrado aumentar la duración del resplandor.

Antes de 1965 el tritio se aplicaba a mano, lo que daba lugar a un acabado abombado e irregular. Posteriormente pasó a aplicarse mediante estampación, obteniéndose una apariencia más plana y regular. Entre 1983 y 1997 se aplicaba un borde de oro blanco a los resaltes de tritio luminoso, se trata de índices cóncavos diseñados para contener el material luminiscente en su interior, evitando su propagación, manchado o astillado.

Los primeros tratamientos de tritio aplicados a mano todavía responden a la luz UV hoy en día; los aplicados mediante estampación, no.

A finales de los setenta el tratamiento luminiscente presentaba un acabado más equilibrado, ligeramente abombado pero de un modo uniforme. Tampoco estos responden ya a la luz UV, pero aún resplandecen de forma tenue en la oscuridad. En los años ochenta la apariencia resultante cambió de nuevo, con un acabado liso y brillante. Aunque estos modelos no responden a la luz UV a día de hoy, aún resplandecen en condiciones de oscuridad.

La exposición a la humedad hará que el tritio se ennegrezca de forma irregular, algo poco deseable. Libre de humedad, envejecerá adquiriendo una pátina regular de un tono amarronado.

El luminova y sus derivados (Super-LumiNova y Chromalight) son tratamientos muchos más modernos y todavía hoy brillan en verde y azul, respectivamente.

Esferas Sigma

En estas esferas el número 6 es sustituido por la letra griega sigma en minúscula, tomando así el nombre de esferas sigma. Estos símbolos sigma se empleaban para indicar que las manecillas y los índices del reloj eran de oro macizo. Las barra empleada en sustitución de las 7 indica que las manecillas y los índices son de acero.

El símbolo sigma se empleó hasta finales de los setenta. El precio del oro se triplicó a comienzos de la década, y estos símbolos eran una manera de enfatizar el valor intrínseco del reloj. En plena crisis del cuarzo (la aparición de relojes de cuarzo muy precisos y baratos en Asia), varios fabricantes de relojes suizos adoptaron este símbolo en un intento de enfatizar lo lujoso de sus productos.

Esferas con Grafía Árabe

Existe una clase de esferas cuyos números se muestran en grafía árabe. No deben confundirse con la numeración arábiga que empleamos habitualmente (1, 2, 3), pues se trata de símbolos que provienen del antiguo sistema numérico indo-arábigo y que todavía hoy se emplean en el mundo árabe, especialmente en los estados de golfo.

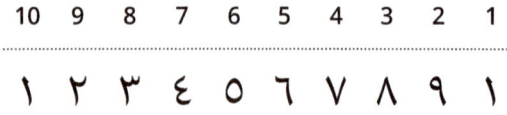

Rolex incluyó por primera vez la grafía árabe en los Day-Date de 1956 (refs. 6510 y 6511). En 1957 Rolex introdujo las referencias 6611, 6612 y 6613 con biseles estriados y engarzados de diamantes.

Rolex fue pionera en fabricar relojes con esta grafía y calendario islámico a juego, introduciéndose en el próspero mercado del golfo Pérsico durante la década de los sesenta, donde estas esferas se popularizaron rápidamente.

La adaptación fue gradual, comenzando por mostrar el día de la semana en árabe. Referencias posteriores incluyen grafía árabe también en la rueda de la fecha. La mayoría de estas esferas árabes se produjeron en oro blanco o platino, dado que el Islam prohíbe a los hombres llevar oro amarillo.

En 1961 Rolex introdujo las referencias 1802, 1803 y 1804. La referencia 1804 fue apodada Scheherazade, como la narradora de la colección de cuentos clásicos persas Las mil y una noches. Hecho en platino y con bisel engarzado de diamantes, resultó ser muy popular, produciéndose durante más de 20 años.

La ref. 1803 en oro rosa tenía la esfera decorada en guilloché, por lo que el modelo recibió el apodo de La rosa de Aladino. Phillips subastó un ejemplar bien documentado en 2015 realizado en 1974 que fue originalmente vendido en Damasco, Siria.

Estas esferas mantuvieron la misma tipografía (estilo y tamaño) durante toda su producción. Finalmente fueron retiradas a comienzos de los ochenta, pero las ruedas de día y fecha en grafía árabe siguen disponibles opcionalmente pudiendo ser reemplazadas por un distribuidor autorizado.

En 2016 Rolex reintrodujo el Day-Date 40 en platino con la esfera completamente en grafía árabe. La referencia M228206-0025 cuenta con una esfera en azul pálido que contrasta con las agujas y los números en azul oscuro.

acompañan al número de serie y al nombre del joyero.

Otros blasones pertenecientes a distintas naciones del golfo han sido grabados por distribuidores locales, pero nunca por la manufactura Rolex.

Aunque son menos codiciadas, también resultan coleccionables, al igual que otras esferas especiales con emblemas. Las esferas con logotipo incluyen todo tipo de emblemas corporativos y normalmente se entregaban a los empleados como regalo o reconocimiento a su labor.

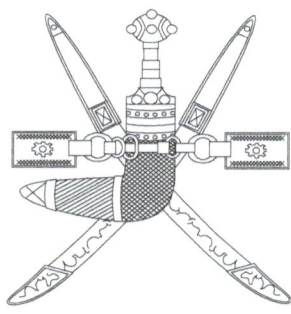

Emblema del Sultanato de Omán, típicamente impreso en rojo en la mitad inferior de la esfera.

Curiosamente, la tipografía parece ser la misma que la de los modelos originales. Su distribución está limitada a distribuidores autorizados en Kuwait, Qatar, Arabia Saudí y algunos territorios de los Emiratos Árabes Unidos.

Esferas con Blasones Árabes

Un subtipo de esferas árabes incluye blasones (emblemas e insignias) de varios estados del golfo Pérsico. Normalmente aparecen impresos sobre la esfera, aunque también es posible verlos en forma de modernas serigrafías.

Se cree que los primeros ejemplares fueron un encargo especial del Sultán de Omán Qaboos Al-Said. Fueron encargados a través de Aspreys, en la calle Bond de Londres. Posteriormente hubo otros encargos de Khimji Ramdas, un distribuidor autorizado en Omán. Estos Rolex originales cuentan con grabados únicos en sus fondos, que

Submariner con el blasón de las fuerzas armadas de los Emiratos Árabes Unidos.

Repristinación de Esferas

Hasta los años ochenta era habitual que, como parte del mantenimiento, se aplicase una nueva capa de pintura o laca sobre la esfera. Ahora los centros de servicio oficiales Rolex las reemplazan al completo a cargo del cliente.

La práctica de restaurar esferas a menudo incluía relumenar la aguja y los índices a mano, lo que generaba desde auténticos desastres a resultados convincentes.

Oysterdate restaurado ref. 6518 (cadete)

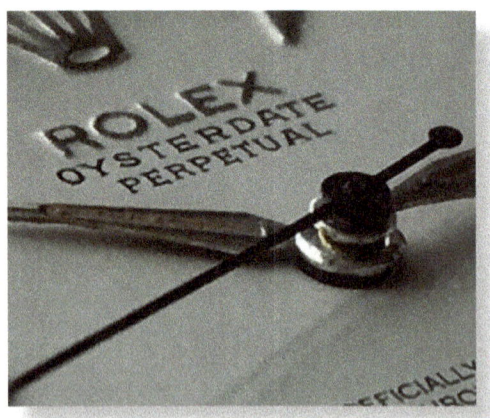

Al igual que las cajas restauradas, las esferas reacabadas o relumenadas resultan poco deseables. Ya no son consideradas originales, pese a resultar a mendo muy interesantes.

Hoy en día las últimas tecnologías logran producir resultados tan convincentes que resultan indistinguibles de las originales, imitando su envejecimiento.

El proceso comienza retirando todos los elementos de la esfera hasta obtener la placa de metal desnuda, que se impregna de disolvente para eliminar cualquier resto de pintura o laca. Los índices y la corona también deberían ser retirados en el proceso, aunque en ocasiones no se hace por miedo a dañar los apliques al quitarlos o al reponerlos.

La placa, ya limpia, se repinta y reimprime. Idealmente esto debería hacerse antes de reinstaurar el resto de apliques, pues de lo contrario pueden quedar marcas en torno a los mismos, lo que es un indicio de que la esfera ha sido restaurada.

Las esferas adecuadamente restauradas pueden resultar hermosas. Este ejemplar de 65 años fue fielmente devuelto al estado que debió tener en 1953 cuando fue vendido. No hubo ningún intento de hacerlo parecer falsamente antiguo. La pintura se ve irregular en torno a los marcadores horarios, ya que no fueron retirados para no dañar la placa ni los índices.

La restauración es a menudo confundida con el reemplazo (redialing). Un reemplazo supone cambiar la esfera completa por otra de repuesto, o tal vez por otra más interesante perteneciente a otro reloj.

Una restauración vintage es considerada más aceptable que un relumenado moderno, pero ambos son vistos como intervenciones negativas por los coleccionistas, lo que disminuirá su precio y su valor.

Lo mismo se aplica a las esferas de repuesto de Rolex; son aceptables, pero menos deseables.

Un restaurado moderno que pretende imitar una falsa pátina será mal visto.

Los coleccionistas están atentos a esferas que hayan sido retocadas o restauradas, y también deberían estarlo respecto a esferas que han sido artificialmente envejecidas.

Hay esferas que son literalmente cocidas en hornos para incrementar su pátina. Muchas esferas Patrizzi de relojes Daytona (ref. 16520) han sido sometidos a esta controvertida práctica. Solamente los coleccionistas expertos deberían aventurarse con este modelo.

Materiales

Muchos coleccionistas se sorprenden al conocer la gran variedad de materiales que se emplean en la fabricación de esferas. Las colecciones del periodo moderno son más conservadoras en el uso de materiales exóticos, aunque las esferas de madreperla y meteorito todavía se emplean en la actualidad en modelos de alta gama realizados en metales preciosos como el Pearlmaster, el Daytona y el Day-Date.

Los materiales exóticos listados a continuación se emplearon originalmente en relojes vintage, especialmente en los modelos Datejust, Day-Date y Cellini.

Los coleccionistas deberían recelar de las esferas de colores muy brillantes ya que muchas de ellas tienen acabados no originales o son falsas.

Coral Azul	Jaspe Rosa
Coral Rosa	Malaquita
Coral Amarillo	Meteorito
Ferrita	Nácar
Lapislázuli	Obsidiana
Sodalita	Ónice
Ojo de tigre	Ópalo
Sugilita	Rubelita
Ágata	Fósil
Amonita	Grosularia
Aventurina	Howlita
Azurita	Jade Verde
Piedra de sangre	Jade Lavanda
Cacholong	Jadeíta Verde
Cornalina	Jadeíta Azul
Crisoprasa	Jaspe Verde

Manecillas

A lo largo de los años Rolex ha empleado distintos formatos de agujas o manecillas de varios proveedores (como Universal, Fiedler, y Virex). Conocer cuál es el estilo correspondiente a cada periodo y colección es clave al determinar su autenticidad y originalidad.

Los recién iniciados a menudo pasan por alto el estado e integridad de las agujas al examinar un Rolex vintage. También pueden descartar un reloj auténtico debido a unas agujas inusuales. Hay unas cuantas reglas generales a tener en cuenta:

- El estilo de las agujas debería corresponderse con el de la esfera y la corona. Por ejemplo, unos índices grandes y rectangulares típicos de los ochenta deberían ir acompañados por grandes agujas de bastón de estilo similar. Marcadores con forma de flecha o diamante característicos de los cincuenta casarían con agujas de estilo alfa o dauphine.

- El color y material de las agujas debería ser el mismo que el de los apliques de la esfera, la caja y el bisel. No sería normal encontrar unas agujas doradas en un reloj plateado, ya fuese de oro blanco, platino o acero inoxidable.

- El nivel de corrosión debería ser el mismo que el de la esfera. Las agujas de oro macizo pueden ennegrecerse pero no se corroen, a diferencia del metal chapado en oro. Un reloj de oro macizo no tendrá las agujas galvanizadas.

No todas las agujas son luminiscentes, incluso aquellas que comparten un mismo estilo. Por ejemplo, las de estilo alfa pueden contener o no una banda luminiscente, pero en cualquier caso deberían corresponderse con la esfera. Si no tienen luminiscencia, la esfera tampoco debería presentar puntos y marcas luminiscentes.

El radio y el tritio luminiscente corroen las agujas generando pátina, y es difícil que esta se corresponda exactamente con la pátina del lumen de los índices. El lumen de la esfera y las agujas se aplica en distintas fases de la fabricación, perteneciendo a distintas remesas de material. Que ambas envejecieran al mismo ritmo sería la excepción, y no la regla.

Relojes de vestir como el Cellini, por lo general, no tenían luminiscencia.

Las agujas se hacen de un material que coincide con el de los índices de la esfera, que a su vez se complementan con los apliques de la caja y el bisel. Las agujas pueden haber sido galvanizadas, bañadas en oro, ser de acero o de oro macizo. Las de acero pueden haber sido pintadas de brillantes colores o haberse tratado con calor para conferirles un acabado de acero azul, como se hacía con las primeras manecillas segundero.

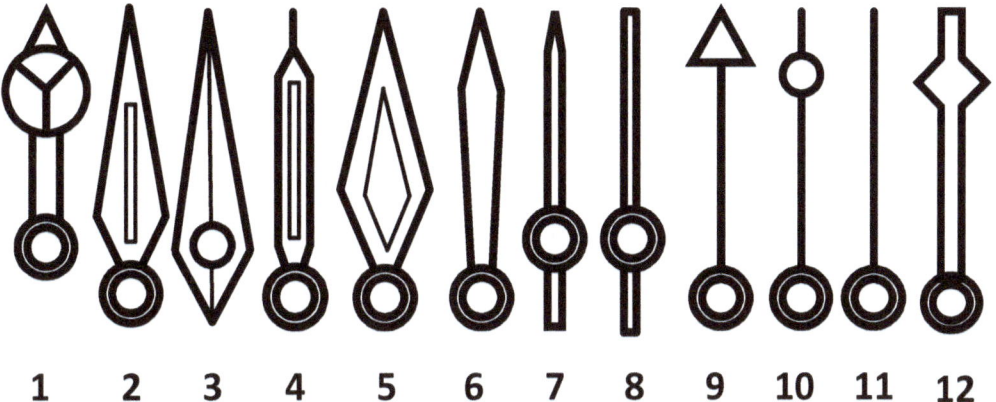

1. El nombre formal de las agujas catedral o mercedes es Squelette. Rolex las incorporó en sus relojes herramienta, pues fueron diseñadas para retener más material luminiscente. Solo se emplean en las manecillas de hora. Las primeras versiones eran planas, mientras que las posteriores son ligeramente curvadas.

2. Las agujas alfa tienen una base ancha y un tronco estrecho que se monta sobre el poste central de la esfera. Este estilo se emplea tanto en la manecilla de horas como en la de minutos, y normalmente incorporan una banda de tritio luminiscente. Este estilo es típico de las décadas cuarenta, cincuenta y sesenta, y está presente en los Bubblebacks, Datejust, Oysterdate, los últimos Oyster Date y los Oyster Perpetual.

3. Las agujas dauphine a menudo se confunden con las de estilo alfa. Se emplean tanto como manecillas de horas como de minutos, y tienen un aspecto muy tradicional, con forma triangular y facetadas. Normalmente se ven en Bubblebacks, Oyster Dates y Datejusts.

4. Rolex empleaba ocasionalmente manecillas de jeringa en antiguos relojes de bolsillo y en los primeros Bubblebacks. Son poco comunes y suelen haber perdido el material luminiscente que pudieran haber tenido.

5. Las agujas Plongeur aportan una gran visibilidad en los relojes de buceo. Son manecillas anchas en forma de diamante empleadas únicamente en los Submariner de corte militar. La minutero puede tener forma de lápiz o bastón.

6. Las agujas de espada evocan el filo de una hoja. Se ensanchan desde el centro para luego estrecharse hasta formar la punta de una espada. Pueden incluir un panel de radio luminiscente y aparecen en modelos Bubblebacks de los años treinta y cuarenta.

7. Las agujas de tipo lápiz son un cruce entre las de bastón y las de estilo espada. Tienen un cuerpo recto y una punta afilada que recuerda a un lápiz. Fueron muy utilizadas en los años sesenta y setenta.

8. Las agujas de bastón tienen el nombre formal de Parformes. Son rectas y alargadas, un tanto minimalistas. Pueden incluir o no una banda luminiscente y se emplean normalmente en relojes de vestir.

9. Las agujas tipo flecha tienen un cuerpo recto con una punta triangular que Rolex solo emplea para la complicación GMT de segundo uso horario. Existen variaciones en el color y el tamaño de la punta triangular. El Explorer II 1655 cuenta con una variante única de estas agujas que será descrita más adelante.

10. Las agujas de piruleta se reservan para la segundero en los relojes herramienta. La piruleta contiene tritio, o luminova en el caso de relojes posteriores. El Milgauss tiene una segundero singular en forma de relámpago no incluido aquí.

11. Las agujas de bastón estrechas son segunderos empleados fundamentalmente en relojes de vestir, desde los Bubblebacks a los modernos Datejust. Se emparejan con las de bastón anchas usadas en horas y minutos.

12. Las agujas copo de nieve solo se emplean en los Tudor Submariner e incluyen un cuadrado en la punta de la manecilla de las horas.

Twinlock de acero o dos tonos, oro y platino

Triplock de acero o dos tonos, oro y platino

Coronas

Rolex ha patentado distintos sistemas de corona. La mayoría fueron suministradas por Boninchi SA, que acabó siendo adquirido por Rolex en 2001.

La variedad de estilos es mayor entre los relojes antiguos que en los géneros vintage y moderno. Los relojes posteriores cuentan con solo dos tipos de coronas diferentes. Es común encontrar coronas del mercado secundario o pertenecientes a otros modelos en relojes Rolex vintage, lo que afecta al valor e integridad del reloj.

El estilo básico de corona se empleó en los Cellini y otros relojes de vestir. Se trata de un sencillo mecanismo que se extrae tirando de la cabeza exterior, típicamente decorada con una corona en relieve. Otro estilo, el de cebolla, se ve habitualmente en modelos antiguos de caja acojinada (de ángulos suavizados).

En las cajas Oyster se emplean coronas a rosca, a excepción de las que montan una corona Super Oyster anunciada como resistente al agua y empleada solo en los primeros modelos como el Oyster Precision y el Oysterdate en los años cincuenta. Estas son cada vez más escasas ya que muchas fueron reemplazadas como parte del mantenimiento. Las primeras coronas a rosca pueden mostrar una cruz suiza y la palabra Brevet, que significa patentado.

Existen dos variantes de la corona a rosca, la Twinlock y la Triplock.

La Twinlock es reconocible por no tener ninguna marca bajo la corona, o por mostar únicamente una línea. Fueron empleadas en relojes clásicos como el Datejust y el Oyster Date. Las primeras versiones pueden mostrar la palabra Brevet y una cruz suiza.

La Triplock tiene tres pequeños puntos en relieve bajo el símbolo de la corona.

Se emplearon en modelos profesionales como el Daytona, el Submariner, el Sea-Dweller o el GMT-Master. El tamaño y posición de los puntos indica el material de la caja Oyster con la deberían ir emparejadas, evitando así que una caja de platino tuviese una corona de acero.

Se trata de una medida anti-falsificaciones que requiere de una lupa (o de una vista excelente) para ser observada. Las LEC fueron introducidas en 2001, extendiéndose a toda la gama Rolex en 2003, a excepción del Milgauss Anniversary GV Edition. Su cristal único tintado en verde (Glace Verte) no incluye la LEC.

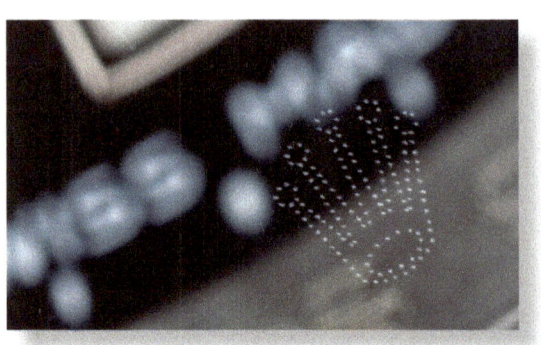

Cristales

Los cristales Rolex son acrílicos o de zafiro sintético. Los cristales acrílicos sin lente magnificadora Clyclops son conocidos como cristales Tropic.

Los cristales Tropic están disponibles en tres formatos: abovedado, plano y de perfil alto (grueso). Estos últimos son los más comunes en los relojes herramienta.

Los cristales son componentes consumibles pensados para ser reemplazados cada cierto tiempo. Un cristal original resulta un tanto insignificante y no supone ningún incremento de precio (a excepción de aquellos que afirman ser íntegramente originales).

Los cristales acrílicos, a diferencia de los de zafiro, pueden ser pulidos. Los coleccionistas emplean una amplia variedad de materiales y técnicas para eliminar arañazos y marcas. Dos de las opciones más populares son el Polywatch y la pasta dental.

Los cristales de zafiro de los modelos modern classics pueden presentar una corona grabada a láser (laser etched coronet, LEC) sobre el índice de las 6.

RELOJES ANTIGUOS Y DE BOLSILLO

"Estoy muy orgulloso de mi reloj de bolsillo de oro. Me lo vendió mi abuelo en su lecho de muerte."
- Woody Allen

Durante sus primeros años Rolex experimentó con los nombres de sus marcas, intercambiándolos libremente. Nombres como Prince e Imperial se empleaban tanto en relojes de muñeca como en relojes de bolsillo. Muchos de estos primeros relojes carecen de número de referencia en la caja o número de serie en el movimiento.

Durante la Primera Guerra Mundial (entre 1914 y 1918) Rolex introdujo el reloj de trinchera. Suponen el primer intento de Rolex de producir un reloj robusto, de tipo herramienta y de muñeca. Mantuvieron muchos elementos del diseño de los relojes de bolsillo junto a los que se vendían, incluyendo la tapa con bisagra.

Entre las similitudes se incluyen las frágiles pero altamente visibles esferas esmaltadas, con el índice de las 12 habitualmente impreso en rojo. Esto facilitaba al propietario la adaptación a llevar un reloj en la muñeca, donde la posición superior podía parecer desviada 90 grados en sentido contrario a las agujas del reloj.

En la caótica guerra de trincheras, con escasa visibilidad, estos pequeños detalles resultaban cruciales.

El mercado actual de los Rolex de trinchera es sólido, pero el estado de las esferas esmaltadas es muy dispar. Muy poco usados por los coleccionistas, los ejemplares en mejor estado son subastados por grandes sumas y posteriormente custodiados como inversiones o herencias.

Otro tipo de relojes curiosos son los cronógrafos, los relojes de colgante y los de viaje. Muchos de estilo plegable fueron fabricados en los años treinta y cuarenta y fueron conocidos como relojes de estuche.

Rolex continuó haciendo algunos relojes de bolsillo y de colgante muy exclusivos y lujosos, pero pronto quedaron eclipsados por el éxito de los relojes de muñeca.

Asociamos los relojes de bolsillo Rolex con el periodo de las guerras mundiales, pero la casa continuó fabricando relojes de bolsillo contemporáneos hasta los años ochenta. Estas curiosidades de metales preciosos no son especialmente codiciadas, pero sin duda son escasas e inusuales. Tan solo acarrean un aumento de precio por el metal empleado y el valor de sus gemas.

Los relojes de bolsillo fueron los primeros productos de Rolex, sus ventas dominaron el mercado hasta el inicio de la IIGM. Los catálogos de los años treinta muestran estilos open-face, semi y full hunter en relojes de bolsillo. Se realizaron en varios materiales, desde oro laminado o lleno y plata a oro macizo de 18 quilates. En 1932 Rolex lanzó el reloj de bolsillo Rolex Prince Imperial en oro de 18 quilates. Resultó ser uno de los relojes más precisos hechos por Rolex, vendiéndose junto al Prince de muñeca.

Los relojes de bolsillo Rolex antiguos son propios de los años diez y veinte, fueron realizados en oro macizo rosa o amarillo. Un modelo típico sería la ref. 1528 de 44mm con fondo a presión. Ya en los años treinta Rolex se distanciaría de esta línea de productos para centrarse en los relojes de pulsera, tanto de hombre como de mujer.

Tabla de referencias de relojes de bolsillo

Nombre	Ref.	Cal.	Caja	Descripción
Prince Imperial	1645	Cronómetro	Oro amarillo	De bolsillo
Cellini	3717		Oro amarillo/blanco	Circular, de bolsillo
Cellini	3727		Oro amarillo/blanco	Rectangular, de bolsillo
Cellini	3729		Oro amarillo/blanco	Ovalado, de bolsillo
Cellini	3790		Oro blanco	Circular, de bolsillo
Cellini	3791		Oro blanco	Rectangular, de bolsillo
Cellini	3799		Oro blanco	Ovalado, de bolsillo
Sporting Prince	1561	Extra Prima	Acero inox.	De estuche
Prince Imperial	1585		Acero inox.	De viaje
Sporting Prince	1599		Oro amarillo	De estuche
Sporting Prince	1599		Oro amarillo	De estuche

Rolex Prince

El Rolex Prince recibió muy buenas críticas cuando fue lanzado en 1928, alabando su vanguardismo y modernidad. Los clientes lo adoraron. Su caja rectangular incorporaba una esfera mayor para las horas y los minutos y una inferior para los segundos. Tanto los índices como los apliques eran marcadamente art decó. Diseñado como un reloj de vestir de lujo, fue un éxito instantáneo, por lo que el Prince y sus derivados se mantuvieron en producción durante casi tres décadas.

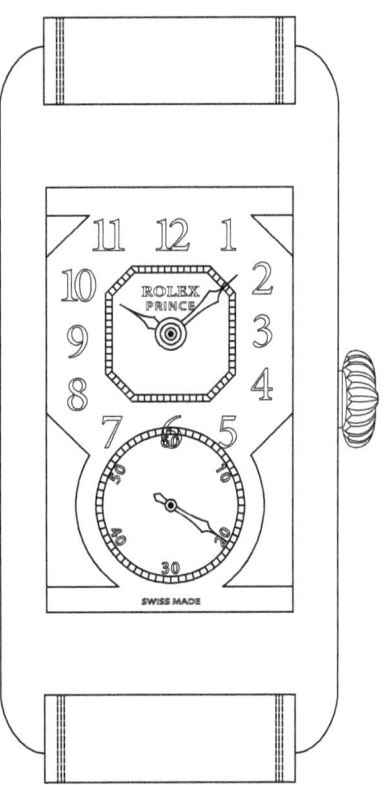

Los modelos del Price fueron los primeros relojes Rolex fabricados en cantidades industriales en logar la certificación de cronómetro COSC.

Hoy en día se considera como el triunfo comercial que situó a Rolex en el mapa.

La subesfera con el indicador de segundos muertos se hizo popular entre los doctores al resultar una ayuda útil al tomar el pulso de los pacientes, llegando este modelo a ser conocido como "el reloj de los médicos".

El Prince se ofrecía en dos estilos de caja, una rectangular de estilo clásico (ref. 1343), y una más redondeada de estilo Brancard (ref. 971).

Se emplearon diversos materiales en la fabricación de los Prince, incluyendo oro amarillo, plata de ley, oro rosa, platino en dos tonos combinados y posteriormente, acero. Poco después de ser presentado, su movimiento manual fue reemplazado por uno automático.

En 1935 Rolex lanzó el Railway Prince (ref. 1527). Su diseño estaba inspirado en las locomotoras, evocando el lujo de los viajes en ferrocarril por Europa durante los años treinta.

El Railway Prince contaba con una complicación única de segundos muertos y un diseño genuinamente novedoso y futurista. La esfera principal solo tenía minutero y las horas se leían como números del 1 al 12 mostrados en una ventana situada en la posición de las 12. Años después, este modelo serviría de inspiración para el Rolex Datejust.

El último modelo de la serie Rolex Prince fue el Super Precision Aerodynamic. Contaba con una única esfera de gran tamaño para la horario, la segundero y la minutero.

La producción de los Rolex Prince llegó a su fin a de finales de los cuarenta y la línea fue discretamente retirada del mercado.

Rolex Princesse y Rolex Queen

En 1930 Rolex lanzó la línea Rolex Princesse, una versión para mujer del Prince.

Eran sencillos relojes de dos agujas en cajas rectangulares similares a las de los Prince, pero de menor tamaño.

Tras el Princesse llegó la colección Rolex Queen en 1932 (refs. 503, 504 y 505).

Estas tres versiones con caja rectangular estaban disponibles en oro de 9 y 18 quilates y en acero inoxidable. Su mercado es limitado, atrayendo la atención de pocos coleccionistas.

A diferencia de los modelos Prince de mayor tamaño, estos han sido poco valorados, por lo que es posible encontrar ejemplares en su estado original no restaurado.

En la actualidad, la Princesse es una marca de la línea Tudor.

Ediciones Especiales del Prince

A lo largo de las décadas se han hecho numerosas ediciones especiales del Rolex Prince. La primera fue en 1935, cuando Rolex ofreció una edición especial limitada del Jubilé Prince. Esta pequeña tirada de (supuestamente) 500 unidades conmemoraba el Jubileo de Plata del rey Jorge V.

El Sporting Prince fue otra edición limitada con la que sondear el mercado. Se trataba de un inusual reloj de bolsillo diseñado para ser utilizado en actividades atléticas. Contaba con un mecanismo de muelle que hacía que la esfera sobresaliese de la caja.

Otra edición especial muy conocida fue la Quarter Century Club, realizada para un minorista canadiense que regalaba los relojes a sus empleados al alcanzar los 25 años de servicio.

Estos relojes tenían los doce caracteres "1/4 Century Club" impresos en la esfera en lugar de los índices horarios.

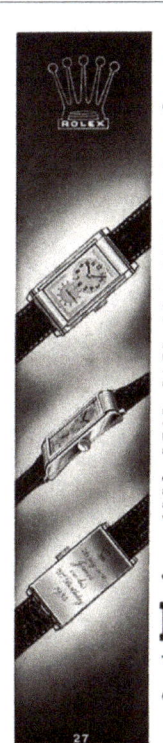

Tabla de referencias del modelo Prince y Princess

Nombre	Ref.	Cal.	Talla	Caja	Descripción
Chameleon	5003		Mujer	Oro amarillo	Circular
Elegant	2948		Hombre	Oro amarillo	Circular
Elegant	3004		Hombre	Acero inox.	Circular
Elegant	3081		Hombre	Acero inox./oro amarillo	Circular
Elegant	3167		Hombre	Oro amarillo	Circular
Orchid	9809		Mujer	Oro blanco	Circular
Prince Brancard	971		Hombre		Rectangular
Prince Brancard	1490		Hombre		Rectangular
Prince Brancard	1491		Hombre		Rectangular
Prince Brandard	5068		Hombre		Rectangular
Prince Classic	1541		Hombre		Rectangular
Prince Imperial	1645	Cronómetro	Hombre	Oro amarillo	De bolsillo
Prince Imperial	1585		Hombre	Acero inox.	De viaje
Prince Railway	1527		Hombre		Rectangular
Prince Railway	4376		Hombre		Rectangular
Prince Railway	1862	Extra Prima		Acero inox.	Rectangular
Princess	1772		Mujer	Oro amarillo	Rectangular
Princess	2405		Mujer	Acero inox./oro amarillo	Rectangular
Princess	5877		Mujer	Oro amarillo	Rectangular
Princess Egyptienne	1466		Mujer	Oro blanco	Rectangular
Queen	503		Mujer		
Queen	504		Mujer		
Queen	505		Mujer		
Sporting Prince	1561	Extra Prima	Hombre	Acero inox.	De estuche
Sporting Prince	1599		Hombre	Oro amarillo	De estuche
Sporting Prince	1599		Hombre	Oro amarillo	De estuche
The Golden King	9522	Precision	Hombre	Oro amarillo	Circular
The Golden King	9919	Precision	Hombre	Oro amarillo	Circular

Tabla de referencias de otros modelos de pulsera

Ref.	Grado del Cal.	Talla	Caja	Descripción
5003		Mujer	Oro amarillo	Circular
2940		Hombre	Acero inox.	Circular
2948		Hombre	Oro amarillo	Circular
3004		Hombre	Acero inox.	Circular
3081		Hombre	Acero inox. /oro amarillo	Circular
3167		Hombre	Oro amarillo	Circular
9809		Mujer	Oro blanco	Circular
2565	Ultra Prima	Cadete	Acero inox.	Circular
2007		Cadete	Oro amarillo	Cushion
4325		Hombre	Oro amarillo	Circular
4364		Hombre	Oro amarillo	Circular
8029	Precision	Hombre	Acero inox.	Circular
9829	Precision	Hombre	Acero inox.	Circular
9022		Hombre	Acero inox.	Circular
9083		Hombre	Acero inox.	Circular
9106		Hombre	Oro amarillo	Circular
2361	Cronómetro	Mujer	Oro amarillo	Rectangular
4645	Perpetual	Mujer	Oro amarillo	Cuadrado
4374	Precision	Mujer	Oro amarillo	Circular
4496	Precision	Mujer	Oro rosa	Circular
4595	Precision	Mujer	Oro rosa	Rectangular
8731	Precision	Mujer	Oro blanco	Circular
8788	Precision	Mujer	Oro amarillo	Circular
8790	Precision	Mujer	Oro rosa	Cuadrado
8126	Super Precision	Mujer	Oro rosa	Rectangular
64		Mujer	Oro blanco	Rectangular
406		Mujer	Oro rosa	Tonneau
1383		Mujer	Oro amarillo	Rectangular
1394		Mujer	Plata	Cushion
1401		Mujer	Oro blanco	Cuadrado
1966		Mujer	Acero inox.	Tonneau
2164		Mujer	Oro blanco	Circular
2175		Mujer	Oro amarillo	Cuadrado
2611		Mujer	Oro amarillo	Circular

Ref.	Grado del Cal.	Talla	Caja	Descripción
2694		Mujer	Oro rosa	Rectangular
3073		Mujer	Oro amarillo	Cuadrado
3118		Mujer	Oro amarillo	Octagonal
3251		Mujer	Oro amarillo	Circular
3562		Mujer	Acero inox.	Cuadrado
3771		Mujer	Oro amarillo	Rectangular
3911		Mujer	Oro rosa	Cuadrado
4184		Mujer	Acero inox./oro amarillo	Rectangular
4211		Mujer	Oro amarillo	Cuadrado
4289		Mujer	Oro amarillo	Rectangular
4291		Mujer	Oro amarillo	Cuadrado
4294		Mujer	Oro amarillo	Cuadrado
4334		Mujer	Oro rosa	Hunter
4381		Mujer	Oro amarillo	Cuadrado
4391		Mujer	Oro amarillo	Cuadrado
4401		Mujer	Oro amarillo	Cuadrado
4405		Mujer	Oro amarillo	Cuadrado
4454		Mujer	Oro amarillo	Cuadrado
4457		Mujer	Oro amarillo	Circular
4473		Mujer	Oro amarillo	Rectangular
4484		Mujer	Oro amarillo	Hunter
4487		Mujer	Oro amarillo	Circular
4491		Mujer	Oro rosa	Circular
4492		Mujer	Oro amarillo	Circular
4493		Mujer	Oro amarillo	Cuadrado
4494		Mujer	Oro amarillo	Cuadrado
4495		Mujer	Oro amarillo	Cuadrado
4556		Mujer	Acero inox.	Circular
4615		Mujer	Oro rosa	
4725		Mujer	Oro amarillo	Circular
4830		Mujer	Acero inox.	Rectangular
5088		Mujer	Acero inox.	Rectangular
8320		Mujer	Oro rosa	Cuadrado
8522		Mujer	Oro rosa	Cuadrado
8784		Mujer	Oro rosa	
9242		Mujer	Oro rosa	Cuadrado
9250		Mujer	Oro rosa	Rectangular

Ref.	Grado del Cal.	Talla	Caja	Descripción
9638		Mujer	Oro rosa	Cuadrado
8858		Mujer	Oro amarillo	Circular
4663	Perpetual	Cadete	Oro rosa	Cuadrado
2524		Cadete	Acero inox.	Circular
3078		Cadete	Acero inox.	Circular
4579		Cadete	Oro rosa	Circular
1027	Cronómetro		Oro rosa	Circular
3029	Cronómetro		Oro rosa	Circular
3255	Cronómetro		Oro amarillo	Cuadrado
3260	Cronómetro		Oro amarillo	Cuadrado
3689	Cronómetro		Oro amarillo	Cuadrado
3737	Cronómetro		Oro amarillo	Cuadrado
3762	Cronómetro		Oro amarillo	Circular
3783	Cronómetro		Oro rosa	Circular
3894	Cronómetro		Oro amarillo	Cuadrado
4051	Cronómetro		Acero inox.	Circular
4117	Cronómetro		Oro rosa	Circular
4118	Cronómetro		Oro rosa	Circular
4134	Cronómetro		Oro rosa	Circular
4409	Cronómetro		Oro rosa	Circular
4411	Cronómetro		Oro amarillo	Circular
4497	Cronómetro		Oro amarillo	Rectangular
4533	Cronómetro		Oro amarillo	Rectangular
4643	Cronómetro		Oro amarillo	Cuadrado
4816	Cronómetro		Oro amarillo	Circular
4845	Cronómetro		Oro amarillo	Circular
6512	Cronómetro		Oro amarillo	Circular
8569	Cronómetro		Oro amarillo	Circular
8651	Cronómetro		Oro amarillo	Circular
8940	Cronómetro		Oro amarillo	Circular
8952	Cronómetro		Oro amarillo	Circular
9081	Cronómetro		Oro amarillo	Circular
9164	Cronómetro		Oro amarillo	Circular
9347	Cronómetro		Oro amarillo	Rectangular
1696	Extra Prima		Oro blanco	Rectangular
1852	Extra Prima		Oro amarillo	Rectangular

Ref.	Grado del Cal.	Talla	Caja	Descripción
1862	Extra Prima		Acero inox.	Rectangular
1618	Perpetual		Chapado oro	Circular
3059	Precision		Oro rosa	Rectangular
3140	Precision		Oro amarillo	Rectangular
3667	Precision		Oro amarillo	Circular
3861	Precision		Acero inox.	Rectangular
4513	Precision		Acero inox.	Rectangular
9659	Precision		Oro amarillo	Circular
912	Prima		Oro amarillo	Cuadrado
1122	Prima		Plata	Circular
3428	Prima		Oro amarillo	Cushion
556	Ultra Prima		Oro amarillo	Rectangular
1880	Ultra Prima		Acero inox./oro amarillo	Rectangular
2537	Ultra Prima		Oro amarillo	Rectangular
2582	Ultra Prima		Acero inox./oro amarillo	Circular
13			Oro amarillo	Rectangular
162			Oro amarillo	Cushion
478			Acero inox.	Rectangular
514			Oro amarillo	Circulared
757			Oro amarillo	Rectangular
758			Oro amarillo	Rectangular
860			Oro amarillo	Rectangular
870			Oro amarillo/blanco	Rectangular
1328			Oro amarillo	Rectangular
1370			Plata	Tonneau
1832			Oro amarillo	Rectangular
1897			Acero inox.	Rectangular
1918			Oro blanco	Rectangular
1936			Oro amarillo	Rectangular
1992			Acero inox.	Rectangular
2151			Acero inox./oro amarillo	Rectangular
2356			Oro amarillo	Rectangular
2372			Oro amarillo	Rectangular
2536			Oro amarillo	Rectangular

Ref.	Grado del Cal.	Talla	Caja	Descripción
2568			Acero inox.	Circular
2734			Acero inox.	Circular
2886			Acero inox.	Rectangular
3003			Acero inox./oro rosa	Circular
3028			Oro rosa	Circular
3038			Oro amarillo	Circular
3265			Acero inox.	Circular
3287			Oro rosa	Cuadrado
3456			Oro amarillo	Rectangular
3571			Acero inox.	Circular
3573			Oro amarillo	Circular
3684			Acero inox./oro amarillo	Cuadrado
3754			Oro amarillo	Circular
3777			Oro amarillo	Rectangular
3782			Oro rosa	Circular
3861			Oro amarillo	Rectangular
3923			Oro amarillo	Circular
4029			Oro amarillo	Rectangular
4100			Oro amarillo/Oro blanco	Herradura
4101			Oro amarillo	Herradura
4102			Oro blanco	Herradura
4107			Acero inox./oro rosa	Circular
4108			Oro amarillo	Rectangular
4119			Oro amarillo	Circular
4326			Acero inox.	Circular
4330			Oro amarillo	Rectangular
4366			Acero inox.	Cuadrado
4417			Acero inox.	Circular
4446			Oro rosa	Circular
4471			Oro amarillo	Cuadrado
4542			Acero inox.	Circular
4560			Acero inox.	Circular
4612			Oro blanco	Ovalado
4613			Oro blanco	Ovalado

Ref.	Grado del Cal.	Talla	Caja	Descripción
7000			Acero inox./oro amarillo	Cuadrado
7008			Oro amarillo	Circular, mercado canadiense
7011			Oro amarillo	Circular, mercado canadiense
7038			Oro amarillo	Circular, mercado canadiense
7051			Oro amarillo	Cuadrado
8094			Oro amarillo	Cuadrado
8382			Oro rosa	Circular
8612			Oro rosa	Cuadrado
9576			Oro amarillo	Circular
9578			Oro amarillo	Cuadrado
9665			Oro amarillo	Circular
9720			Oro blanco	Cuadrado
9780			Oro amarillo	Circular
9798			Oro blanco	Circular
9878			Oro rosa	Circular

Cronógrafos y Moon Phase antiguos

Los cronógrafos Rolex de la época de la IIGM no están debidamente documentados. En este periodo la publicidad de bienes de lujo era escasa, por lo que los catálogos y anuncios impresos de Rolex no abundan.

Pocos anuncios de este tipo han sobrevivido. Estas carencias hacen que la verificación y autentificación de estos primeros relojes sea muy compleja. Los falsificadores han sabido aprovecharse de las oportunidades que esto genera.

Rolex empleó intensivamente los mismos movimientos Valjoux que usaban otros fabricantes de cronógrafos del momento, entre los que se incluyen Longines, Heuer y Breitling. Cada casa modificaba en distinta medida estos movimientos Valjoux, en lo que se conoce como acabados.

Rolex terminaba sus movimientos firmando el volante y el puente del tren de engranajes. También se hacía un esfuerzo adicional realizando satinados y biselados sobre piezas individuales.

Los estilos de estas terminaciones evolucionaron con el tiempo, pues cada manufactura optaba por distintas técnicas. Es necesario un experto para identificar los acabados Rolex de distintas décadas. Solo hay un puñado de estos expertos, y mayoritariamente trabajan para exclusivas casas de subastas (cuando no para la misma Rolex).

Casi todos los cronógrafos Rolex antiguos que han llegado hasta nuestros días contienen alguna pieza no fabricada por Rolex. Esto hace que los conceptos de autenticidad, originalidad e integridad sean discutibles. Su valor reside en el atractivo visual de la esfera y su estado de funcionamiento.

Cronógrafos Dato-Compax

Los Dato-Compax son un tipo de cronógrafos de movimiento manual producidos entre los años cuarenta y sesenta apodados Jean Claude Killy.

Jean Claude Killy fue campeón del mundo de esquí, dominando en competiciones de descenso y eslalon gigante en los sesenta. También fue piloto de carreras y actor. Se convirtió en embajador de la marca Rolex en los setenta y llegó a incorporarse a su consejo directivo.

Cinco referencias llevan el apodo Jean Claude Killy: 4768, 4767, 5036, 6036 y 6236. Lo cierto es que Rolex fabricó estos relojes una década antes de sus triunfos deportivos.

El Dato-Compax cuenta con dos intrincadas complicaciones: la fecha (Dato) y el cronógrafo (compax). El término Compax se empleó por vez primera en los Universals y Zeniths hacia 1936, en referencia al número de complicaciones del movimiento. Posteriormente se empleó para designar la disposición de la triple esfera.

La ref. 4768 fue la de menor recorrido entre los Killy Chronographs. Algunos expertos afirman

Jean Claude Killy, 1968
Triple oro olímpico (centro)

que Rolex fabricó solo 220 unidades. Es el único Data-Compax que no emplea caja Oyster, contando con un fondo a presión. La esfera presenta como único texto *Rolex Chronographe*.

En 1947 Rolex lo reemplazó con la ref. 4767, una importante mejora, pues contaba con una caja Oyster y fondo a rosca. En la esfera se leía *Oyster Chronographe*. Fue el primer triple calendario cronógrafo en una caja Oyster, aunque su producción solo duró un año.

Fue reemplazado por la ref. 5036 en 1948, en fabricación hasta 1951. La ref. 6036 a su vez reemplazó a la 5036 en torno a 1955. A finales de los cincuenta llegó la ref. 6236, siendo la última versión del Dato-Compax. Contaba con un bisel de gran tamaño, precursor de las actuales cajas de tres piezas.

Los Dato-Compax llegaron al mercado poco después del fin de la IIGM. Rolex los ofrecía en acero inoxidable, oro amarillo y oro rosa. Las austeras circunstancias implicaban una baja demanda. Las ventas no fueron suficientes para mantener los altos costes de producción de un reloj tan complejo.

A día de hoy estos siguen siendo los relojes más complicados fabricados por Rolex. Su limitada fabricación hace que sean muy escasos, atrayendo una importante atención y suscitando elevadas pujas cuando salen a subasta.

Tabla de referencias del modelo Dato-Compax

Ref.	Cal.	Prof.	Años	Caja	Descripción
4767	V72	50m	1947 - 1948	Acero	Dos pulsadores, triple registro, caja Oyster, triple calendario
4768	V72		1947 - 1948	Acero	Dos pulsadores, triple registro, triple calendario
4769	V72		1947 - 1948	OA	Dos pulsadores, triple registro, triple calendario
5034	720		1948 - 1951		
5036	720		1948 - 1951	OA	Dos pulsadores, triple registro, triple calendario
6036	72		1951 - 1955	Acero	Dos pulsadores, triple registro, triple calendarior
6234	72	50m	1955 - 1961	Acero	Dos pulsadores, triple registro, caja Oyster, corona a rosca, taquímetro y telémetro
6236	72C		1958 - 1962	Acero	

Cronógrafos Centergraph y Zerograph

Estas dos referencias (3346 y 3462) fueron los primeros cronógrafos de un único botón montados en caja Oyster. Su diámetro es de 32mm y fueron los primeros cronógrafos en incorporar la corona Rolex Oyster. También fueron los primeros relojes Rolex en incluir un bisel rotatorio.

Montados en cajas Bubbleback y empleando movimientos Hunter de 10 líneas modernizados con una complicación de cronógrafo flyback, eran relojes enteramente hechos en casa. Esto se consiguió añadiendo tan solo diez piezas adicionales a un movimiento hunter convencional, utilizando luego un fondo saliente para acomodarlas.

Lanzado a mediados de los años treinta, se fabricaron en pequeñas cantidades y solo durante unos pocos años. Se sabe poco acerca de ellos, ya que solo algunos han sido subastados (en Phillips y Christie's) yendo acompañados de poca o ninguna documentación.

En el momento de su lanzamiento los nombres Zerograph y Centergraph se usaban indistintamente para ambas referencias. Cuando su producción se estabilizó, se asignó el nombre Zerograph a la ref. 3346 y el Centergraph a la ref. 3462.

El Zerograph (3346) tiene un bisel rotatorio de acero empleado para medir los minutos transcurridos. Los biseles rotatorios no volverían a emplearse hasta pasados 20 años, en el Turn-O-Graph de 1953. El Centergraph (3462) cuenta con un bisel fijo pulido con taquímetro en el borde de la esfera.

Las esferas estaban disponibles en blanco y negro, algunas en estilo California (con la mitad

Nombre	Ref.	Cal.
Zerographe / Centregraph	3346	Hunter de 10 líneas
Zerographe / Centregraph	3462	Hunter de 10 líneas

de los indicadores en números romanos y la otra mitad en números arábigos).

Estos relojes son extremadamente poco comunes. A día de hoy son los únicos cronógrafos flyback de un solo botón fabricados por Rolex. Solo una referencia, la Bubbleback, empleaba esferas California.

Ref. 6062 Moonphase Anotación Especial

Este modelo de triple calendario Moonphase incluía día, fecha, mes y fase lunar. Debutó en la Feria del Reloj de Basilea de 1950. Los primeros anuncios lo denominaban Cosmograph, aunque este texto no aparece en las coronas.

Un ejemplar de la ref. 6062 fue vendido en subasta en mayo de 2017 por cinco millones de francos suizos, estableciendo un nuevo récord mundial como el Rolex más caro. Incluía una esfera Bao Dai, nombrada en honor al último emperador de Vietnam, con diamantes a modo de índices.

Tan solo existen tres ejemplares de la ref. 6062 con diamantes en la esfera. La Bao Dai es la única en la que los diamantes se sitúan en los números pares. A diferencia de los demás, cuenta con un diamante posicionado a las 12, desplazando el emblema de la corona de Rolex hacia abajo y quedando en la posición habitual del texto. El tradicional texto *Rolex Oyster Perpetual* aparece bajo las ventanas del día y el mes.

Para los cincuenta, la ref. 6062 resultaba ser un masculino reloj de 36mm. Empleaba un movimiento de 9 líneas resistente al agua gracias a su fondo no roscado y su corona Super Oyster. Estos modelos son anteriores a la Twinlock a rosca, siendo normalmente reemplazados durante el mantenimiento.

Vendida junto al Dato-Compax, la ref. 6062 estaba disponible en acero inoxidable, oro amarillo y oro rosa. Las esferas estaban disponibles en blanco y negro con inusuales variantes en los índices. Una de las más llamativas es la esfera Stelline (o Startlet). Contaba con ocho estrellas de cinco puntas como índices horarios y una subesfera de fase lunar en negro o azul. Otras configuraciones incluyen combinaciones de estrellas, cabezas de flechas y diamantes.

REF. 8171 PADELLONE MOON PHASE ANOTACIÓN ESPECIAL

En 1949 Rolex introdujo la ref. 8171, apodada Padellone, lo que se traduce como *gran sartén* en italiano.

Se trataba de un reloj triple con fecha y fase lunar hecho únicamente en acero y oro amarillo. Contaba con un fondo a presión grabado con el número de serie y la corona. Los aficionados calculan que Rolex fabricó menos de 1000 ejemplares de la ref. 8171.

Para los estándares del momento, contaba con un substancial diámetro de 38mm. Tenía agudas asas curvadas salientes de los laterales de la caja, lo que acentuaba su tamaño.

El Padellone empleaba un inusual movimiento automático cal. A29 que no se empleaba de forma habitual en otras referencias.

La esfera contaba con ventanas gemelas que mostraban el día y el mes. Una subesfera integrada mostraba tanto la fase lunar como los segundos. Una cuarta aguja señalaba la fecha en un anillo exterior.

Se trata de un reloj hermoso y bien equilibrado. En las subastas cambia de manos por elevadas sumas.

Tabla de referencias de cronógrafos antiguos

Ref.	Cal.	Periodo	Descripción
8237			Triple calendario, fase lunar, doble pulsador, doble registro
6062	780	1949 - 1953	Triple calendario, fase lunar, doble pulsador, triple registro
8171	A295	1949 - 1952	Triple calendario, fase lunar, cronómetro perpetual
1074	1560		Pulsador único, doble registro, caja acojinada
1223	1560		Pulsador único, doble registro, caja acojinada, telémetro
2021	16 1/2		Doble pulsador, doble registro, taquímetro y telémetro
2022	V23		Pulsador único, doble registro, caja acojinada
2023	V23		Pulsador único, doble registro, caja circular
2057			Pulsador único, doble registro, caja acojinada
2226			Pulsador único, doble registro, caja circular, cadete
2303	10 1/2		Pulsador único, doble registro, caja circular, cadete
2507			Pulsador único, doble registro, caja circular
2508	V23		Doble pulsador, doble registro, taquímetro y telémetro
2705			Doble pulsador, doble registro, taquímetro y telémetro
2737			Doble pulsador, doble registro a las 12 y las 6
2811	72A		Doble pulsador (circular u ovalado), doble registro, caja circular, cadete
2917			Doble pulsador (cuadrado), doble registro
2918	V23		Doble pulsador, doble registro
2920	V23		Doble pulsador, doble registro
3036			Doble pulsador (circular), doble registro
3055	69		Doble pulsador (ovalado), doble registro, caja circular, cadete y hombre
3082	V72		Doble pulsador (ovalado), doble registro
3085			
3181			Doble pulsador (circular), bisel giratorio mecánico
3233			Doble pulsador, doble registro, taquímetro y telémetro
3330	V22		Doble pulsador, doble registro, taquímetro
3333	V22		
3335	V22		Doble pulsador (cuadrado), triple registro, pulsómetro

Ref.	Cal.	Periodo	Descripción
3481			Doble pulsador, (circular) doble registro, caja circular, cadete
3484			Doble pulsador, doble registro
3525	12		Doble pulsador, doble registro
3529	10 1/2		Doble pulsador, doble registro, caja cuadrada
3635			Doble pulsador, doble registro
3642			Pulsador único, doble registro, caja circular pequeña
3668	13		Doble pulsador, doble registro, bisel giratorio mecánico, corona a rosca
3695			Doble pulsador, doble registro
3735			Pulsador único, doble registro, esfera esmaltada, asas de bisagra y fondo
3827			Doble pulsador, triple registro
3834	10		Doble pulsador, doble registro, taquímetro y telémetro
3835			Doble pulsador, triple registro, taquímetro y telémetro
3997			Doble pulsador, doble registro
4048	V23		
4062	V23		Doble pulsador, doble registro
4099			Doble pulsador, doble registro
4100	13		Doble pulsador, doble registro
4113	V55	1942 - 1942	Doble pulsador, doble registro, segundos muertos, caja grande, reloj oficial de la Formula 1
4311			Doble pulsador, doble registro
4313	V23		Doble pulsador, triple registro
4332	V27		
4352			Doble pulsador (circular), doble registro
4500	V23		Doble pulsador, doble registro, corona a rosca
4537	V72		Doble pulsador, triple registro
6032	72		Doble pulsador, doble registro
6034	72		Doble pulsador, triple registro, corona a rosca
6232	72		Doble pulsador, doble registro
6236	72B		Doble pulsador, triple registro, triple calendario
6238	72B		Doble pulsador, triple registro, bisel pulido, corona a rosca
6270	55		
7131	234		

Ref.	Cal.	Periodo	Descripción
7132	234		
7159	234		
7169	234		
8180	172		Doble pulsador, triple registro, triple calendario
8206	69		Doble pulsador, doble registro, caja cuadrada
9162	V72	1954 -	Doble pulsador, triple registro

RELOJES HERRAMIENTA

"Primero forjó y después, enseñó."
- Geoffrey Chaucer

En la terminología comercial de Rolex, estos relojes pertenecen a la colección Professional. Rolex adoptó el nombre Professional para su colección de relojes herramienta y deportivos en torno al año 2000.

Entre los coleccionistas todavía se conocen como relojes herramienta y deportivos (Tool and Sport), prefiriendo esta denominación a la oficial debido a su similitud con la colección Professional de Omega (Speedmaster, Seamaster y Railmaster).

Aunque solo son ocho las marcas de la colección Professional, existen numerosas versiones dentro de cada una de ellas. Cada una contiene pequeñas pero abundantes variaciones en detalles aparentemente insignificantes.

Hay unas 170 referencias distintas a considerar, abarcando desde el primer reloj herramienta presentado por Rolex en 1952. En esta cifra no se incluyen los modelos semi-herramienta como el Turn-O-Graph y el Killy Chronograph, que serán examinados en otras secciones.

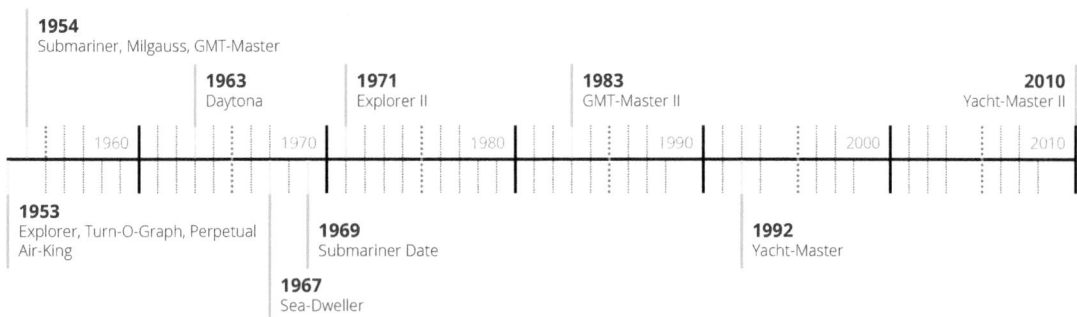

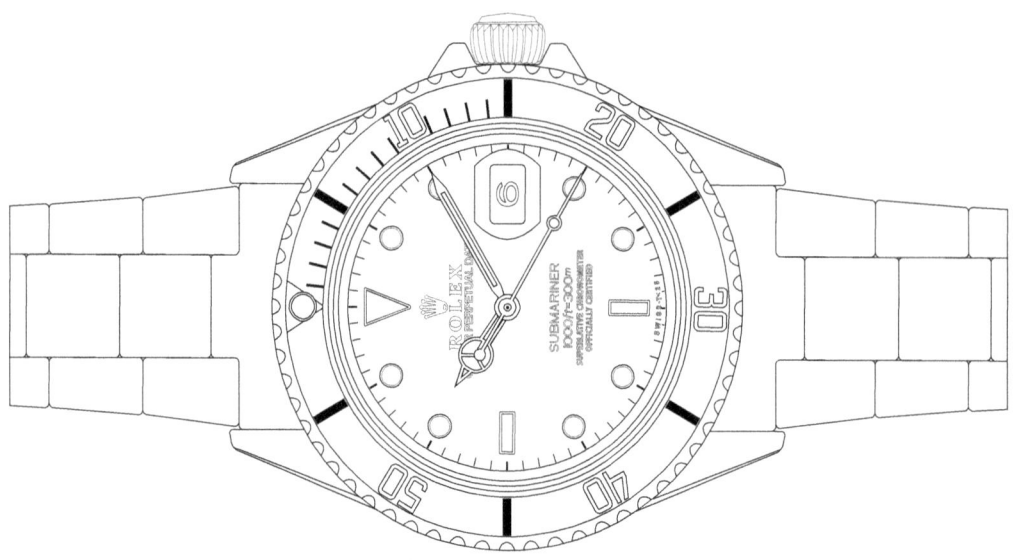

Oyster Perpetual Submariner

Lanzado en 1953 y presentado en la Feria del Reloj de Basilea el año siguiente, el Submariner fue el primer reloj de muñeca resistente al agua a *100m / 330ft*. Sin embargo, no fue el primer reloj diseñado para la práctica del buceo. Este honor le corresponde al Blancpain Fifty-Fathoms.

El bisel rotatorio del Submariner fue diseñado para medir el tiempo transcurrido bajo el agua. Si bien no fue el primero de su clase, se trata de un reloj elegantemente ejecutado por Rolex. Fue esta sencilla característica y no su resistencia al agua, que compartía con otros modelos, lo que definió al Submariner como un reloj herramienta profesional.

La llegada de la complicación de fecha en 1969 hizo del Submariner un reloj para todos los públicos, abriéndose a un mercado más amplio. Los puristas todavía consideran a la versión sin fecha como la más fiel al diseño original, renegando de la ventana de fecha y la lente Cyclops.

Las primeras referencias del Submariner fueron las 6200, 6204 y 6205, hoy consideradas pequeñas (36mm) en comparación con los tamaños actuales.

Estos primeros ejemplares son los más complejos de autentificar debido a las décadas de uso, los distintos propietarios y el gran número de variaciones menores en sus configuraciones.

Al igual que ocurre con los coches clásicos de la misma época, la mayoría de estas primeras referencias han requerido de un considerable trabajo para seguir funcionando. Esto hace que la extendida obsesión por la originalidad y la autenticidad resulte subjetiva y dogmática.

Existen incontables pequeñas variaciones en las referencias de cuatro dígitos del Submariner. Algunas presentan primero la profundidad certificada en metros (*meters-first*), para el mercado europeo mientras que otras ofrecen primero los pies (*feet-first*).

Otros muestran la profundidad en rojo y cuentan con índices de estilo Explorer para las 3, 6 y 9. Este estilo de marcadores fue pensado para uso militar, pero llegó hasta el mercado generalista y rápidamente se hizo popular.

Otras variantes consisten en textos dorados, índices redondos, círculos de marcadores de minutos abiertos o cerrados y lacados brillantes o mate. Algunas tenían manecillas tipo lápiz; otras, estilo Plongeur (solo los modelos militares).

Los primeros biseles se giraban a presión y eran bidireccionales, a diferencia de los posteriores, ajustados mediante clicks y girando en una sola dirección. Los biseles bidireccionales se emplearon hasta 1953 debido a la patente de Blancpain para su reloj Fifty Fathoms.

Una vez esta expiró, el Submariner incorporó un bisel unidireccional al comienzo de la serie 5500.

Es esta enorme variedad lo que hace a los Submariner tan coleccionables. Su alta demanda y los precios al alza han desatado las prácticas poco éticas, lo que complica conseguir un ejemplar lícito.

Comprar ejemplares en mal estado para restaurarlos es costoso y arriesgado. Este tipo de proyectos movidos por la pasión raramente tienen sentido a nivel económico.

Si usted está decidido a hacer algo así, piense que la restauración le costará tanto como el propio reloj, a no ser que sea algo que vaya a hacer usted mismo.

Las reediciones modernas del Submariner sin fecha como las ref. 14060 y 16610 siguen siendo populares, aptas para su uso diario. La simetría de su esfera y sus características

Esfera del Submariner ref. 6204 de estilo meters-first, dorada y con círculo de minutos cerrado.

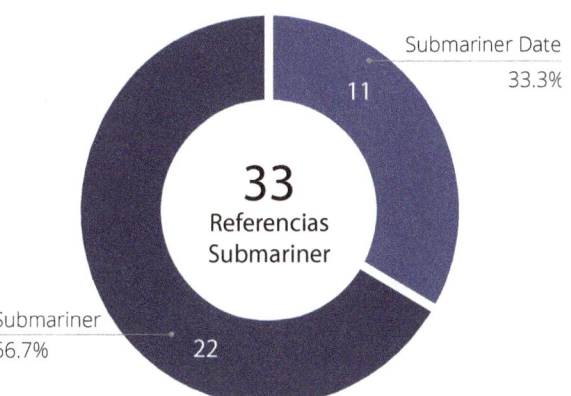

contemporáneas hacen de estos relojes una opción atractiva, práctica y coleccionable. Los precios son, por lo general, más moderados que los de sus predecesores de cuatro dígitos, como las ref. 5513 y 5512.

La única referencia de cuatro dígitos con complicación de fecha es la 1680. Se trata de una referencia compleja y longeva con siete esferas diferentes. Solo la ref. 1680 y la 16800 (variante con esfera mate) se consideran vintage. El empleo del calificativo vintage en cualquier referencia posterior a la 16800 es controvertido.

*Submariner Date moderno
Ref. 16800, COSC cal. 3035*

Los biseles reemplazables son una parte esencial del valor y del precio de cualquier reloj deportivo de acero, especialmente en los Submariner. Los biseles de reemplazo son identificables por su empleo de una tipografía delgada. Los biseles con una tipografía ancha, de mayor tamaño, son considerados originales y propios de la ref. 1680.

El punto luminiscente en el índice triangular central tiende a caerse y perderse. Es posible encontrar repuestos, pero que el tritio de reemplazo se asemeje al de la pátina de la esfera y las manecillas ya es más complicado. Algunos coleccionistas optan por un punto de Luminova que brilla intensamente, otros deciden dejar el agujero vacío, apostando por la honestidad.

*Submariner moderno
Ref. 14060, sin COSC cal. 30000*

Los biseles fantasmas o desgastados deberían examinarse en comparación con el estado de la caja, la esfera y las agujas. Por ejemplo, un bisel envejecido debería ir acompañado de un punto luminiscente, una caja y una esfera igualmente envejecidos. El comprador debería buscar esa correspondencia entre todos los componentes, mostrando un nivel de desgaste uniforme.

Dado el incremento de precio que suponen los biseles desgastados originales, hay vendedores sin escrúpulos que los envejecen artificialmente

*Submariner Date moderno
Ref. 16610, COSC cal. 3135*

empleando lejía y altas temperaturas en una práctica conocida como horneado. Estos biseles artificialmente envejecidos suelen carecer de las marcas y arañazos que se asocian a un uso intensivo en actividades al aire libre.

El coleccionista debería evitar los relojes con señales de uso irregulares, pues serán difíciles de revender. Un bisel horneado es menos problemático si planea usar el reloj durante un largo tiempo, confiriéndole así su propia pátina.

Si su intención es comprar y poseer el reloj, elija un Submariner que a usted le guste personalmente y regatee (educadamente) el precio final en base a los factores descritos en esta guía.

En las 33 referencias Submariner existentes desde 1952 se han empleado 14 movimientos o calibres diferentes. El calibre 3135 es el más común. Con tantas referencias y variantes dentro de cada una de ellas, en esta guía tan solo se hará hincapié en aquellos ejemplares que puedan resultar más interesantes para los nuevos coleccionistas.

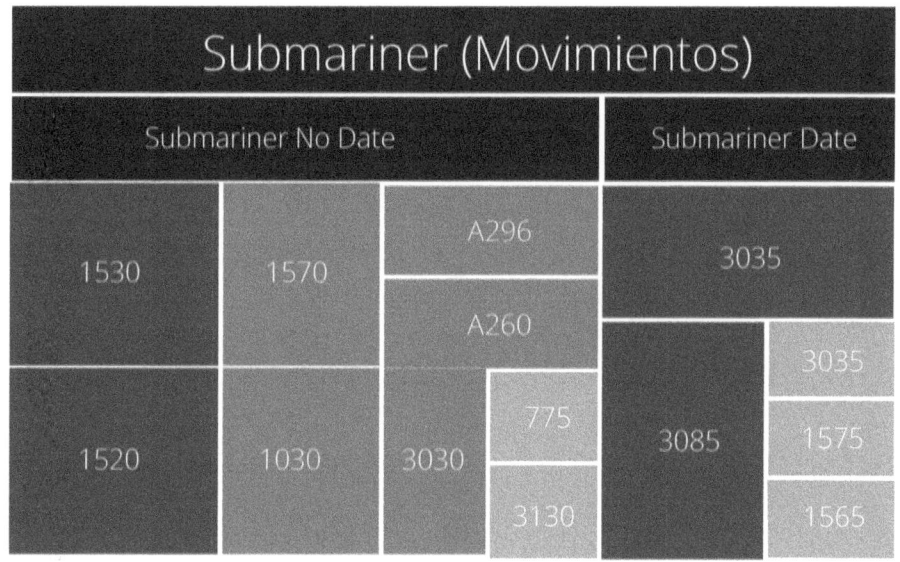

Los Submariner emplean hasta 14 calibres diferentes

Cronograma de los Submariner

1954
ref. 6204 Debut del Submariner en Basilea.

1955
ref. 6538 sucede al 6204 Pre-Sub, con calibre 1030.
ref. 6536 sucede a la ref. 6205 con corona grande.
ref. 6536/1 versión cronómetro de la ref. 6536 con calibre 1030.
ref. 6538 la Armada Real británica elige al Submariner.

1981
ref. 168000, 16610
El Submariner emplea un bisel unidireccional, el tiempo de buceo hay que calcularlo restando. Empleo del caliber 3085.

1983
ref. 16613 El Submariner se ofrece en "Rolesor", combinando oro y acero en dos tonos.

1962
ref. 5513 Protección de la corona mejorada y cal. 1530 actualizado.

2003
ref. 16610 LV
Aparece el bisel verde para el Submariner 50 Aniversario, apodado como Kermit.

1963
ref. 5513 actualizada con el cal. 1520 presentado el mismo año.

1988
ref. 16610 actualizada con el cal. 3135

1979
ref. 16800 Submariner con cristal de zafiro y profundidad ampliada a los 300 metros

1969
ref. 16618 Submariner disponible en oro de 18 quilates.

2009
ref. 16613 LB
Primer Submariner con bisel cerámico y en Rolesor. Las asas se ensanchan y se incorpora un nuevo brazalete.

ref. 1680 ventana de fecha, cristal plexi y lente cyclops con texto rojo en la esfera (hasta 1973) y cal. 1575.

1959
ref. 5512 Protección de corona, mayor diámetro, de 36mm pasa a 40mm, "Superlative Chronometer, Officially Certified".
ref. 6538 "Superlative Chronometer, Officially Certified".

2010
ref. 16619
Submariner en oro blanco con esfera azul y bisel de cerámica.
ref. 116610LN/LV.
Aparece el LV con esfera y bisel verdes.

1958
Cambio de fuente del bisel, los 0 (ceros) son más angulosos.
ref. 5510 basada en la ref. 6200 con calibre 1530 (1957).
ref. 5508 6536/1 con calibre 1530.

1956
Nuevas manecillas y bisel con marcadores de 15 minutos.
ref. 6538/8 La 6538 emplea la misma caja que la ref. 6200.
ref. 6536 Un triángulo rojo en el bisel marca la posición de las 12.

Ref. 1680 Red Submariner Date
Anotación Especial

Esta es una de las variantes de la ref. 1680 más deseadas y coleccionables. Estos relojes son conocidos como Red Submariner por sus distintivos textos de color rojo en la esfera.

Se trata de una referencia cara y compleja con muchos escollos potenciales. Si usted es un neófito en el campo de los Rolex vintage no es recomendable que opte por este modelo en su primera compra.

El color rojo sería reemplazado por el blanco en versiones posteriores. A estos ejemplares se los conoce como White 1680.

La presencia de una única línea de texto en rojo implica un elevado incremento de precio, desatando un interés casi obsesivo y rabioso. La forma del texto, textura de la tinta, color y estilo en general han sido estudiados y debatidos hasta el más mínimo detalle.

Los coleccionistas continúan debatiendo acerca de si la ref. 1680 es el Submariner vintage más deseado de todos los tiempos, o si se trata del más deseable con complicación de fecha. Los gustos personales tienen un gran peso en este debate.

Es habitual que las esferas con textos rojo y blanco se intercambiasen, por lo que se puede encontrar una esfera con texto rojo en una caja de un periodo posterior al de los Red Subs, así como una esfera de texto blanco en una caja anterior.

Dado el valor de los Red Subs auténticos, los coleccionistas deberían examinar al microscopio cada detalle, siendo conscientes de las muchas esferas falsificadas presentes en relojes auténticos.

Hasta que un Red Sub pase por las manos de un experto reconocido que lo evalúe, el potencial comprador debería asumir que se trata de un reloj no del todo legítimo. En estos casos, se recomienda obtener un certificado de autenticidad total del vendedor, así como una alusión a este aspecto en la política de devoluciones. El comprador necesitará tiempo para hacer que el reloj sea examinado, pudiendo reclamar si aparecen problemas no especificados.

Existen siete esferas distintas en los Red Subs, incluyendo una esfera de reemplazo luminiscente. Todas ellas aparecieron con poco tiempo de diferencia, solapándose durante tres años, entre 1969 y 1972. Las diferencias son nimias y es necesario contar con fotografías macro o una lupa para examinarlas.

Esfera MK I

Estas esferas tienen una certificación de profundidad tipo Meters-First y sus números de serie van aproximadamente del 2.07M al 2.2M, entre 1969 y 1970.

Presentan una tipografía gruesa y consistente, con el número 6 cerrado. Fíjese en la curvatura peculiarmente larga de la letra f.

Esfera MK III

Estas son las últimas esferas de tipo Meters-First. Sus números de serie abarcan del 2.2M al 2.45M (1970), solapándose con las MK II. Mantienen el 6 abierto, pero su fuente tipográfica es más gruesa. El texto va sobreimpreso en rojo, siendo blanco debajo. Fíjese en la f más corta, con la parte superior recortada.

Esfera MK II

Estas esferas tienen la profundidad certificada tipo Meters-First. Sus números de serie van aproximadamente del 2.2M al 2.45M, de 1970.

Se diferencian de las MK I por emplear una tipografía más delgada y ligera, con el 6 abierto. Atienda a la curva más afilada de la letra f y la forma en la que se alinean las L en la palabra OFICIALLY, así como en la E de SUPERLATIVE.

Esfera MK IV

Esta es la primera esfera con certificación Feet-First. Los números de serie van del 2.45M al 3M, entre 1970 y 1972.

El texto va sobreimpreso en rojo, con el blanco debajo. El 6 de la certificación de profundidad es abierto y más marcado.

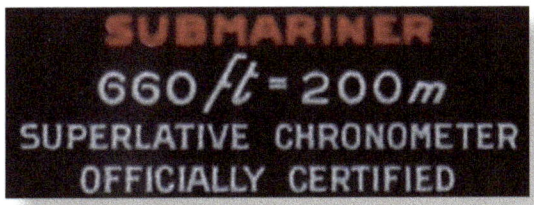

Esfera MK V

La esfera MK V tiene el 6 menos pronunciado, pero todavía abierto. Su numeración va del 2M al 3M, de entre 1970 y 1972. El texto rojo va directamente impreso sobre la esfera, sin texto blanco subyacente. Preste atención a la forma aplanada de la letra S.

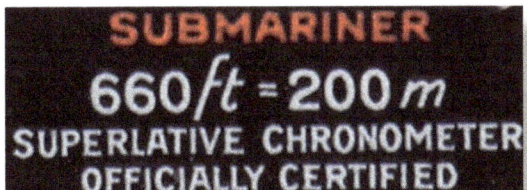

Esfera MK VI

La esfera MK VI cuenta con un 6 cerrado y una tipografía más redondeada y consistente. La S es notablemente más redondeada que la de la MK V. Abarcan números del 3M al 4M, despareciendo en 1975.

Existe también una esfera Red 1680 de recambio identificable por la palabra SWISS situada en la posición de las 6, además de por su luminiscencia. Estas esferas aún brillan.

Algunas esferas de las primeras ref. 1680 (Mark I, II y III) son propensas a oscurecerse adquiriendo un tono marrón, por lo que son apodadas *Chocolate Submariner*. Este color pardo es resultado de un defecto en la pintura, haciendo que estas esferas sean altamente deseadas y muy coleccionables.

El texto rojo de las esferas Mark I, III y IV contiene imperfecciones. Es común que el blanco sea visible en los bordes o a través del rojo. Estas imperfecciones son reconocidas por la comunidad de coleccionistas y se consideran legítimas.

Los fondos de las referencias numeradas desde 2M hasta 3.4M incluían un código de fecha estampado a partir del segundo cuatrimestre de 1969 (II 69). Esta práctica concluyó con el II 72, con numeración 3M. Los relojes Rolex de 1973 en adelante, así como las piezas de repuesto, no incluyen código de fecha alguno estampado en sus fondos.

El movimiento empleado en la ref. 1680 es el calibre 1575 (el número 5 denota la complicación de fecha). Es habitual que el rotor automático lleve estampado el número 1570, ya que esta pieza era válida tanto para el Submariner Date como para la versión sin fecha.

Este movimiento también fue empleado en otras referencias menos deseadas y más asequibles. Verificar que el movimiento es un cal. 1575 no implica que este sea el original con el que el reloj salió de fábrica. Solo Rolex puede relacionar el número de serie de una caja con el número de serie de un movimiento, confirmando que ambos salieron juntos de fábrica.

La ref.1680 tiene una variación en los papeles de la garantía con los que se vendía. Los más deseados y valorados son los perforados, los papeles cumplimentados a mano o en blanco suponen un incremento de precio menor.

Ref. 1680 White Submariner Date
Anotación Especial

El Submariner blanco no ha logrado el estatus de culto o los altos precios de su predecesor con texto en rojo. Existen tres variantes reconocidas de las esferas blancas de la ref.1680. Todas ellas se dan en relojes dentro del mismo rango numérico de serie.

Esfera MK I

Las esferas de texto blanco MK I fueron hechas por Lemrich. El reverso de la esfera lleva estampado un número con el prefijo 121. La L se sitúa directamente bajo la imagen de la corona, y el = aparece bajo la A. El = se encuentra alineado con el espacio entre las palabras OFFICIALLY CERTIFIED en la línea inferior del texto.

Esfera MK II

Estas esferas fueron hechas por Beyeler. En el reverso aparece el estampado el texto Beyeler Geneve. Fíjese en cómo la L aparece más hacia la izquierda bajo la corona.

Esfera MK III

Las esferas MK III fueron hechas por Lemrich. El desplazamiento de la L es más pronunciado. La posición del = respecto al texto OFFICIALLY CERTIFIED es diferente de la MK I.

 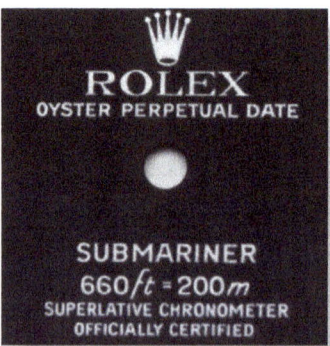 

Esferas del White Submariner MK I, II y III

Ref. 5513 Submariner (Sin Fecha) Anotación Especial

La ref. 5513 fue fabricada desde 1962 hasta 1990, siendo una de las más longevas producciones de Rolex. Como resultado, existen numerosos ejemplares en circulación.

Como ocurre con otras referencias producidas durante largo tiempo, hay muchas variaciones menores fruto de la evolución del modelo. Entre ellas se incluye el uso de dos movimientos diferentes, los calibre 1530 y 1520.

Esta referencia tiene una fuerte conexión con el agente James Bond 007, lo que resulta atractivo para algunos coleccionistas. George Lazenby lucía una ref. 5513 con brazalete Oyster en *Al servicio secreto de su Majestad*, al igual que Roger Moore en *Vive y deja morir* y *El hombre de la pistola de oro*.

Las referencias 5513 y 5512 fueron los primeros Submariner en emplear coronas de 7mm, que serían las empleadas por defecto en los Submariner posteriores.

La ref. 5513 presenta dos líneas de texto bajo su punto central, indicando que ninguno de los dos calibres empleados (1530 y 1520) contaban con la certificación COSC del Control Oficial Suizo de Cronómetros.

Por otro lado, la ref. 5512 contaba con cuatro líneas de texto y esta sí tenía certificación COSC. La 5512 incluía el texto *Superlative Chronometer, Officially Certified* (SCOC) bajo la profundidad certificada. La producción de las dos referencias (5512 y 5513) fue simultánea.

La 5513 tuvo tres estilos de esfera, cada una con distintas variantes. Las primeras iteraciones tenían un brillo dorado, entre 1962 y 1966. Las esferas mate y las variantes maxi fueron hechas entre 1966 y 1984, antes de retornar a las esferas brillantes (con nuevos índices de oro blanco).

Dentro de la esferas maxi hay cinco variantes diferentes conocidas como MK I a V. Se diferencian en pequeños detalles en el estilo del texto y la forma del logotipo de la corona, pudiendo ser necesaria una lupa para apreciarlos.

Cronograma de las Esferas del Submariner ref. 5513

Brillo dorado	Mate	Brillante
1970	1980	1990
774K	2.2M 4M	8M

1966-1968
Meters-First
1.5M-1.8M

1969-1970
Fuente No-Serif
2M - 2.2M

1971 - 1974
Fuente No-Serif
2M - 2.5M

1970 - 1973
Fuente Serif
2M - 4M

1976 - 1984
Esferas Maxi

Las esferas Meters-First mate aparecieron en 1966 con numeración 1.6M, concluyendo en 1968. El tritio luminiscente empleado en estas esferas presenta una apariencia variable e inconsistente.

Las primeras versiones contaban con finas capas de lumen que pueden ser difíciles de detectar, requiriendo una lupa. A mitad de la producción el lumen empleado pasó a ser más espeso, confiriendo a los marcadores un acabado abombado propio de la aplicación manual. Al final de la producción de estas esferas, el tritio volvía a ser más ligero y plano, consistente con las técnicas de aplicación mediante estampado.

Las esferas no Serif se produjeron entre 1969 y 1970, con números de serie a partir de los 2M. Las esferas Serif reemplazaron a estas, empleándose hasta 1973 con numeración en torno a los 3M. Posteriormente volvió a emplearse el estilo no Serif hasta 1976.

Las esferas maxi comenzaron a producirse tras estas, entre 1976 y 1984, siendo entonces reemplazadas por las brillantes con índices de oro blanco.

Puede servirse del cronograma para verificar si una esfera se corresponde con el estilo apropiado de un determinado reloj según su número de serie.

Submariner Verdes

En Rolex son extremadamente conservadores en el empleo del color, particularmente en el uso de su icónico verde. El verde se reserva para los modelos conmemorativos de aniversario. El cincuenta aniversario del Subariner se celebró con una edición especial, la ref. 16610. Si busca algo diferente, estos Submariner, afectuosamente conocidos como Kermit (Rana Gustavo) y Hulk, son excelentes elecciones.

Ref. 16610LV Kermit (de 2003 a 2010)

Creado para celebrar los cincuenta años de la línea Submariner, el Kermit, como ha sido apodado, se distingue por su bisel reemplazable verde. Además, es el primer Submariner con una esfera maxi en la que los índices aparecen sobredimensionados.

Esta versión tiene unas manecillas ligeramente más anchas que el modelo estándar con esfera negra ref. 16610, aunque sería necesario comparar ambos modelos para percibir la diferencia.

Los primeros modelos se lanzaron en el otoño de 2003 con números de serie Y (en septiembre), pasando a ser F en octubre y hasta diciembre. Solo unos pocos relojes son auténticos modelos de aniversario, aquellos cuyo número de serie sea una cifra alta acompañada de Y o una cifra baja con la letra F.

La caja Oyster del Kermit no presenta orificios perforados en las asas. Algunos coleccionistas afirman haber visto imágenes en prensa del Kermit con dichos agujeros, y algunas pruebas anecdóticas sugieren que el prototipo sí tenía orificios, como la primera remesa producida para los ejecutivos de Rolex. Se rumorea que estas fotografías fueron publicadas para evitar falsificaciones.

El Kermit fue actualizado en 2010 con la numeración de seis dígitos 116610LV. Ahora que ya no está en producción se ha vuelto más deseado y será coleccionable como un clásico futuro.

El Kermit tiene un precio más elevado que el modelo estándar con esfera negra de ese mismo año. Si va a comprar uno de estos relojes, verifique la autenticidad de la esfera verde atendiendo al tamaño (más ancho) de sus manecillas. Es posible cambiar la esfera negra de un modelo estándar por una verde de recambio haciendo pasar al reloj como un modelo de aniversario 16610LV para venderlo a un precio mayor. Reemplazar un bisel es algo sencillo que solo requiere un cuchillo y cinta adhesiva. También es posible cambiar las manecillas, pero se trata de algo más complejo para lo que se necesitan unos ciertos conocimientos y las herramientas adecuadas.

La designación LV debería aparecen en la garantía junto con el número de serie de la caja. Al parecer, las primeras versiones con garantía perforada solo incorporan la designación V.

Si planea comprar un 16610LV es muy recomendable que el personal cualificado de un centro de servicio Rolex o distribuidor autorizado verifique la autenticidad del ejemplar.

Ref. 116610LV Hulk (2010 - Actualidad)

El Hulk es una versión evolucionada del modelo de aniversario Kermit, cuya esfera maxi verde de estilo rayos de sol supone un cambio importante sobre la versión de cinco dígitos a la que reemplazó. Cuenta con un bisel Cerachrom y unas asas más anchas que conforman lo que se ha dado en llamar la caja maxi moderna. Tiene un carácter marcadamente masculino, con gran presencia en la muñeca.

Submariner Militares

El subgénero de los Submariner de origen militar es complejo. Los Rolex adquiridos por el ejército son una propiedad estatal que se entrega al personal militar junto a otras herramientas especializadas, como el equipo de buceo.

Como toda equipación militar, estos relojes propiedad del gobierno presentan grabados militares y números de serie propios. Nunca pasaron a ser propiedad de los soldados que los emplearon y el hecho de no haberlos devuelto a intendencia podría haber acarreado severas consecuencias.

Sin embargo, algunos relojes que sobrevivieron al servicio activo llegaron a manos particulares a través de subastas de excedentes del ejército.

Los ejemplares del gobierno son muy valorados y no deberían confundirse con aquellos adquiridos a título personal por los soldados durante su servicio activo.

Estas adquisiciones personales normalmente se daban a través de puntos de venta exclusivos, a menudo libres de impuestos, como la británica NAFFI y el estadounidense China Fleet Club. Aunque sus propietarios otorgan un significado militar a estos relojes, no son Submariner militares en un sentido estricto.

Una tercera clase de Submariner militares la conforman aquellos entregados a los soldados por un país extranjero, como los Khanjar rojos o Qaboos Sea-Dweller entregados a 90 soldados del SAS por el sultanato de Omán tras la batalla de Mirbat en 1972.

Estos regalos únicos tienen una procedencia militar distinta a los ejemplares del gobierno. Estos relojes son perseguidos tanto por coleccionistas de relojes como por aficionados a la historia militar.

El Ministerio de Defensa británico (MOD), es el cliente oficial y primer propietario de los Submariner militares británicos.

Rolex suministró Submariner especiales al Ministerio de Defensa británico (MOD). Estos relojes eran adquiridos para los cuerpos de fuerzas especiales de la Armada y la Marina Real británicas, específicamente para la Naval Special Boat Squadron (SBS) y la Army Special Air Service (SAS).

Los Submariner Tudor se suministraron a otros cuerpos militares de élite franceses, canadienses y australianos.

El término Milsub se emplea normalmente para designar a cuatro referencias Rolex específicas: A/6538 (o 6538A), 5513, 5514 y 5517.

La más coleccionable y deseada es la ref. 5517, producida en un volumen limitado. La 5517 es una referencia escasa y valiosa, lo que significa que es frecuentemente falsificada con convincentes niveles de calidad.

Afortunadamente, los Milsubs están relativamente bien catalogados y documentados, por lo que los especialistas pueden autentificarlos.

Dada la naturaleza confidencial de las operaciones realizadas por sus propietarios, estos registros están celosamente custodiados.

Ref. A/6538
(1957 - 1966)

El primer encargo de Submariner especiales vino de la Armada Real británica, produciéndose entre 1957 y 1966. Se trataba de una modificación de la ref. 6538 James Bond Goldfinger.

La ref. A/6538 contaba con un bisel moficiado de mayor tamaño y altura hecho de alpaca en lugar del latón de la 6538. Esta modificación permitía a los buzos asir el bisel con más facilidad llevando guantes y en condiciones de humedad. También contaba con pasadores fijos de 2mm y grabados en el fondo, como la punta de flecha del Departamento de Guerra, la rama del Ejército y el año de fabricación. De 1967 a 1971 el Ejército británico optó por otro proveedor, adquiriendo el Omega Seamaster 300.

Rolex vendió Submariner estándares ref. 6538 a la Armada Real canadiense en 1956. Estos ejemplares cuentan con números de identificación y servicio grabados en la cara interna de sus fondos. Por lo demás, sus características son las mismas que las de los Submariner de la producción corriente.

Ref. 5513 y 5517
(1972 - 1979)

Los Milsubs del segundo periodo fueron ref. 5513 y 5517 modificadas de las que Rolex suministró aproximadamente 1200 unidades. Unos 180 de estos ejemplares están catalogados y atribuidos a reconocidos coleccionistas.

La primera remesa de la ref. 5513 presentaba grabados en la caja, entre las asas de la parte superior. La segunda remesa incluía estos mismos grabados, pero añadía un 5517 grabado en el asa inferior izquierda.

La tercera remesa presentaba el 5517 grabado entre las asas, contando con manecillas de estilo espada o plongeur más legibles, además de segunderos de estilo flecha. Rolex no fabricó estas agujas, y en el mantenimiento era habitualmente reemplazadas por manecillas tipo mercedes o squelette.

Las tres remesas contaban con una esfera mate marcada con la profundidad certificada 600 ft = 200m y una T inscrita en un círculo en alusión al empleo de tritio luminiscente. Todas sus esferas contaban con marcadores graduados continuos para los 60 minutos y un satinado antireflectante en la caja. Las cajas contaban con barras fijas para una mayor durabilidad, permitiendo el uso de correas NATO, pudiéndolo sujetar a la tabla de herramientas del submarinista.

Todos los fondos de las referencias 5513 y 5517 cuentan con los sellos del Ejército, la corona y un número de serie único.

Los fondos de las versiones para la SBS de la Armada Real británica incluyen el código de servicio 0552 del Ministerio de Defensa (MOD) junto con el código de la OTAN 923-7697 para relojes de buceo. También incorporan una insignia en forma de flecha con el número de ejemplar y el año de producción.

Los fondos para la versión SAS de la Armada presentan el código W10 del MOD, además de tres códigos de la OTAN para instrumentos medidores del tiempo, 99 para Reino Unido y 923-7697 para relojes de buceo. Además, cuentan con el número de ejemplar y el año de producción.

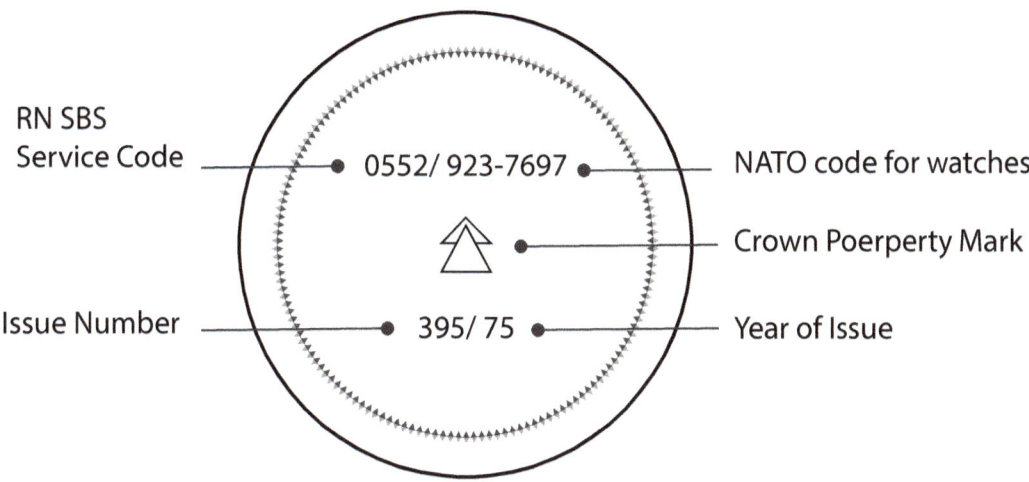

Grabados en los fondos de los Submariner militares del MOD británico

Ref. 5514 COMEX

La ref. 5514 fue fabricada por encargo exclusivamente para COMEX y nunca se vendió de forma directa a ningún cuerpo militar de países extranjeros. La ref. 5514 era una versión modificada de la 5513 con una válvula de escape de helio (HEV).

Catalogarlo como Milsub resulta controvertido. Esto se hace en base a un ejemplar subastado por Christie's que presentaba el acrónimo A.R.A. en la esfera, iniciales de la Armada de la República Argentina. Contaba con el número de identificación A.R.A. 68507-Ci.

Los investigadores de Christie's confirmaron que COMEX encargó este 5514 junto con otros modelos con el texto COMEX en la esfera. COMEX solicitó la inscripción A.R.A. sobre la profundidad certificada en la esfera, en lugar del logotipo de COMEX. Estos relojes 5514 A.R.A. fueron entregados a 16 submarinistas argentinos que entrenaban en el centro hiperbárico experimental COMEX de Marsella (Francia) en 1977.

Es probable que el Ejército argentino grabase los números de ejemplar en los fondos cuando regresaron al servicio activo en Argentina.

Tabla de referencias del modelo Submariner

Ref.	Date	Cal.	Profundidad	Caja	Bisel	Años	Descripción
6200	No	775	200m/660ft	36mm Acero	Numerado, LN	1953 - 1954	Corona de 8mm con esfera dorada e índices Explorer. Puede carecer del texto "Submariner". Profundidad 200m con caja más gruesa. Primer Submariner.
6204	N	A260	100m/330ft	36mm Acero	Numerado, LN	1953 - 1954	Profundidad 100m con caja más delgada que la 6200. Manecillas estilo lápiz. Esfera negra en panal.
6202	N	A296	100m/330ft	36mm Acero	Numerado, LN	1953 - 1954	Pre-Submariner. También marcado como "Monometer"
6200	N	A296	200m/660ft	36mm Acero	Numerado, LN	1953 - 1955	Corona de 8mm con esfera dorada e índices Explorer. Puede carecer del texto "Submariner". Caja más alta por la profundidad 200m. Primer Submariner.
6205	N	A260	100m/330ft	36mm Acero	Numerado, LN	1953 - 1957	Esfera negra en panal. Profundidad 100m con caja más delgada que la 6200. Manecillas lápiz en la primera versión, mercedes en la segunda. Puede carecer de protector de corona.
6536	N	1030	100m/330ft	36mm Acero	Numerado, LN	1954 - 1958	Sin protector de corona. Puede incluir índices Explorer con 2 o 4 líneas de texto rojo. Profundidad 100m
6538	N	1030	200m/660ft	40mm Acero	Numerado, LN	1957 - 1960	Primero con profundidad 66oft/200m. Primero con corona Triplock Big (8mm). Bisel con marcadores de 15 min. y triángulo rojo a las 12. Ref. James Bond Dr. No. Primero con manecillas mercedes.
5510	N	1530	200m/660ft	36mm Acero	Numerado, LN	1958 - 1960	Transicional, puede incluir índices Explorer, profundidad 200m. y 2 o 4 líneas de texto rojo. Pasadores fijos de estilo militar. Corona grande (8mm).
5510	N	3030	200m/660ft	36mm Acero	Numerado, LN	1958 - 1960	Transicional, puede incluir índices Explorer, profundidad 200m. y 2 o 4 líneas de texto rojo. Pasadores fijos de estilo militar. Corona grande (8mm).

Ref.	Date	Cal.	Profundidad	Caja	Bisel	Años	Descripción
5508	N	1530	100m/330ft	36mm Acero	Numerado, LN	1958 - 1965	Puede incluir índices Explorer, profundidad 200m. y 2 o 4 líneas de texto rojo. Corona grande o pequeña. Movimientos con y sin COSC, esfera dorada.
5514	N	1520	200m/660ft	40mm Acero	Numerado, LN	1960 - 1978	Sin COSC, COMEX.
5517	N	1520	660ft/200m	40mm Acero	Numerado, LN	1960 - 1978	Modelo militar exclusivo, manecillas Plongeur.
5514	N	1570	200m/660ft	40mm Acero	Numerado, LN	1960 - 1978	Sin COSC, COMEX.
5512	N	1520	200m/660ft	40mm Acero	Numerado, LN	1960 - 1980	Primer Sub con protector de corona. Versiones posteriores con COSC "Superlative Chronometer, Officially Certified".
5512	N	1530	200m/660ft	40mm Acero	Numerado, LN	1960 - 1980	Primer Sub con protector de corona. Versiones posteriores con COSC "Superlative Chronometer, Officially Certified".
5512	N	1570	200m/660ft	40mm Acero	Numerado, LN	1960 - 1980	Primer Sub con protector de corona. Versiones posteriores con COSC "Superlative Chronometer, Officially Certified".
5513	N	1520	200m/660ft	40mm Acero	Numerado, LN	1960 - 1990	Algunos son Royal Navy, otros COMEX. Esferas de doradas brillantes pasando a tipo meters first mate en torno a num. serie 1.6 mil en 1966.
5513	N	1530	200m/660ft	40mm Acero	Numerado, LN	1960 - 1990	Algunos son Royal Navy, otros COMEX. Esferas de doradas brillantes pasando a tipo meters first mate en torno a num. serie 1.6 mil en 1966.
5513	N	1570	200m/660ft	40mm Acero	Numerado, LN	1960 - 1990	Algunos son Royal Navy, otros COMEX. Esferas de doradas brillantes pasando a tipo meters first mate en torno a num. serie 1.6 mil en 1966.
1680	Si	1565	660ft/200m	40mm Acero	Numerado, LN	1969 - 1981	Chronometer. Texto rojo y blanco.
1680	S	1575	660ft/200m	40mm Acero	Numerado, LN	1969 - 1981	Chronometer. Texto rojo y blanco.
1680	S	3035	660ft/200m	40mm Acero	Numerado, LN	1969 - 1981	Chronometer. Texto blanco.

Ref.	Date	Cal.	Profundidad	Caja	Bisel	Años	Descripción
6540	N	1030	660ft/200m	40mm Acero	Numerado, LN	1971 - 1978	MOD británico. Manecillas Plongeur, bisel con marcadores de 60 min. (unas 1200 unidades, incluyendo la 6538A)
6538A	N	1030	200m/660ft	40mm Acero	Numerado, LN	1971 - 1978	MOD británico. Manecillas Plongeur, bisel con marcadores de 60 min. (unas 1200 unidades, incluyendo la 6540)
16800	S	3085	660ft/200m	40mm Acero	Numerado, LN	1977 - 1987	Actualización del 1680.
16803	S	3085	660ft/200m	40mm Acero/OA	Numerado, LN	1977 - 1987	Dos tonos 16800
16808	S	3085	660ft/200m	40mm /OA	Numerado, LN	1977 - 1987	Oro 16800
168000	S	3135	1000ft/300m	40mm Acero	Numerado, LN	1987 - 1988	Transicional, primero con acero inoxidable 906L.
16618	S	3085	1000ft/300m	40mm OA	Numerado, LN	1987 - 2010	Versión en oro de 18 quilates del 16610
16610	S	3135	1000ft/300m	40mm Acero	Numerado, LN	1987 - 2010	Sucesor del 16800 y el 168000. Último Submariner con bisel de aluminio y primero con Luminova y reborde grabado.
16613	S	3135	1000ft/300m	40mm Acero/OA	Numerado, LN	1987 - 2010	Versión en dos tonos del 16610
16618	S	3135	1000ft/300m	40mm OA	Numerado, LN	1987 - 2010	Versión en oro de 18 quilates del 16610
14060	N	3030	1000ft/300m	40mm Acero	Numerado, LN	1989 - 2012	Primero con cristal de zafiro, bordes de oro blanco en índices, tritio bien envejecido.
14060M	N	3130	1000ft/300m	40mm Acero	Numerado, LN	2000 - 2012	Transicional con movimiento mejorado, como inidica la "M". Último con orificios en las asas.
16610LV	S	3135	1000ft/300m	40mm Acero	Numerado, LV	2003 - 2010	Kermit con bisel verde y esfera negra.
116610LN	S	3135	1000ft/300m	40mm Acero	Numerado Cerachrom, LN	2010 -	Primero con bisel cerachrom y esfera maxi. Minutero más ancha con Chromalight.
116610LV	S	3135	1000ft/300m	40mm Acero	Numerado Cerachrom, LV	2010 -	Hulk con bisel cerámico y esfera verdes.

Ref.	Date	Cal.	Profundidad	Caja	Bisel	Años	Descripción
116613LB	S	3135	1000ft/300m	40mm Acero/OA	Numerado Cerachrom, LB	2010 -	Dos tonos, con esfera y bisel azules.
116613LN	S	3135	1000ft/300m	40mm Acero/OA	Numerado Cerachrom, LN	2010 -	Dos tonos, 116610 con esfera y bisel negros.
116618LB	S	3135	1000ft/300m	40mm OA	Numerado Cerachrom, LB	2010 -	Oro 116610 con esfera y bisel azules.
116618LN	S	3135	1000ft/300m	40mm OA	Numerado Cerachrom. LN	2010 -	Oro 116610 con esfera y bisel negros.
116619LB	S	3135	1000ft/300m	40mm OB	Numerado Cerachrom, LB	2010 -	Oro blanco con esfera y bisel azules.
114060	N	3130	1000ft/300m	40mm Acero	Numerado, LN	2012 -	Primero con Super Luminova y reborde grabado.

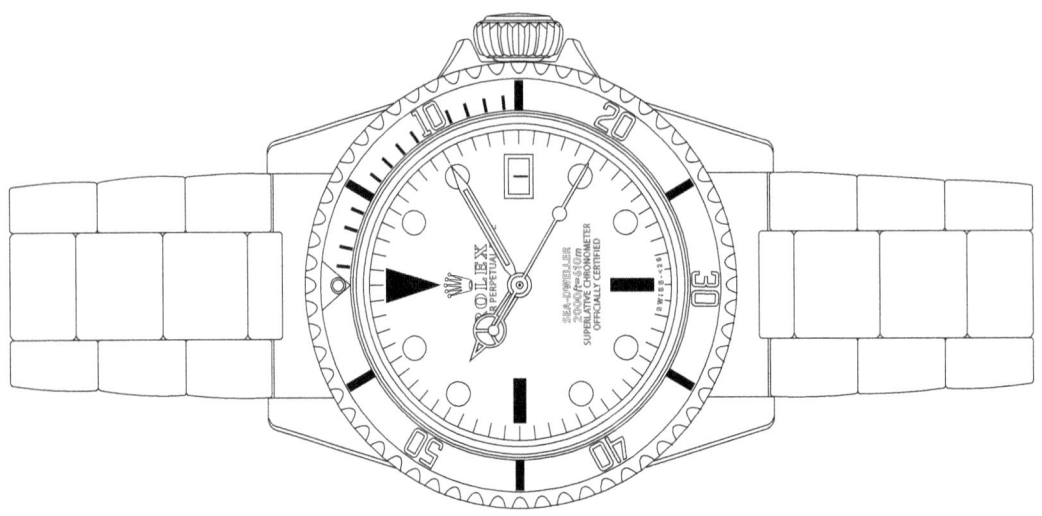

Oyster Perpetual Sea-Dweller

El Sea-Dweller tiene una historia complicada y ambigua. Debutó como marca en 1967 tras varios años de desarrollo y rigurosas pruebas. Nacido del Submariner, el Sea -Dweller se perfila como una herramienta de buceo más sustancial y completa, desarrollada en colaboración con la compañía francesa COMEX (Compagnie Maritime d'Expertises).

Los primeros Submariner ref. 5513 sirvieron como trampolín a los primeros Sea-Dweller. Las válvulas de escape de helio (HEV) en el lateral de la caja Oyster los identifican como Sea-Dweller.

Estas primeras versiones están numeradas, con fondos grabados indicando cuándo se produjeron.

Un pequeño número de estos primeros Sea-Dweller fue distribuido entre minoristas en colaboración con casas como Tiffany's. Solo un puñado de ellos han aparecido públicamente. Son curiosos ejemplares de un modelo altamente profesional vendidos de forma excepcional por lujosas marcas de joyería. Estos Sea-Dweller de joyería alcanzan elevados precios y continúan generando polémica.

Conforme el Submariner se abrió camino como el reloj de los aficionados al buceo, el Sea-Dweller se posicionó como el reloj de los profesionales de la inmersión. La diferencia estriba en sus especificaciones técnicas, como el fondo mejorado del Sea-Dweller con una mayor certificación de profundidad en modelos posteriores, o mejoras visuales como los marcadores de 60 minutos presentes en el bisel.

La complicación de fecha no fue una adicción casual, sino un útil instrumento de cara a las inmersiones y descompresiones. Muchos de estos ejercicios duraban varios días, incluso semanas.

Cada referencia del Sea-Dweller contaba con distintas variantes: esferas diferentes, fondos grabados y diversos movimientos. Todas ellas incluyen una HEV en el lateral izquierdo de la caja Oyster. El Sea-Dweller es el único Rolex que incluye grabados en el fondo y cuenta con más líneas de texto en la esfera que ningún otro modelo.

Sea-Dwellers (Variantes)					
Ref.1665			Ref.116660	Ref.16600	
Double Red	Great White	Single Red	Deepsea	Sea-Dweller	
				Ref.116600	
				Sea-Dweller 4000	
Ref.16660			Deepsea DeepBlue	12660	126660
Triple 6 gloss	Triple 6 matte				

Variantes de las referencias Sea-Dweller

Ref. 1665 Double Red Sea-Dweller Anotación Especial

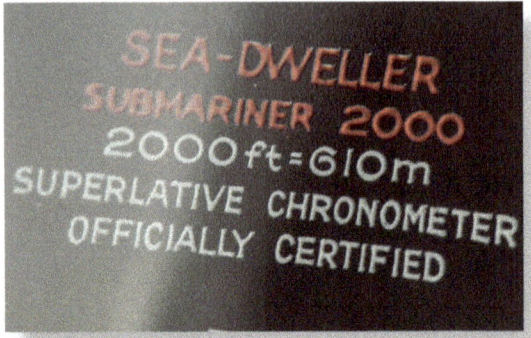

El Double Red Sea-Dweller ref.1665 fue el primer Sea-Dweller disponible para el público en general, y es el más codiciado por los coleccionistas. Su nombre oficial es Sea-Dweller Submariner 2000. La esfera incluye este nombre impreso en dos líneas de texto rojo, lo que le granjea el apodo de Double Red Sea-Dweller (Sea-Dweller Doble Rojo) o DRSD.

Esta referencia estuvo en producción durante diez años, entre 1967 y 1977, contando con cinco esferas diferentes.

Esfera MK I (1.6M - 2.2M)

Esta es la presente en los primeros modelos antes de la concesión de la patente a la HEV. Las esferas MK I iban acompañadas de fondos grabados con el texto Patent Pending (pendiente de patente). La esfera MK I presenta una tipografía roja de tamaño y grosor uniforme. La insignia de la corona de Rolex es de un estilo más consistente que la empleada en otros relojes profesionales del mismo periodo.

Esfera MK II (1.6M - 3.5M)

Estas esferas pueden aparecer junto a fondos con el texto Patent Pending y también Patented (patentado). El tamaño y grosor de la tipografía del texto en rojo difiere del modelo anterior, con las palabras SEA-DWELLER de un tamaño mayor que el texto SUBMARINER 2000 que aparece bajo este.

Esfera MK III (2.6M - 4.0M)

Esta esfera se diferencia de la MK II por el uso de una corona renovada, que parece más alta y estilizada.

Esfera MK IV (3.0M - 5.2M)

Esta última versión emplea una tipografía más robusta en los textos, tanto en blanco como en rojo. También incorpora una corona más pronunciada. Esta esfera debería estar acompañada por una rueda de fecha en la que los 6 y 9 parecen más cerrados que abiertos.

Además de las variaciones en las esferas, existen dos estilos diferentes de grabados en los fondos. Las primeras versiones del Sea-Dweller cuentan con fondos con la inscripción ROLEX en horizontal en la cara exterior. Las versiones subsiguientes a partir del Great White de 1977 tienen los grabados situados en torno a la circunferencia del fondo.

El número de modelo y un número de serie parcial (los últimos tres dígitos) se encuentran estampados en el interior del fondo. Los modelos posteriores incluyen el número de serie completo.

Algunos también incorporan la fecha de producción indicando el cuatrimestre y el año,

Variantes de los fondos de la ref. 1665

como II 72 para el segundo cuatrimestre de 1972.

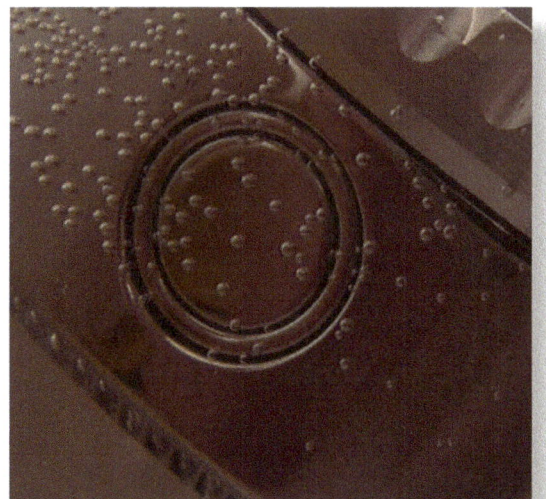
Válvula de escape de helio

Sea-Dweller ref. 1665 Great White

Ref. 1665 Great White Sea-Dweller Anotación Especial

En 1977 la esfera de la ref.1665 fue modificada sustituyendo el color rojo del texto por blanco y eliminando una alusión al Submariner. En estos momentos el Sea-Dweller ya era un producto independiente y no una mera versión mejorada del Submariner.

El Great White 1665 fue producido hasta principios de los ochenta. Su fabricación y la 16660 del modelo que lo reemplazaría se vieron solapadas, lanzándose esta nueva referencia en 1978. El Great White 1665 convivió con el 16660 en las vitrinas durante varios años, hasta que se agotó el inventario existente.

El Sea-Dweller ref. 1665 Great White fijó los estándares del diseño del Sea-Dweller hasta el lanzamiento de la ref. 126600 en 2017 (que volvía a emplear texto en color rojo).

Al igual que su predecesor, el DRSD, el Great White conoció cinco esferas diferentes. La comunidad de aficionados las ha numerado de 0 a IV, ya que la existencia de la esfera MK0 fue descubierta tras la MKI.

Esfera MK 0

Esta es, con diferencia, la más infrecuente de las esferas Great White, incorporando el texto SEA-DWELLER con un tamaño y anchura mayor que la profundidad certificada que aparece bajo este. Nótese además el 6 cerrado en la profundidad 2000 ft = 600m. Este 6 de tipo cerrado no coincide con el 6 abierto que aparece en la rueda de fecha.

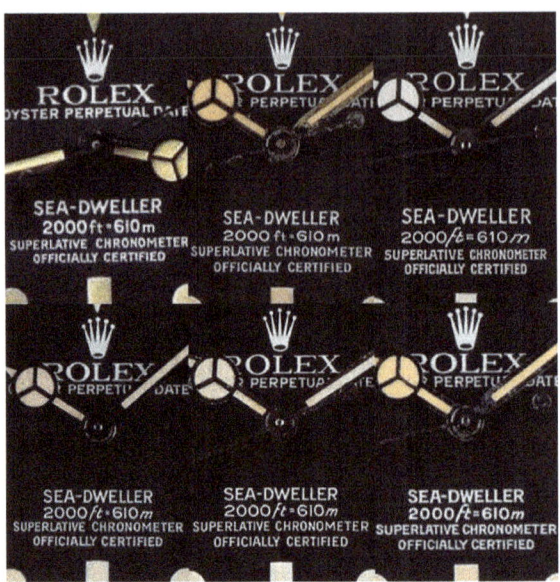

Distintas esferas del Sea-Dweller ref. 1665
Arriba: MK 0, MK I, MK II
Abajo: MK III, MK IV, MK V

Esfera MK I (6.1M - 6.2M)

El texto SEA-DWELLER y la profundidad certificada se muestran perfectamente alienados, a diferencia de en la MK 0. Además, el 6 de la profundidad aparece ahora abierto.

Esfera MK II (5.7M - 6.2M)

Esta es una esfera "rail", en la que la C de Chronometer se alinea con la C de Certificado bajo esta. Las unidades de la profundidad certificada (ft, m) aparecen en cursiva.

Esfera MK III (6M - 6.8M)

A diferencia de la esfera MK II, aquí las C no se alinean y la tipografía parece diferente.

Esfera MK IV

Esta resulta difícil de diferenciar de la MK III, ya que distinción se encuentra en la forma del 6 de la profundidad certificada y el uso de una R de menor tamaño al final de la palabra Chronometer.

Sea-Dweller Comex

Aunque las siguientes referencias mostraban las marcas Rolex y COMEX, son válidos los Submariner y Sea-Dwelers con válvula HEV sin la marca COMEX en la esfera.

Estos ejemplos cuentan con fondos grabados en los que se indica su designación especial. Los relojes de buceo Comex nunca se vendieron mediante distribuidores autorizados y no incorporarán ninguna otra marca.

- Submariner Comex 5513
- Submariner Comex 5514 (154 Unidades)
- Submariner Comex 1680
- Submariner Comex 16800
- Submariner Comex 168000
- Submariner Comex 16610
- Sea-Dweller Comex 1665
- Sea-Dweller Comex 16600
- Sea-Dweller Comex 16660

Ref. 116660 Deepsea Sea-Dweller Anotación Especial

En 2008 Rolex presentó el Sea-Dweller DEEPSEA ref.116660. Esta no es una referencia vintage, ni siquiera moderna, pero sí es una pieza fundamental en la historia del Sea-Dweller. Supuso un significativo avance respecto a la ref. 16600, contando con sistema Ringlock. Esta innovación diferencia al DEEPSEA de los Sea-Dweller al dotarlo de una profundidad certificada a 12,800ft.

El sistema Ringlock es una combinación de tres innovaciones: un fondo de titanio de grado 5 flexible bajo increíbles presiones y un cristal de zafiro de 5mm de grosor situado sobre un anillo de acero interior. El sistema Ringlock redefinió las capacidades de los relojes de buceo, lo que hace que resulte coleccionable.

Deepsea Sea-Dweller Deepblue James Cameron Edition

El Deepblue edición James Cameron es un reloj puramente contemporáneo, pero tiene algunas características que lo pueden convertir en una referencia de colección en el futuro.

Respecto a los relojes conmemorativos de edición especial, este resulta inusual al celebrar tanto la hazaña como a la persona que la logró. Rolex lo desarrolló para celebrar el exitoso descenso de James Cameron al punto más profundo de nuestro planeta, situado a 10900 metros bajo la superficie del océano Pacífico. Esta inmersión de récord fue el segundo descenso significativo al fondo del Pacífico en el que empleó un proyecto especial de Rolex.

El Deepsea Challenge (DCV1) alcanzó el fondo de la fosa de las Marianas el 26 de marzo de 2012. Fue construido por la compañía australiana Acheron Project Pty Ltd.

Portaba equipamiento científico para la toma de muestras y cámaras 3D de alta definición. El sumergible también contaba con un brazo

robótico al que iba sujeto el modelo conceptual Rolex Deepsea Challenge.

El sumergible con el reloj especial alcanzó el punto más profundo del océano tras dos horas y 36 minutos de descenso desde la superficie.

La versión comercial del Deepblue cuenta con una llamativa esfera de color azul y negro con el texto DEEPSEA en un vibrante color verde. Este color es el mismo verde del sumergible Deepsea Challenge.

Rolex diseñó el James Cameron Sea-Dweller DEEPBLUE para resistir a una profundidad de 12000m. Esta cifra es tres veces mayor que la profundidad certificada del Deepsea.

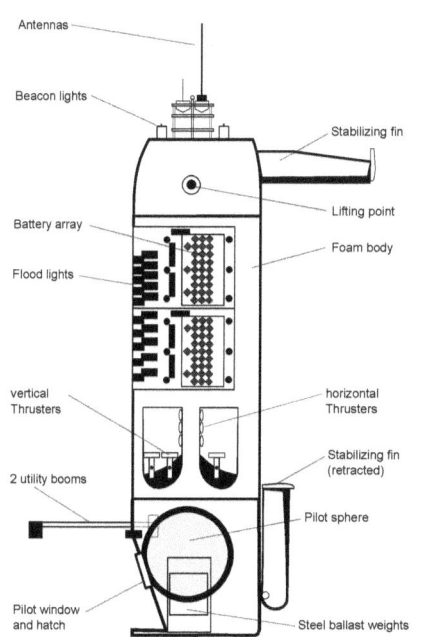

Esquema de la disposición general del DCV1, 2012 (aprox.)

La primera versión disponible del Rolex Deepsea Sea-Dweller Deepblue (ref. 116660) fue un homenaje al modelo conceptual. Actualmente sigue siendo el reloj de buceo con mayor capacidad de Rolex. También es el de mayor tamaño (17.7mm de grosor y 44mm de diámetro) con un cristal de 5mm y fondo de titanio con el sistema patentado Ring Lock, lo que le confiere una resistencia a profundidades de hasta 3900m.

Curiosamente, el Deepblue comparte el mismo número de referencia que el Deepsea de esfera negra (ref. 116660). Los críticos afirman que el Deepblue es demasiado grande y pesado, por lo que debería contar con un brazalete Oyster rediseñado de mayor anchura.

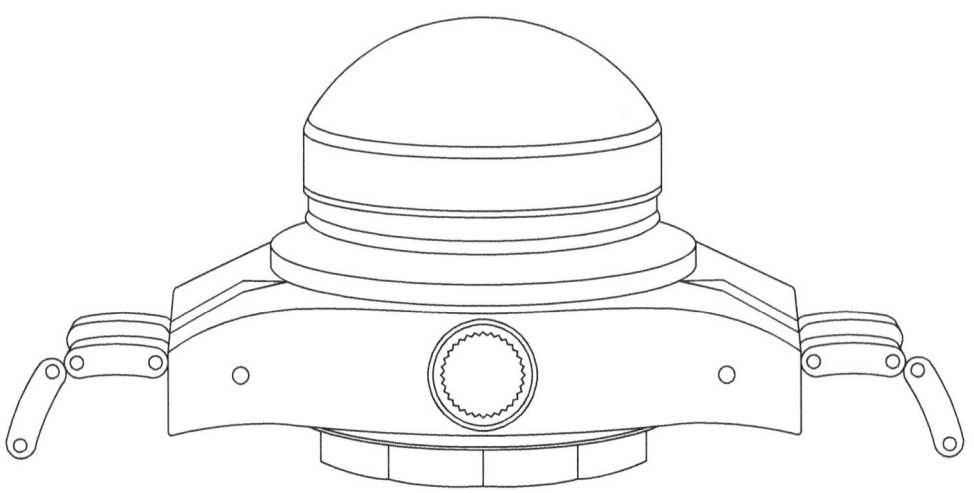

El Rolex Deepsea Sea-Dweller Deepblue fue revisado en 2017 y reemplazado por la ref. 126600. Rolex rediseñó su caja Oyster con asas más esbeltas, quedando una mayor distancia entre ellas, 22mm. Este ajuste de diseño resolvió el problema de las críticas al peso y tamaño del 116660.

El 23 de enero de 1960, 52 años antes de la inmersión de Cameron, el batiscafo de investigación submarina Trieste tripulado por Jacques Piccard y el teniente de la Armada norteamericana Don Walsh logró una hazaña similar, alcanzando una profundidad de 10911m. Contaron con un Rolex Deepsea Special 1 creado ex profeso para la expedición.

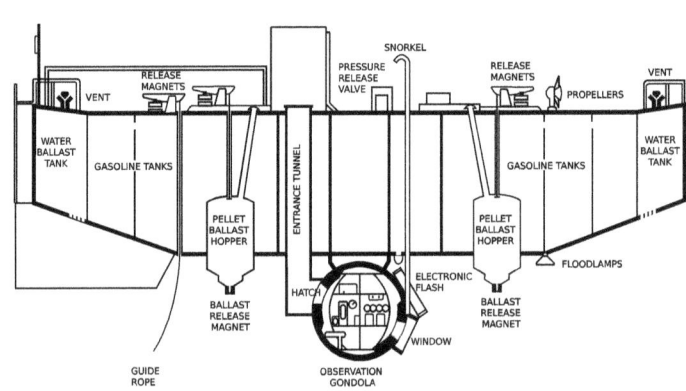

Esquema de la disposición general del Trieste, 1959 (aprox.)

Tabla de referencias del modelo Sea Dweller

Nombre	Ref.	Cal.	Profundidad	Años	Caja	Descripción
Single Red	1665	1575	500m/1,650ft	1967 - 1968	40mm Acero	Prototipo, se conocen solo 12 ejemplares, derivado del Submariner 5514.
Double Red	1665	1575	610m/2,000ft	1967 - 1977	40mm Acero	Texto rojo "Submariner 2000". El reverso del fondo tiene grabados los tres últimos dígitos del nº de serie y el cuatrimiestre y año de producción.
Great White	1665	1575	610m/2,000ft	1977 - 1983	40mm Acero	
Triple 6 matte	16660	3035	1,220m/4000ft	1978 - 1989	40mm Acero	El fondo incluye un grabado más de una corona.
Triple 6 gloss	16660	3035	1,220m/4000ft	1985 - 1989	40mm Acero	Con bordes de oro blanco, desaparece el guión entre "Sea" y "Dweller". Propenso al craquelado, tritio (texto 'T<25')
Sea-Dweller	16600	3135	1,220m/4000ft	1989 - 2008	40mm Acero	1998 - 1999 Luminova (con texto 'Swiss') 1999 - 2002/3 Super Luminova con agujeros en las asas (texto 'Swiss Made') 2002/3 - 2008 Super Luminova sin agujeros en las asas (texto 'Swiss Made')
Deepsea	116660	3135	3,900m/12,800ft	2008 - 2018	44mm Acero	17.6mm de altura
Deepsea D-Blue	116660	3135	3,900m/12,800ft	2014 - 2018	44mm Acero	James Cameron Edition con esfera Deepblue
Sea-Dweller 4000	116600	3135	1,220m/4,000ft	2014 - 2017	40mm Acero	14.8mm de altura
Sea-Dweller	126600	3235	1,220m/4,000ft	2017 -	43mm Acero	Lente Cyclops y texto rojo con esfera negra. Edición 50 Aniversario
Sea-Dweller	126660	3235	3,900m/12,800ft	2017 -	43mm Acero	Lente Cyclops y texto rojo con esfera Deepblue.

Oyster Perpetual Yacht-Master

Aunque el Yacht-Master es un reloj moderno todavía en producción, los primeros ejemplares comienzan a ser buscados ya como clásicos.

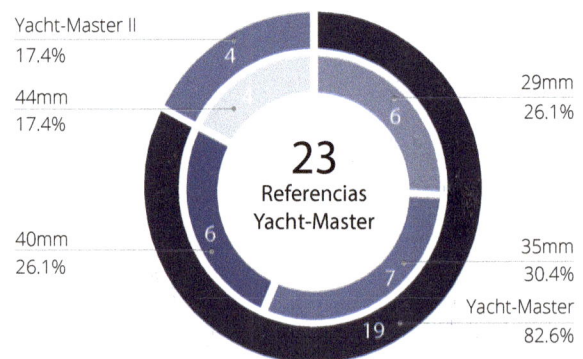

El Yacht-Master II más técnico y de mayor tamaño cuenta con un diseño cuya estética divide a los aficionados y un volumen de ventas moderado, lo que se consideran señales de que será un modelo coleccionable en el futuro. Curiosamente, los compradores respondieron del mismo modo ante los primeros Cosmograph Daytona y Explorer II: con opiniones dividas que resultaron en una producción limitada. La Yacht-Master es una serie que los coleccionistas deberían tener en su radar.

Yacht-Master

El Yacht-Master debutó en Basilea en 1992 con la referencia 16628 en oro de 18 quilates, movimiento 3135 y la típica caja Oyster de 40mm. Posteriormente estuvo disponible en tamaños cadete (35mm) y de mujer (29mm). El modelo fue actualizado en 2012 con la referencia de seis dígitos 116622, y nuevamente en 2015 con la ref. 116655.

El Yacht-Master fue concebido como una versión lujosa del Submariner en metales preciosos. Desde entonces se ha convertido en una línea individual con su propio nicho entre los relojes deportivos. Disponible en oro y platino, resulta consistente en la muñeca, y sus esferas de estilo rayos de sol o platino son muy llamativas. La versión en platino ha resultado ser la más popular. Las manecillas son más anchas que las del Submariner, lo que mejora su visibilidad y equilibra el aspecto de todo el reloj. La segundero roja se complementa con el texto rojo de la esfera. El bisel bidireccional cuenta con un anillo de platino a juego con los numerales pulidos. La caja Oyster presenta un pulido muy marcado en todas sus superficies, pero sin llegar al satinado. Este acabado completamente pulido es exclusivo del Yatch-Master.

Todos los Yacht-Master emplean el versátil brazalete Oyster salvo la última versión, la ref. 116655 (2015) disponible con correa de caucho Oysterflex, convirtiéndose en el primer Rolex en incorporar una correa de este tipo.

Yacht-Master Regatta II

El Rolex Yacht-Master Regatta II tiene un diseño especialmente controvertido. Con 44mm de diámetro, requiere un antebrazo fornido para lucir adecuadamente. Este modelo es un instrumento altamente especializado contando con una exclusiva función de cuenta atrás de 10 minutos para regatas y cronógrafo fly-back.

Activar esta complicación resulta complicado, requiriendo girar el bisel, apretar el pulsador de reseteo y desenroscar la corona, lo que resulta poco intuitivo pues es posible el reloj se moje. Debemos imaginar que los regatistas serán capaces de hacer todo esto mientras mantienen el control de sus yates, batallan contra el viento y la marea y se las arreglan para llegar en primera posición a la línea de meta.

Yacht-Master II ref. 116680

Tabla de referencias del modelo Yacht-Master

Nombre	Ref.	Cal.	Año	Caja
Yacht-Master	68623	2135	1994	35mm OA/Acero
Yacht-Master	69623	2135	1994	29mm OA/Acero
Yacht-Master	68628	2135	1994	35mm OA
Yacht-Master	69628	2135	1994	29mm OA
Yacht-Master	68628	2235	1994	35mm Plat./Acer.
Yacht-Master	69682	2235	1994	29mm OR
Yacht-Master	168622	2235	1999	35mm Plat./Acer.
Yacht-Master	169622	2235	1999	29mm Plat./Acer.
Yacht-Master	168622	2235	1999	35mm Acero
Yacht-Master	168623	2235	1999	35mm OA/Acero
Yacht-Master	168628	2235	1999	35mm OA
Yacht-Master	169622	2235	1999	29mm Plat./Acer.
Yacht-Master	169623	2235	1999	29mm OA/Acero
Yacht-Master	16628	3135	1992	40mm OA
Yacht-Master	16628	3135	1992	40mm OA
Yacht-Master	16622	3135	1999	40mm Plat./Acer.
Yacht-Master	16623	3135	2005	40mm OA/Acero
Yacht-Master	116622	3135	2012	40mm Plat./Acer.
Yacht-Master	116655	3135	2015	40mm OR
Yacht-Master II	116680	4161	2010	44mm Acero
Yacht-Master II	116681	4161	2010	44mm Acero/OR
Yacht-Master II	116688	4161	2010	44mm OA
Yacht-Master II	116689	4161	2010	44mm OB

Oyster Perpetual Explorer

Con una historia rica y extensa, la colección de relojes Explorer ha cambiado notablemente, siendo sometida a múltiples revisiones.

Se han empleado hasta 14 calibres diferentes en sus aproximadamente 24 referencias. Otros modelos también emplearon muchos de estos calibres, lo que dificulta confirmar que los ejemplares antiguos y vintage son originales. Pese a esto (o tal vez debido a ello), los Explorer son enormemente deseados y altamente coleccionables, como acreditan sus precios. El Explorer es considerado como "el Rolex del hombre pensante".

El Rolex Explorer fue el resultado de 20 años de investigación en condiciones extremas.

Su desarrollo implicó su empleo en expediciones alpinas en los años treinta, muchos años antes de la conquista del Everest. Rolex fue una de las varias casas relojeras que patrocinaron a montañeros equipándolos con instrumentos para medir el tiempo y dotándolos de medios.

El objetivo de este patrocinio era crear el reloj de montaña definitivo, capaz de resistir las bajas presiones de la altura y temperaturas extremas de -50ºC (-58ºF).

A pesar de la creencia popular, lo cierto es que Sir Edmund Hillary no llevó un Explorer durante su expedición en el Everest. Llevaba un reloj Smiths, mientras que el sherpa Tenzing Norgay llevó dos relojes en esa primera cumbre del 29 de mayo de 1953, uno de los cuales era un Rolex. Rolex desarrolló el Explorer de Norgay a partir de un Bubbleback modificado para la gesta.

Pre-Explorer

En 1952 las referencias 6098 y 6150 (cal. A296) sirvieron como punto de partida para el desarrollo del Explorer. Contaban con esferas blancas y agujas tipo alfa, careciendo todavía del nombre del modelo. Un año después, en 1953, estos modelos dieron lugar a las referencias 6298 y 6350. Ambas contaban con los icónicos marcadores arábigos 3, 6 y 9 y manecillas estilo mercedes.

Rolex no había empleado la marca Explorer antes de la conquista del Everest en mayo de 1953, pese a haberla registrado en Ginebra el 26 de enero de ese mismo año.

Sir Edmund Hillary y el sherpa Tenzing Norgay, 1953

Ref 6350

Rolex diseñó la ref. 6350 para exploradores y montañeros, dotándolo de la capacidad para resistir cambios de temperatura y la baja presión de las alturas. Contaba con una esfera muy legible en condiciones de baja visibilidad, una caja endurecida y lubricación capaz de soportar temperaturas de entre -20ºC y +40ºC. Rolex incorporó el nombre Explorer en la esfera de la 6350, después de 1953.

Ref 6150 y 6610

En 1959 la ref. 6610 sustituyó a la referencia pre-Explorer 6150, cesando su producción. Estas dos referencias era idénticas salvo por el empleo del nuevo calibre 1030 en el movimiento de la 6610. El nuevo diseño del movimiento permitió el uso de un fondo plano en lugar de el de estilo Bubbleback de la ref. 6150. Los coleccionistas consideran a estas dos referencias como los verdaderos Oyster Perpetual Explorer originales.

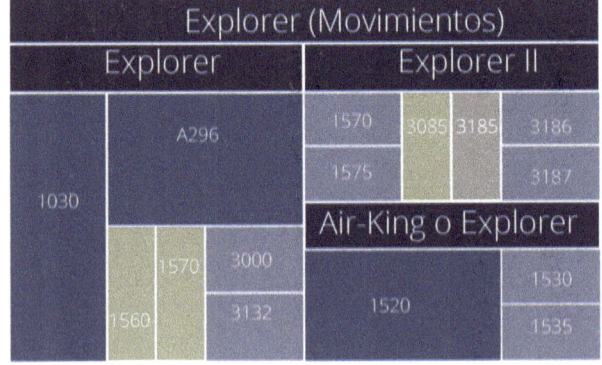

Tabla de referencias del modelo Explorer

Nombre	Ref.	Cal.	Inicio	Fin	Bisel	Tamaño
Explorer	6150	A296	1952	1959	Pulido	36mm
Air King o Explorer	5501	1520	1953		Pulido	34mm
Explorer	6298	1030	1953		Pulido	36mm
Explorer	6298	A296	1953		Pulido	36mm
Explorer	6299	A296	1953		Pulido	36mm
Explorer	6350	A296	1953		Pulido	36mm
Air King o Explorer	5500	1520	1957		Pulido	34mm
Air King o Explorer	5507	1520	1958		Pulido	34mm
Explorer	6610	1030	1959		Pulido	36mm
Explorer	1016	1560	1963	1989	Pulido	36mm
Explorer	1016	1570	1963	1989	Pulido	36mm
Air King o Explorer	5507	1520			Pulido	34mm
Air King o Explorer	5504	1530			Pulido	34mm
Air King o Explorer	5701	1535			Pulido	34mm
Explorer	8044	1030			Pulido	36mm
Explorer	8045	1030			Pulido	
Explorer	14270	3000			Pulido	36mm
Explorer	114270	3130			Pulido	36mm
Explorer	214270	3132			Pulido	39mm

Tabla de referencias del modelo Explorer II

Nombre	Ref.	Cal.	Caja	Años	Descripción
Explorer II	1655	1570	39mm Acer.	1971 - 1981	Manecilla GMT naranja
Explorer II	1655	1575	39mm Acer.	1971 - 1981	Manecilla GMT naranja
Explorer II	16550	3085	40mm Acer.	1985 - 1989	Manecilla GMT roja y negra
Explorer II	16570	3185	40mm Acer.	1989 - 2012	Manecilla GMT roja y negra
Explorer II	16570	3186	40mm Acer.	1989 - 2012	Manecilla GMT roja y negra
Explorer II	216570	3187	42mm Acer.	2012 -	Manecilla GMT naranja de aniversario

Oyster Perpetual Explorer II

De los cuatro modelos con la marca Explorer II, solo la ref. 1665 se considerada vintage. Las referencias de cinco dígitos que la sucedieron son consideradas modernas.

Rolex presentó el Explorer II ref. 1655 con una caja Oyster de 39mm. Dejando de lado el ámbito montañero del Explorer original, este reloj fue diseñado pensado en los espeleólogos que pasaban largos periodos en cuevas oscuras, necesitando función de fecha e indicador AM/PM.

Los primeros 1655 contaban con una gran y llamativa manecilla naranja GMT. En los 1655 posteriores pasó a ser roja, pero con el tiempo el color se degradó adquiriendo un tono naranja, con lo que todas las agujas de 24 horas de los 1655 son naranjas hoy en día.

La ref.1655 no fue un éxito de ventas. Hay quien lo atribuye a dos carencias: la aguja naranja no se podía ajustar independientemente y se limitaba a mostrar AM y PM como un reloj de 24 horas, y además el bisel era fijo, lo que impedía emplear el reloj como cronógrafo o para consultar un segundo huso horario, como sería posible en un GMT-Master.

La ref.1665 es muy deseada en la actualidad, por lo que recibe apodos como Freccione, que deriva de la palabra flecha en italiano y alude a la manecilla naranja con punto de flecha, o el Rolex Steve McQueen, aunque no hay pruebas de él poseyera uno de estos modelos.

Pese a que cuenta con fervientes admiradores, el estilo setentero de la esfera es un gusto adquirido. La esfera disco, como se la ha acabado por conocer, es icónica de la época y única entre los relojes herramienta, lo que la hace inmediatamente reconocible.

Existieron siete esferas diferentes para la ref. 1655, cinco de las cuales las produjo el fabricante Stern, mientras que Beyeler se encargó de las otras dos, destinadas a repuestos. Estas esferas de reemplazo continuaron estando disponibles después de que la producción de los relojes llegase a su fin, quedando almacenadas en los centros de servicio durante décadas.

Explorer II ref. 1655
Manecilla GMT naranja y segundero estándar (no relámpago).

Variaciones en las Esferas de la Ref. 1655

Esfera MK I (1971-1972)

La primera iteración de la ref. 1655 contaba con una ancha corona y una R de Rolex con el pie redondeado. La esfera iba marcada con el texto T SWISS T bajo el índice de las 6, indicando el uso de tritio como material luminiscente.

Ref. 1655 Esfera MK I

Esfera MK II (1972-1977)

La segunda versión mostraba la corona más extendida, con los círculos más marcados en sus puntas. Apodada "pie de rana", este estilo de corona también aparece en el Explorer ref.1016.

Otra diferencia entre la MK I y la MK II estriba en la separación entre las letras de la palabra PERPETUAL, siendo menor en la MK II. La letra L se alinea con el extremo de la X de Rolex, mientras que en la MK I la A de PERPETUAL queda encima de la X. Igualmente, el texto T SWISS T bajo el índice de las 6 indica el uso de tritio como material luminiscente.

Ref. 1655 Esfera MK II

Esfera MK III (1974 - 1977)

En esta esfera rail, las C de los textos SUPERLATIVE CHRONOMETER y OFFICIALLY CERTIFIED se alinean dejando un vacío vertical identificable entre las dos líneas de texto. Este fenómeno también se da en los Sea-Dweller ref. 1665. La corona difiere de la MK II, siendo ahora más simétrica y definida. Incluye el indicativo T SWISS T en el borde inferior.

Ref. 1655 Esfera MK III

Esfera MK IV (1977-1980)

La corona en esta esfera MK IV es más estrecha y alta que la de la MK III. El texto se alinea del mismo modo que en la MK II. El cambio más notable está en el texto en el borde de la esfera, que ahora se lee T SWISS < 25 T con una fuente serif.

Esfera MK V (1979-1984)

Ref. 1655 Esfera MK IV

La última de las esferas mantiene el T SWISS < 25 T en el borde inferior, pero sin emplear una tipografía serif (fuente sans-serif).

La corona es más estrecha que la de la MK IV, con una base mayor y una apertura oval más marcada en su parte inferior. Esta corona es muy similar a la empleada en las esferas maxi del Submariner ref. 5513.

Esferas MK VI y MK VII (desde 1984)

Estas esferas de recambio MK VI fueron las últimas en emplear tritio (T SWISS <25 T), mientras que las MK VII fueron las primeras en usar Luminova (SWISS).

Ref. 1655 Esfera MK V

Biseles de la Ref. 1655

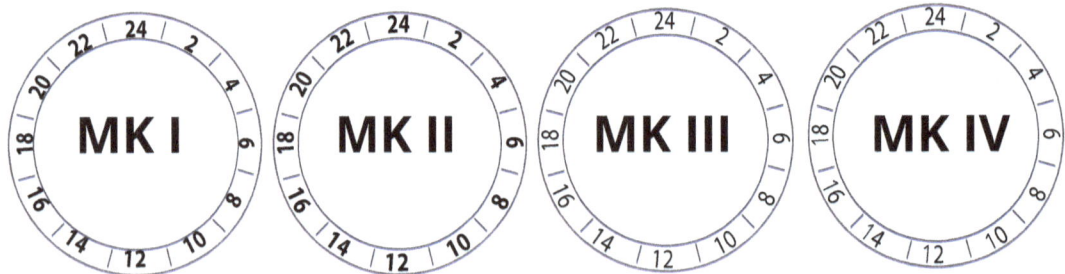

Biseles del Explorer II ref.1655. Dibujo enfatizando las diferencias.

Hay cuatro biseles distintos, además de una versión de recambio. Se diferencian en el tamaño de la fuente (su grosor) y la alineación de los números.

Bisel MK I (1971 - 1973)

Estos biseles contaban con una tipografía gruesa, en negrita, y sus marcadores numéricos se situaban rozando el borde interior. Los biseles MK I son los propios de las esferas MK I y MK II.

Bisel MK II (1973 - 1977)

Estos emplearon una fuente en negrita similar a la del bisel anterior, pero los números se hayan centrados en el anillo del bisel, no tan cercanos al borde interior. Estos biseles aparecen en algunos relojes con esferas MK I, pero fundamentalmente se emparejan con esferas MK III y MK IV.

Bisel MK III (1977 - 1980)

En estos se empleó una tipografía algo más ligera, con los números centrados en el bisel. El bisel MK III es el propio de los relojes con esferas MK III y MK IV.

Bisel MK IV (posterior a 1980)

Los números en estos biseles presentan un trazo más fino, como en el MK III. Una diferencia notable son los 1, con un extremo más pronunciado. Estos biseles son los propios de relojes con esferas MK V.

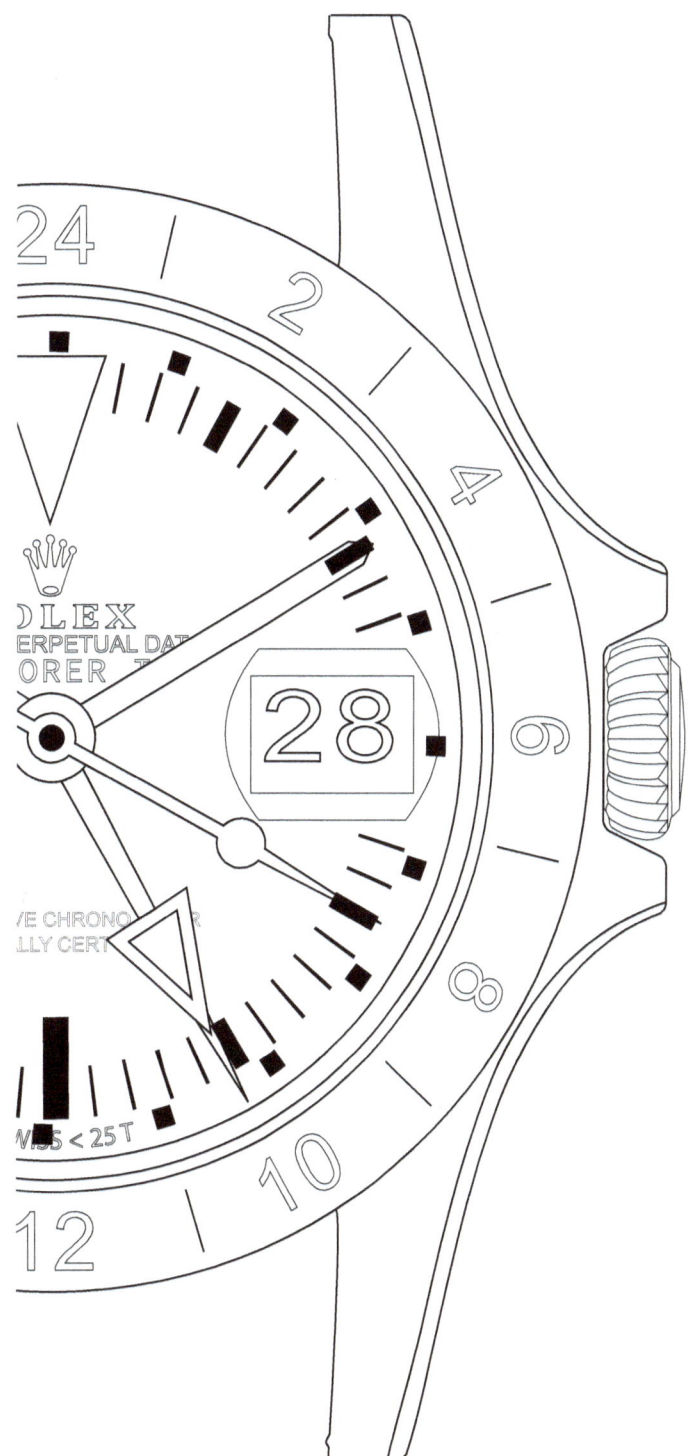

Ref 16550 (1985)

Rolex presentó la ref.16550 con una caja Oyster más grande, de 40mm, y cristal de zafiro. La 16550 fue una referencia transicional en todos los aspectos, disponible con esferas rail en blanco y negro. Tenía apliques de oro blanco en los marcadores horarios y adoptó el estilo de los GMT-Master en las manecillas. Los nuevos movimientos que compartía con el GMT-Master hacían posible ajustar la manecilla de 24h de forma independiente, ofreciendo un segundo huso horario.

La versión con esfera blanca se conoce como Polar Explorer. En la actualidad estos modelos lucen un agradable color crema debido a un defecto de la pintura. Estos Polar Explorer tienen un precio más elevado que la versión con esfera negra. Rolex solventó el problema con la pintura blanca antes de que finalizase la producción, aprovechando para modificar los índices sustituyendo el oro blanco por bordes negros. Estas esferas actualizadas podrían provenir de la producción de la referencia que sucedería a la 16550, la 16750.

Ref 16570 (1989)

Esta esfera solo se diferencia cosméticamente de su predecesora por el color negro de los bordes de los índices. La razón que justifica el cambio de número de serie es el empleo de un calibre mejorado, el 3185.

Las revisiones posteriores de esta referencia contaron con mejoras como el uso de Luminova, grabados a láser y cajas sin agujeros al eliminarse los orificios taladrados.

Ref 216570

Esta versión moderna cuenta con una caja Oyster de 42mm y un calibre 3187. La nueva esfera maxi tiene índices mayores y luminiscencia Chromalight, pero el cambio visual más evidente es la reincorporación de la manecilla GMT naranja con cabeza en forma de punta de flecha de la ref. 1665.

Oyster Perpetual Milgauss

El Milgauss es un modelo un tanto desconocido que permanece oculto para muchos. En los últimos años ha ganado más notoriedad entre los coleccionistas, por lo que los precios de los ejemplares vintage están subiendo.

Los primeros ejemplares son a menudo confundidos con relojes Oyster Perpetual. Los modelos contemporáneos son más identificables gracias a ciertas características de su diseño.

El 1956 Rolex presentó el Oyster Perpetual Milgauss, ref. 6451, pensado para científicos e ingenieros empleados en centrales energéticas, instalaciones médicas y laboratorios.

El nombre procede del latín *mille*, o mil, y *gauss*, la unidad de medida del campo magnético. El reloj fue desarrollado y puesto a prueba durante los años cincuenta en la Organización Europea para la Investigación Nuclear (CERN), el principal laboratorio mundial para el estudio de la física de partículas. Su diseño fue tecnológicamente rompedor al lograr resolver el problema de mantener un reloj en marcha en entornos con intensos campos eléctricos y magnéticos.

La referencia 6541 era estéticamente similar al Rolex Submariner, que había demostrado tener un diseño ganador. El movimiento iba protegido por una jaula de Faraday de una aleación ferromagnética que lo dotaba de una resistencia a campos magnéticos de hasta 1000 gauss.

El Milgauss original tuvo un modesto nivel de ventas, probablemente debido a que iba destinado a un público muy minoritario en aquella época. Hoy es un modelo escaso buscado por los coleccionistas.

Fabricado únicamente en acero inoxidable, el Milgauss es discreto y poco ostentoso, pero fácilmente reconocible para los entusiastas de los relojes vintage.

El Milgauss tuvo una historia breve en comparación con otros modelos profesionales. Solo contó con dos actualizaciones, la ref. 6541 y un 1019 modificado en los sesenta y setenta. Estas versiones revisadas incluían una esfera plateada opcional. Algunos 1019 fueron fabricados sin la singular manecilla de segundos en forma de relámpago, aunque muchos se la añadieron posteriormente como parte del mantenimiento.

Los compradores prácticamente ignoraron al Milgauss durante 20 años, hasta que en 2007 Rolex revivió a su "reloj de los científicos" lanzando tres nuevas referencias comenzando con el modelo ref. 116400.

El Milgauss tiene una mayor altura que otros relojes profesionales debido a su escudo magnético interno, mayor aún que el Submariner de similar diseño. Al igual que todos relojes con caja Oyster, el Milgauss es sumergible a 100 metros.

El modelo conmemorativo del 50 aniversario cuenta con una esfera negra y un singular cristal de zafiro tintado de color verde. Este modelo Glace Verte (GV) toma su nombre de este cristal tintado, el único Rolex en incorporarlo. Además, el GV es el único reloj con cristal de zafiro que no cuenta con el emblema de la corona Rolex grabado a láser (LEC), pues no resultaría visible con el tintado verde.

Tabla de referencias del modelo Milgauss

Nombre	Ref.	Cal.	Años	Bisel	Caja	Descripción
Milgauss	6543	1080	1953 - 1956	Numerado, LN	38mm Acero	Existen solo unos 80-200 ejemplares. Asas 19mm.
Milgauss	6541	1080	1956 - 1960	Numerado, LN	38mm Acero	Segundero relámpago y asas de 20mm. Con jaula de Faraday ferromagnética.
Milgauss	6019		1960 - 1963	Pulido	38mm Acero	Esfera mate negra o plateada. Segundero estándar y bisel pulido. Existe una esfer plateada CERN sin índices luminiscentes.
Milgauss	1019	1580	1963 - 1988	Pulido	38mm Acero	Esfera CERN también disponible.
Milgauss	116400	3131	2007 -	Pulido	40mm Acero	Esferas negra, blanca y azul (2014).
50th Anniversary Milgauss	116400GV	3131	2016 -	Pulido	40mm Acero	Cristal verde tintado edición 50 Aniversario. Sin LEC.

Cosmograph Daytona

Un cronógrafo es un reloj con la función de medir el tiempo que transcurre entre dos sucesos. Rolex lleva fabricando estos relojes desde los años treinta.

Dividimos la historia de los cronógrafos Rolex en tres épocas distintas: 1) La era de los Valjoux con referencias de cuatro dígitos 2) La era de los Zenith con referencias de cinco dígitos, y 3) La era contemporánea de manufactura integrada con referencias de seis dígitos.

Rolex presentó la ya habitual configuración de dos pulsadores en 1937 empleado movimientos Valjoux. Estos se basan en numerosas variantes del calibre 72. En la década de los ochenta Rolex tomó el movimiento Zenith El Primero para sus modelos de la serie 16000. En el 2000 presentó se calibre de manufactura propia 4130 con su número de referencia de seis dígitos.

Aunque el nombre Cosmograph se asocia habitualmente con los relojes pre-Daytona, fueron los Moonphase de vestir los primeros en el emplearlo. Cosmos hace referencia al cielo nocturno que ilustra la subesfera en la que se indica la fase lunar.

El Cosmograph vintage y los primeros Daytona son relojes extremadamente complejos de mantener. Coleccionarlos es todo un desafío, con sus incontables esferas y sus numerosas referencias; a su lado, coleccionar otros relojes herramienta parece algo sencillo.

Los altos precios que alcanzan en las subastas atraen tanto a admiradores como a ávidos comerciantes. Muchos coleccionistas están comenzando a reconocer que la mayoría de los pre-Daytona en circulación no cuentan con esferas completamente originales.

Existe una industria clandestina que lleva décadas modificando artesanalmente los textos de las esferas para obtener un mayor rédito. Su objetivo principal son los Daytona Big Red, que replican coloreando el texto en rojo. También retiran textos e inscripciones para obtener esferas solo con la marca Rolex. Los expertos se abstienen de opinar sobre este asunto públicamente ya que es difícil confirmar cada caso, mientras Rolex mantiene su silencio habitual al respecto.

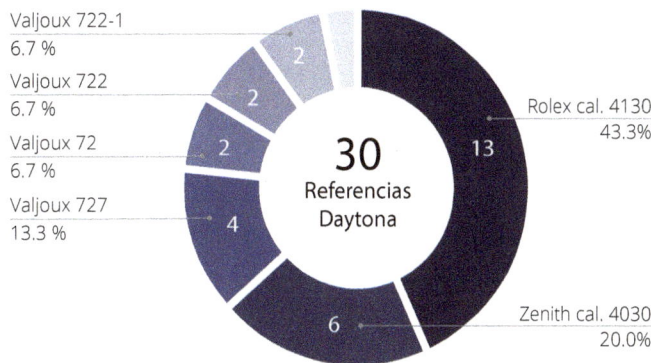

Pre-Cosmograph

La ref. 6234 fue presentada en 1955, careciendo aún del nombre Cosmograph. Este modelo es una evolución del Dato-Compax antiguo. Incorporaba una escala de tacómetro y telémetro impresa en el borde exterior de la esfera, bajo el cristal. El tacómetro mide la velocidad y el telémetro, la distancia, aspectos importantes tanto para pilotos de carreras como para esquiadores (vea el modelo Dato-Compax en la sección de relojes antiguos). Estos instrumentos estaban disponibles en los sistemas métrico o imperial, pero no con ambos.

La ref. 6234 fue producida a un ritmo de unos 500 ejemplares anuales hasta su finalización en 1961. No supuso un triunfo comercial, pero las aproximadamente 3000 unidades fabricadas durante sus siete años de producción hacen de este un modelo escaso y deseado en la actualidad.

Cosmograph Daytona

Los textos impresos en el primer Cosmograph Daytona (ref. 6239 de 1963) sufrieron varios cambios. Estos relojes comenzaron su andadura como Rolex Cosmograph, con el nombre Daytona añadido un año después, en 1964. Los primeros ejemplares Cosmograph contaban con esferas doble Swiss, esferas doble Swiss con subrayado y esferas doble T-Swiss-T. Nadie conoce la explicación de estas marcas duplicadas, presentes en ejemplares cuyos números de serie se inscriben en un rango limitado.

Los pulsadores roscados aparecieron en 1970 con la ref. 6263, ahora hermética. Estos pulsadores fueron incorporados debido a que algunos propietarios dañaban sus relojes al intentar activar el cronógrafo bajo el agua. Inicialmente, la resistencia al agua era de 50m/165ft, pero en los años ochenta fue aumentada hasta los 300m/330ft.

Una característica inusual de la 6263 es su empleo de movimientos Valjoux 23 de un grado superior, en cajas de metales preciosos. Las cajas de oro de 18 quilates incorporaban movimientos de grado cronómetro, a diferencia de las cajas de acero inoxidable. Esta práctica se mantuvo hasta la llegada del *Superlative Chronometer, Officially Certified*, apareciendo en las esferas de los años setenta.

Cosmograph ref. 6263 con esfera Panda.

Los movimientos Valjoux siguieron dando vida a los Cosmograph Daytona hasta 1987, cuando Rolex optó por Zenith y sus movimientos automáticos El Primero. Con un renombrado calibre 4030, estos movimientos se emplearon en los Daytona ref. 16520 hasta 1987.

Llegados a este punto el nombre había pasado de Cosmograph Daytona, a Daytona Cosmograph para quedarse solo en Daytona.

Rolex lanzó la ref. 116520 en 2000 con su calibre 4130 de manufactura propia. Tras 80 años de actividad, este fue el primer reloj cronógrafo Rolex hecho enteramente en casa.

El uso del cal. 4130 implicó cambios en la distribución de las subesferas, desplazándose los contadores de horas y minutos a la izquierda y la derecha, respectivamente. El indicador de segundos pasó del lateral izquierdo del reloj a la parte inferior de la esfera, y las dos subesferas horizontales se desplazaron siete grados por encima de centro del reloj. Hay quien opina que esto respondía a una táctica anti falsificaciones, más a razones técnicas.

Los Daytona antiguos y clásicos han sido ampliamente estudiados, existiendo numerosos libros sobre estos relojes publicados en los últimos años. Los tres siguientes son particularmente notables:

- Rolex Daytona Manual Winding por Osvaldo Patrizzi y Guido Mondani (ISBN 978-88-940669-9-9)

- Rolex Daytona Story por Osvaldo Patrizzi y Guido Mondani (AISN B009HQ87PS)

- THE ULTIMATE ROLEX DAYTONA - Miniature edition por Pino Abbrescia, Fabio Santinelli, Paolo Gobbi y Naomi Ornstein

Ref. 6239 Cosmograph
Anotación Especial

Rolex presentó el primer Cosmograph ref. 6239 en 1963. Contaba con un modesto diámetro de 36.5mm y aún no empleaba el nombre oficial Daytona. Adquirió este apodo cuando Rolex se convirtió en el cronometrador oficial del circuito de carreras de Daytona, en Florida.

La ref.6239 había sido diseñada para pilotos de carreras, logrando el patrocinio informal de famosos como Paul Newman.

Esta ref. 6239 pasó a ser conocida como el Paul Newman Daytona y es la primera en invertir los colores en las subesferas. Esta combinación de colores dio origen al apodo de esferas panda, mientras que las versiones con colores invertidos pasaron a llamarse esferas panda inversas. Todas las esferas de los cronógrafos anteriores eran monocolores. Como muchos de los nuevos modelos, contaba con numerosas variantes: esferas, biseles y movimientos. Los Valjoux 72B, 722 y 722-1son propios de la ref. 6239.

El Cosmograph fue el primer cronógrafo con la escala del taquímetro en el bisel en lugar de en el borde de la esfera, bajo el cristal. Singer fabricó las esferas para el 6239, estampándolas en el reverso con la marca Singer Brevets AV. La primera serie comprendía números a partir de 923000 e incorporaba un bisel satinado. Contaba con unas singulares escalas de taquímetro calibradas conocidas como *275 Intermediate*. Este estilo de taquímetro intermedio marca 300, 275, 250, 255, y así sucesivamente.

En la siguiente versión de 1964 Rolex prescindió del indicador 275 y de los pequeños marcadores en forma de barra, reemplazándolos por puntos, más fáciles de leer. También desapareció el satinado, optándose por un pulido a espejo.

Tan solo se incluía el texto SWISS en las esferas, con un subrayado bajo el texto principal. Esta pequeña línea horizontal habría servido para indicar el uso de tritio antes de la adopción de la designación formal T SWISS T en 1964.

El nombre Daytona aparece en la esfera, bajo el testo Rolex Cosmograph. Estas inscripciones son llamadas "logos flotantes" ya que la palabra Daytona presenta un espaciado vertical descompensado con el texto Cosmograph, lo que hace que parezca estar suspendido en el aire. Los logos flotantes desparecieron en 1966.

Los aficionados a la marca estiman que la producción total de la ref. 6239 fue de unas 105000 unidades.

Ref. 16500 Daytona Series
Anotación Especial

Producido entre 1988 y 2000, el Daytona moderno es muy deseado por los coleccionistas. Incorporaba el calibre de alto rendimiento Zenith 400 (El Primero), que había sido ampliamente personalizado por Rolex para su uso en los modelos cronógrafo. Se realizaron 200 modificaciones diferentes antes de pasar a ser conocido como calibre Rolex 4030 con certificación *Superlative Chronometer Officially Certified* (SCOC). Con su moderna corona y pulsadores roscados, es resistente al agua hasta los 100m, como los demás relojes de la colección Professional.

Pese a que algunos propietarios sostienen que la esfera está demasiado ocupada y resulta difícil de leer, este es un práctico reloj apto para el día a día. Los precios de esta referencia varían de forma considerable según de cuál de sus seis versiones se trate, siendo la de acero inoxidable ref. 16520 la más deseada.

Las primeras versiones cuentan con numeración R, de 1987 a finales de 1988. No se produjeron grandes cantidades, lo hace que sean modelos poco frecuentes. Cuentan con logos flotantes en las esferas con el texto Officially Certified Chronograph y el bisel aparece calibrado como 200, 180, 160, etc.

Para complicar aún más las cosas, existen algunos biseles con graduación intermedia con el indicador 225 de los Cosmograph anteriores. Esta inusual combinación es aceptada como oficial ya que ha aparecido en material publicitario de Rolex. Este Daytona estaba disponible con un brazalete 78360 de eslabones cepillados, y no pulidos.

La segunda versión comprende números de serie L de 1989 a comienzos de 1990. Se diferencia de los modelos con numeración R por contar con un bisel marcado como 400, 300, 250, 220. etc. Sus esferas no muestran el texto Officially Certified Chronometer. Su producción fue breve, por lo que esta versión es muy poco común.

La tercera versión aparece con numeración E, X y N, de comienzos de 1990 a finales de 1991. Tan solo se diferencia de la segunda versión en los textos de la esfera. Esta cuenta con el texto *Superlative Chronometer Officially Certified* y presenta el 6 de la subesfera en una posición inusualmente invertida. Los números emplean una fuente más redondeada y los marcadores de minutos tienen un menor tamaño.

La cuarta versión cuenta con números de serie N, C y S de finales de 1991 a principios de 1993. Mientras que la esfera es la misma que la de la tercera versión, estaba disponible con el brazalete 78390 con los eslabones centrales pulidos. Esta versión se habría producido a un mayor volumen que la anterior, lo que resulta en un mayor número de ejemplares en el mercado de segunda mano y precios más bajos.

La quinta versión muestra números de serie S, W, T y U, desde comienzos de 1993 hasta finales de 1998. Esta versión se produjo durante más tiempo y sus ejemplares no escasean. Cuenta con luminiscencia de tritio y el 6 de la subesfera en la posición adecuada. Los indicadores de minutos resultan más gruesos y prominentes.

La sexta y última versión con números U, A y P abarca de finales de 1998 a comienzos del año 2000. Su única diferencia está en el empleo de Luminova.

Tabla de referencias del modelo Cosmograph Daytona

Ref.	Cal.	Profundidad	Años
6238	72B	0	
6239	72	0	1963 - 1987
6239	722	0	1963 - 1987
6239	722-1	0	1963 - 1987
6240	722	50m	1965 - 1969
6241	722-1	0	1968 -
6241	645	0	1969 -
6262	727	0	1970 - 1970
6263	727	100m/330ft	1971 - 1987
6264	727	100m/330ft	1970 - 1980
6265	727	100m/330ft	1970 - 1980
16515	4030	100m/330ft	1991 - 1999
16518	4030	100m/330ft	1991 - 1999
16519	4030	100m/330ft	1991 - 1999
16520	4030	100m/330ft	1991 - 1999
16523	4030	100m/330ft	1991 - 1999
16528	4030	100m/330ft	1991 - 1999
116503	4130	100m/330ft	2000 - 2016
116505	4130	100m/330ft	2000 - 2016
116508	4130	100m/330ft	2000 - 2016
116509	4130	100m/330ft	2000 - 2016
116515	4130	100m/330ft	2000 - 2016
116518	4130	100m/330ft	2000 - 2016
116519	4130	100m/330ft	2000 - 2016
116520	4130	100m/330ft	2000 - 2016
116523	4130	100m/330ft	2000 - 2016
116528	4130	100m/330ft	2000 - 2016
116589	4130	100m/330ft	2000 - 2016
116598	4130	100m/330ft	2000 - 2016
116599	4130	100m/330ft	22000 - 2016
116500 LN	4130	100m/330ft	2016 -
116515 LN	4130	100m/330ft	2016 -
116518 LN	4130	100m/330ft	2016 -
116519 LN	4130	100m/330ft	2016 -

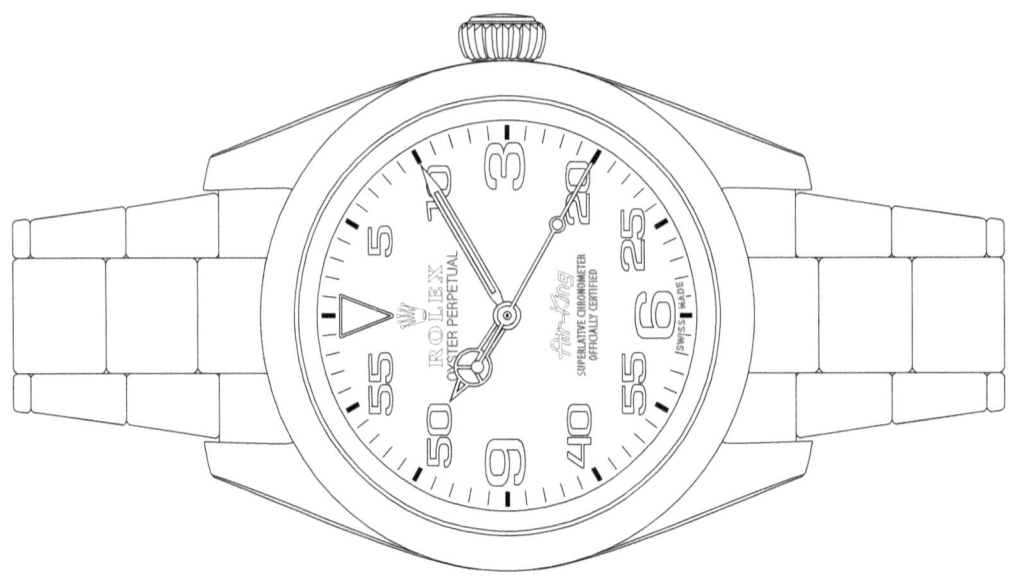

Oyster Perpetual Air-King

La marca Air-King tiene una larga tradición aviadora y es una de las líneas más longevas de la historia de Rolex.

El primer Air-King apareció en 1945 como un intento deliberado de fusionar varias marcas anteriores como Air Lion, Air Tiger y Air Giant. Estas marcas se habían aplicado a varios modelos Bubbleback Rolex Oyster Perpetual desde comienzos de la década de los treinta.

Ganaron popularidad entre los pilotos de la Real Fuerza Aérea británica durante la IIGM, ya que resultaban más fiables, precisos y legibles que los relojes RAF.

Rolex reutilizó las mismas referencias para distintos modelos, por lo que es normal que la ref. 5500 aparezca con esferas de las marcas Air-King y Explorer.

Estas referencias dobles son difíciles de autentificar ya que el paso de una marca a otra consiste únicamente en cambiar la esfera. Por ejemplo, una valorada esfera Explorer acoplada a un no tan deseado Air King 5443 puede generar un buen beneficio para los vendedores poco escrupulosos.

Hay mucho que aprender y disfrutar con los Air-King. En términos generales, pues siempre hay excepciones, la serie 4000 la conforman relojes de la IIGM o mediados de los cuarenta. La serie 6500 apareció a comienzos de los cincuenta, mientras que la 5000 llegó a mitad de la década y se mantuvo hasta finales de los setenta. Entonces la línea pasó a un estado de hibernación durante los ochenta para reaparecer a principios de los noventa con una referencia de cinco dígitos, con la serie 14000.

Las primeras referencias Air-King empleaban movimientos de remonte manual Aegler Hunter como el cal. A720 y el A296. Entre ellas se incluyen las referencias 4925, 4365 (una referencia doble) y 4499.

Rolex presentó los Air-Kings en los cincuenta contando con movimientos considerados de manufactura propia como los calibres 1030, 3000, 1520, 1530, 3130 y el moderno 3131.

El primer Oyster Perpetual Air-King de remonte automático fue la ref.6552 con cal. 1030, aparecido en 1953.

El icónico Air-King ref. 5500 llegó en 1957 con los calibres 1530 y 1520, produciéndose durante 37 años. Es una de las referencias más longevas del catálogo de Rolex.

La ref. 5500 es un reloj fiable y robusto de cuyo mantenimiento se puede encargar cualquier relojero independiente con un mínimo de pericia. Ya que existen abundantes ejemplares, es posible adquirir uno a un precio razonable, siendo una buena opción como primer reloj Rolex vintage.

Puede resultar algo confuso, pero la ref. 5500 fue presentada en 1957 y nuevamente en 1970, pero en esta ocasión con un movimiento cronómetro mejorado, el cal. 1570.

La línea de relojes Air-King empleaba mayoritariamente movimientos de remonte manual, adoptando en los cincuenta movimientos Perpetual automáticos.

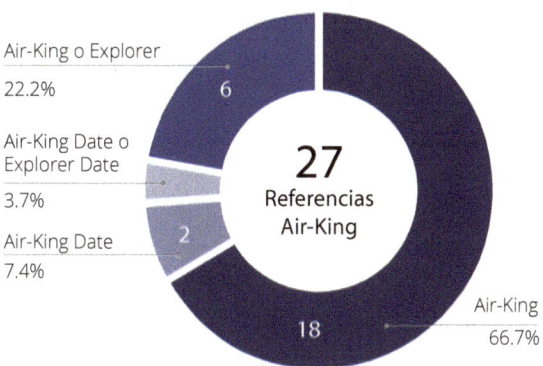

Algunos de estos Perpetual incluían una complicación de fecha y fueron denominados Air-King Date. Estos modelos contaban con cajas Oyster de mayor tamaño.

Los Air-King manuales empleaban movimientos de las clases Precision y Super Precision. Estas referencias son muy apreciadas por sus cajas más estilizadas.

La fórmula de los Air-King se mantuvo sin cambios durante los cincuenta y lo sesenta, con las cajas Oyster de 34mm y las Datejust de 36mm.

Los movimientos de la línea Air-King fueron

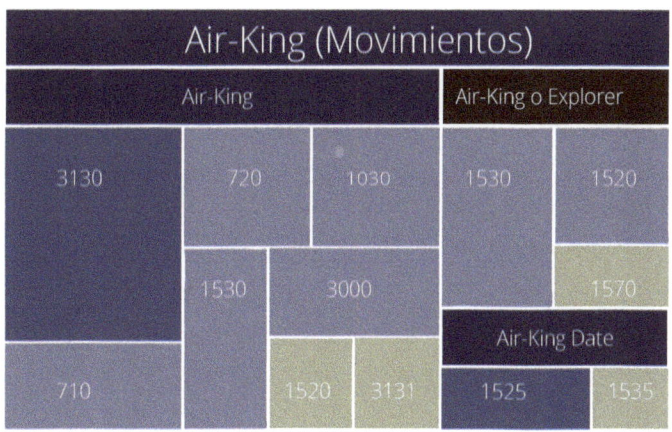

Movimientos Air-King por número de referencia

actualizados en los setenta con el calibre cronómetro 1570, obteniendo finalmente la certificación COSC en 2007.

Rolex retiró el Air-King en 2014. En aquel momento el modelo ya se había convertido en un reloj puramente contemporáneo, disponible en tamaños de 26mm, 31mm, 34mm y 36mm. La decisión de retirar el Air-King respondió a la necesidad de abrir el camino para el Oyster Perpetual, evitando que ambas líneas compitiesen por el mismo segmento del mercado.

Pilotos del Escuadrón RAF No. 80 con un Hawker Hurricane en el desierto africano, durante la Operación Crusader

El Air-King fue relanzado en 2016 con la ref. 116900 como una radical reinterpretación cuyo diseño resulta controvertido. Apunta a ser un futuro clásico coleccionable.

Tabla de referencias del modelo Air King

Nombre	Ref.	Cal.	Inicio	Bisel		Descripción
Air King	1401	710	1943	Mecánico	34mm Acero	Precision
Air King	4365	710	1945	Pulido	34mm Acero	Pre Air-King Air Giant, Precision
Air King	4925	720	1945	Pulido	34mm Acero	
Air King	4499	720	1946	Pulido	34mm Acero	
Air King	6552	1030	1953	Pulido	34mm Acero	Primer Air-King autom. Precision
Air King	6652	1030	1953	Pulido	34mm Acero	Transicional del 5500
Air King o Explorer	5500	1520	1957	Pulido	35mm Acero	Manecillas bastón, Precision
Air King o Explorer	5500	1530	1957	Pulido	35mm Acero	Super Precision
Air King	5502	1530	1958	Pulido	35mm CO	Precision
Air King	5506	1530	1958	Pulido	34mm CO	Super Precision
Air King Date	5700	1525	1958	Pulido	34mm Acero	Precision
Air King Date or Explorer	5701	1535	1958	Estriado	34mm Acero/OA	Precision
Air King o Explorer	5501	1520	1958	Estriado	35mm Acero/OA	Precision
Air King o Explorer	5501	1530	1958	Estriado	35mm Acero/OA	Super Precision
Air King o Explorer	5504	1530	1958	Pulido	35mm Acero	Super Precision
Air King o Explorer	5500	1570	1970	Pulido	34mm Acero	COSC
Air King	5520	1520	1974	Pulido	34mm CO	Precision
Air King Date	5520	1525	1974	Pulido	34mm CO	Quickset date, ajuste rápido fecha
Air King	14000	3000	1989	Pulido	34mm Acero	COSC
Air King	14010	3000	1989	Mecánico	34mm Acero	COSC
Air King	14000M	3130	2000	Pulido	34mm Acero	COSC
Air King	14010M	3130	2000	Mecánico	34mm Acero	COSC
Air King	114200	3130	2007	Pulido	40mm Acero	COSC
Air King	114210	3130	2007	Mecánico	40mm Acero	Precision
Air King	114234	3130	2007	Estriado	40mm WG	COSC
Air King	116900	3131	2017	Pulido	40mm Acero	COSC

Oyster Perpetual GMT-Master

Esta icónica referencia hace gala de una increíble historia marcada por la innovación tecnológica. Una multitud de sutiles variaciones en su diseño hacen que esta referencia sea interesante de descubrir y desafiante de coleccionar.

El GMT-Master ha tenido una relación bien documentada con los orígenes de la aviación supersónica y los vuelos espaciales. Aparecer asociado a James Bond 007 (Honor Blackman) y a Magnum PI (Tom Selleck) le confiere aún más carisma.

Todas las versiones del GMT incorporan un bisel bidireccional. Estos biseles giraban por fricción hasta la llegada de las referencias de cinco dígitos, cuando apareció el bisel de 120 clicks. Es aceptable que los modelos transicionales como el 16750 cuenten con biseles de ajuste por fricción.

Referencias GMT Master

GMT-Master (Movimientos)				
GMT-Master II		GMT-Master		
3186	3185	1565	3075	
			1065	
	3085	1575	1036	1066	3175

Ref 6542 (1954 - 1959)

A Fidel Castro le gustaban los Rolex, especialmente los GMT.

Existen multitud de fotografías en las que aparece luciendo dos Rolex diferentes en la misma muñeca. Uno de ellos lo ajustaba con la hora de La Habana y el otro con la hora de Moscú.

Castro solía regalar relojes Rolex a sus comandantes y asociados. Estas eran herramientas esenciales para los comandantes de campo, cruciales para coordinar y sincronizar operaciones militares. Antes de la llegada del cuarzo, la precisión de los relojes herramienta Rolex era la mejor elección.

El primer GMT apareció con esfera dorada, bisel de baquelita con radio y corona sin protector. El bisel empleaba un plástico acrílico, la baquelita, propensa a romperse, y disponible únicamente en rojo y azul.

En 1959 la ref.6542 pasó por un bochornoso proceso de retirada debido a los altas niveles de radioactividad de los biseles de baquelita con radio. La Comisión de Energía Atómica de los Estados Unidos ordenó que se devolvieran todos los ejemplares, lo que hizo de la ref. 6542 un modelo conocido entre los GMT. Algunos ejemplares nunca fueron devueltos y hoy en día alcanzan elevados precios. Incluso aquellos ejemplares con biseles reemplazados son poco comunes y se venden por altas sumas.

La referencia 6542 fue lucida por Pussy Galore (Honor Blackman) en la clásica película de James Bond de 1964 *Goldfinger*.

Ref 1675 (1959 - 1979)

Che Guevara aparece en muchas imágenes con su GMT-Master ref.1675. Fue un regalo de su compañero comunista Fidel Castro.

Che Guevara fue asesinado el 9 de octubre de 1967 por el agente de la CIA Félix Rodríguez, quien le quitó el reloj de la muñeca y lo sigue custodiando a día de hoy.

La ref.1675 presentó la protección de corona de tipo puntiaguda, conocida como Cornine (*cuernecitos* en italiano). Posteriormente fue revisada, adoptando un formato redondeado que se convertiría en el estándar.

La ref.1675 fue el primer reloj deportivo de Rolex disponible con brazaletes Oyster (ref, 7206, 7836, 78360) o Jubilé (ref. 6251, 62510).

Este modelo fue actualizado en 1966 con una esfera mate y textos impresos. Los ejemplares con la primera esfera de estilo brillante se venden a un mayor precio que aquellos con esfera mate. Los primeros ejemplares tenían los textos dorados y marcadores de minutos cerrados (con su círculo exterior completo).

Antes de 1970 las manecillas de 24 horas tenían una pequeña punta de flecha triangular. Este estilo de manecilla se mantuvo hasta el periodo de las primeras esferas mate con texto blanco. Posteriormente se optó por el estilo de flecha de mayor tamaño que se emplea en la actualidad.

Rolex lanzó la ref. 1675 con bisel rojo y azul (BLRO, bleu rouge, Pepsi). Más tarde apareció una versión negra (LN, Lunette Noire). El bisel se ajusta por fricción, no mediante clicks.

Esta referencia tenía certificación COSC, siendo el primer GMT-Master en incorporar el texto *Superlative Chronometer Officially Certified*.

Existen variantes en dos tonos (ref. 1675/3) y en oro macizo de 18 quilates (ref. 1675/8). Estas incluyen unos exclusivos índices circulares y una corona de oro no impresa sino fijada a la esfera como los demás apliques. El aplique de la corona es exclusivo de las referencias de cuatro dígitos 1675/3 y 1675/8. Con la llegada de las referencias de cinco dígitos Rolex reemplazó esta corona por otra de estilo dorado y brillante, a juego con el texto de la esfera.

Existieron seis variantes de la esfera mate, de la

La típica ref. 1675 raramente presentará la misma pátina en la esfera y las manecillas.

MK 0 a la MK V. Se cree que existen subvariantes de las MK I, MK II y MK V. Las variaciones en la fuente y la alineación del texto son muy sutiles y requieren de una gran práctica para diferenciarlas.

Ref 16750 (1979 - 1988)

Esta referencia llegó con el movimiento de calibre 3075, incluyendo una práctica función de ajuste rápido de fecha y segundos muertos. Las manecillas no son retrocompatibles con la ref. 1675 debido al empleo de un nuevo movimiento. El poste central fue modificado, desplazando la manecilla de horas a la parte inferior, a diferencia de lo que ocurría con la 1675, en la cual la aguja GMT es la que se encuentra en dicha posición. Al igual que en la anterior ref. 1675, la manecilla de 24 horas no podía ajustarse de forma independiente. La lectura del segundo huso horario requería girar el bisel alineándolo con la manecilla GMT. Los colores del bisel eran los mismo que los de la ref. 1675.

Las esferas tenían un acabado mate con luminiscencia de tritio hasta 1983, cuando Rolex cambió al acabado brillante moderno con rebordes de oro blanco en los índices. Las primeras ediciones de estas esferas brillantes carecían de la palabra Date, con lo que el texto indicaba únicamente Oyster Perpetual.

Rolex ofrecía esferas negras o marrones en las referencias de dos tonos u oro macizo (16753 y 16758). Estas esferas fueron las últimas en incorporar índices circulares, y las primeras en incorporar la corona dorada (en contraste con las coronas de oro a modo de apliques). Rolex ofrecía la ref. 16750 con brazaletes Oyster y Jubilé.

Ref 16760 (1983 - 1987)

La referencia 16760 fue la primera GMT Master II lanzada con el calibre 3085. Además, fue la primera referencia GMT-Master con cristal de zafiro. Su producción se solapó con la de su predecesor, la ref.16750.

El nuevo cal. 3085 dotó a su manecilla GMT de las funciones de ajuste de fecha rápido y segundos muertos. Esta mejora permitía calcular una tercera zona horaria. Los coleccionistas apodaron a esta referencia Fat Lady o Sophia Loren por su gruesa caja Oyster, necesaria para acomodar al nuevo movimiento.

Rolex fabricó esta referencia solo en acero inoxidable, con el bisel disponible en dos colores: negro (LN) y rojo (BLRO). El anillo de color era intercambiable con los del GMT-II 16710 y el GMT 16700.

Ref. 16750 GMT-Master con esfera brillante.

Ref 16700 (1988 -1998)

El 16700 fue lanzado con un calibre 3175. La esfera incorporaba luminiscencia de tritio, como indicaba el texto T<25, hasta que se adoptó el uso del Luminova en 1998. Aunque la 16700 fue sustituida por la 16750, esta no contaba con ajuste rápido de fecha en la manecilla GMT.

Rolex ofertaba la ref.16700 en acero inoxidable con dos biseles a elegir: en azul y rojo (BLRO, bleu rouge, Pepsi) y en negro (LN, lunette noire). La rueda de fecha contaba con los 6 y 9 de estilo abierto al igual que sus predecesores, hasta que el 1992 la fuente fue reemplazada por una tipografía moderna de estilo cerrado.

Ref 16710 (1989 -2007)

Esta referencia incorpora el calibre 3185. Estuvo disponible con luminiscencia de tritio (texto T<25) hasta 1997, cuando llegó el Luminova (y el texto SWISS), que después sería reemplazado por el Super Luminova (con texto SWISS MADE) en el año 2000.

Curiosamente, se produjeron un puñado de esferas con Luminova marcadas como T<25 producidas en 1998. Esta discrepancia entre la luminiscencia empleada (Luiminova) y el texto (tritio) puede ser confundida como una señal de falsificación.

La ref. 16710 es, a efectos prácticos, la misma a la que reemplazó, la 16760, salvo por que esta contaba con una caja Oyster más delgada. En el 2000 Rolex comenzó a emplear eslabones terminales macizos (SELs) para acabar con el traqueteo de los brazaletes. En 2003 se comenzó a marcar los cristales con la corona a láser (Laser Etched Crown, LEC).

El calibre 3186 se presentó en 2007, coincidiendo con los números de serie con letras Z y M. Los ejemplares transicionales de la ref. 16710 con cal. 3186 son poco abundantes y muy deseados.

Ese mismo año, la caja fue rediseñada modificando los orificios para los pasadores en las asas, que antes eran visibles. Los brazaletes de los modelos SEL contaban con eslabones terminales rebajados para poder retirar los pasadores, que iban permanentemente enganchados al brazalete.

En 2005, al comienzo de la numeración D, la esfera fue modificada empleando ahora una fuente no serif dando lugar a las llamadas esferas stick.

Este término hace alusión a los numerales romanos del GMT-Master II. Sin la serif, estos parecen dos palos (sticks) paralelos (II). Estas esferas se mantuvieron durante la producción de las series Z y M, hasta que Rolex retiró la referencia en 2008.

El 16710 estaba disponible en acero inoxidable, dos tonos (16713) y oro macizo (16718) con tres estilos de bisel (negro LN, negro y rojo Coke LNRO y azul y rojo Pepsi BLRO).

GMT-Master II ref. 16710 BLRO, (Pepsi) 1990.

Tabla de referencias del modelo GMT Master

Nombre	Ref.	Cal.	Profundidad	Años	Bisel	Caja
GMT	6542	1036 (1954-1959)	50m/165ft	1954-1959	Numerado, Baquelita, BLRO	38mm Acero
Primer GMT derivado del Turn-O-Graph (6202) con bisel de baquelita, sin protector de corona. Lucido por Pussy Galore en *Goldfinger* (1964).						
GMT	6542	1065 (1957-1959)	50m/165ft	1954-1959	Numerado, Baquelita, BLRO	38mm Acero
Primer GMT derivado del Turn-O-Graph (6202) con bisel de baquelita, sin protector de corona. Lucido por Pussy Galore en *Goldfinger* (1964).						
GMT	6542	1066 (1957-1959)	50m/165ft	1954-1959	Numerado, Baquelita, BLRO	38mm Acero
Primer GMT derivado del Turn-O-Graph (6202) con bisel de baquelita, sin protector de corona. Lucido por Pussy Galore en *Goldfinger* (1964).						
GMT	1675/3	1565 (1959-1965)	50m/165ft	1959-1979	Numerado, BLRO, LN	40mm Acero/OA
Versión en dos tonos del 1675 con esfera negra o marrón de marcadores circulares y corona Rolex tipo aplique.						
GMT	1675	1565 (1959-1965)	50m/165ft	1959-1979	Numerado, BLRO, LN	40mm Acero
Primer Rolex deportivo disponible con brazaletes Oyster (ref 78360) y Jubilé (ref 62510). Antes de 1970 la manecilla GMT acababa en una pequeña punta de flecha.						
GMT	1675/8	1565 (1959-1965)	50m/165ft	1959-1979	Numerado, BLRO, LN	40mm OA
Versión en oro macizo del 1675 con esfera negra o marrón de marcadores circulares y corona Rolex tipo aplique.						
GMT	1675/3	1575 (1965-1980)	50m/165ft	1959-1979	Numerado, BLRO, LN	40mm Acero/OA
Versión en dos tonos del 1675 con esfera negra o marrón de marcadores circulares y corona Rolex tipo aplique.						
GMT	1675	1575 (1965-1980)	50m/165ft	1959-1979	Numerado, BLRO, LN	40mm Acero
Primer Rolex deportivo disponible con brazaletes Oyster (ref 78360) y Jubilé (ref 62510). Antes de 1970 la manecilla GMT acababa en una pequeña punta de flecha.						
GMT	1675/8	1575 (1965-1980)	50m/165ft	1959-1979	Numerado, BLRO, LN	40mm OA
Versión en oro macizo del 1675 con esfera negra o marrón de marcadores circulares y corona Rolex tipo aplique.						
GMT	16750	3075	100m/330ft	1979-1988	Numerado	40mm Acero
Primeras versiones carecían del texto "Date" e la esfera. Los nuevos movimientos cambiaron la posición de las agujas en el poste central. En 1986 se cambió a la esfera brillante con bordes de oro blanco.						
GMT	16753	3075	100m/330ft	1979-1988	Numerado	40mm Acero/OA
Varsión en dos tonos del 16750 (Tigers Eye/Ojo de tigre)						
GMT	16758	3075	100m/330ft	1979-1988	Numerado	40mm OA
Varsión en oro macizo del 16750						
GMT-II	16760	3085	100m/330ft	1983-1987	Numerado, LNRO	40mm Acero
Fat Lady, Sophia Loren. Primer GMT-Master II con caja más gruesa, cristal de zafiro y bordes de oro blanco. Solo con biseles negro y Coke (negro y rojo).						
GMT	16700	3175	100m/330ft	1988-1998	Numerado, BLRO, LN	40mm Acero

Nombre	Ref.	Cal.	Profundidad	Años	Bisel	Caja
\multicolumn{7}{l}{Con tritio hasta 1997 y Luminova desde 1998. La rueda de fecha muestra 6 y 9 de estilo abierto hasta 1992/3. Solo con biseles negro y Pepsi..}						
GMT-II	16710	3186	100m/330ft	1989-2007	Numerado, BLRO, LNRO, LN	40mm Acero
\multicolumn{7}{l}{Con tritio hasta 1997 y Luminova desde 1998. Caja y movimiento revisados en 2007.}						
GMT-II	16713	3186	100m/330ft	1989-2007	Numerado, LN	40mm Acero/OA
\multicolumn{7}{l}{Varsión en dos tonos del 16710}						
GMT-II	16718	3186	100m/330ft	1989-2007	Numerado, LN	40mm OA
\multicolumn{7}{l}{Varsión en oro macizo del 16710}						
GMT-II	16710	3185 (1988-1992)	100m/330ft	1989-2007	Numerado, BLRO, LNRO, LN	40mm Ac.
\multicolumn{7}{l}{Con tritio hasta 1997 y Luminova desde 1998. Caja y movimiento revisados en 2007.}						
GMT-II	16713	3185 (1988-1992)	100m/330ft	1989-2007	Numerado, LN	40mm Acero/OA
\multicolumn{7}{l}{Varsión en dos tonos del 16710}						
GMT-II	16718	3185 (1988-1992)	100m/330ft	1989-2007	Numerado, LN	40mm OA
\multicolumn{7}{l}{Varsión en oro macizo del 16710}						
GMT-II	116710	3186	1000ft/300m	2008-	Numerado, Cerachrom	40mm Ac.
\multicolumn{7}{l}{Aparición de la caja maxi, bisel cerámico y reborde grabado.}						
GMT-II	116713	3186	1000ft/300m	2008-	Numerado, Cerachrom	40mm Acero/OA
\multicolumn{7}{l}{Varsión en dos tonos del 116710}						
GMT-II	116718	3186	1000ft/300m	2008-	Numerado, Cerachrom	40mm OA
\multicolumn{7}{l}{Varsión en oro macizo del 116710}						
GMT-II	116719	3186	1000ft/300m	2014-	Numerado, Cerachrom	40mm OB
\multicolumn{7}{l}{Oro blanco, Pepsi (BLRO)}						
GMT-II	116758	3186	1000ft/300m	2014-	Numerado, Cerachrom	40mm OA
\multicolumn{7}{l}{Versión con piedras preciosas.}						
GMT-II	116759	3186	1000ft/300m	2014-	Numerado, Cerachrom	40mm OB
\multicolumn{7}{l}{Versión con piedras preciosas.}						
GMT-II	116760	3186	1000ft/300m	2014-	Numerado, Cerachrom	40mm Ac.
\multicolumn{7}{l}{Versión con piedras preciosas.}						
GMT-II	126710	3285	1000ft/300m	2017-	Numerado, Cerachrom, BLRO, LN	40mm Ac.

RELOJES CLÁSICOS Y CROSSOVERS

"La moda pasa, el estilo permanece."
- Coco Chanel (1883-1971)

La colección Rolex Classic no es ni de vestir (como sí lo es la Cellini), ni deportiva o de herramienta. La componen versátiles crossovers que resultan robustos y apropiados tanto para vestir formalmente como de manera deportiva. Comparten la resistencia al agua y la precisión de la colección Professional, pero en estos se emplean biseles engastados y metales preciosos.

Las marcas dentro de esta categoría son algunas de las más antiguas de Rolex, presentes en los géneros antiguos, vintage y moderno. Existen abundantes ejemplares a precios atractivos, lo que los hace un excelente punto de entrada al coleccionismo de relojes Rolex vintage.

Para la mayoría de los coleccionistas, el Rolex Oyster es sinónimo de la mundialmente famosa caja Oyster, con su diseño redondeado, sus asas integradas, su corona a rosca y su fondo roscado patentado.

En la terminología común, Oyster hace referencia al estilo de la caja. Pocos saben que Rolex Oyster también fue el nombre de una destacada colección de relojes antes de la llegada de la icónica caja Oyster.

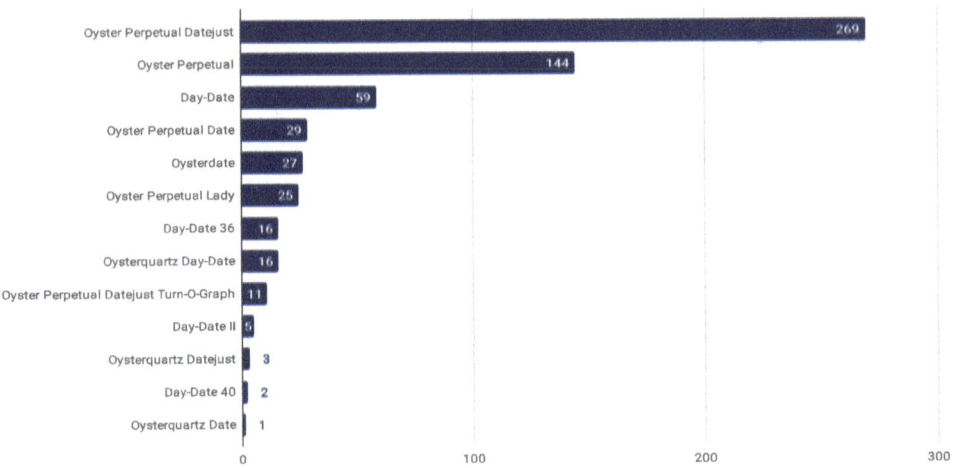

La Caja Oyster

Las normas culturales actuales no hacen distinciones entre los tamaños de los relojes de hombre y los de mujer. Hoy, las mujeres lucen con orgullo relojes Rolex vintage de hombre, pero el interés por los relojes vintage de mujer ha sido escaso entre los coleccionistas de ambos sexos.

Virtualmente, no existen coleccionistas interesados en relojes Oyster en tamaño de mujer, por lo que su mercado es poco activo. En la actualidad los relojes de mujer se venden para achatarrar y por el valor de sus gemas.

Sin embargo, existe un creciente interés de los coleccionistas masculinos por los relojes pequeños. Las cajas Oyster de 36mm y 34mm quedan bien en muñecas pequeñas, y son especialmente cómodos para aquellos con un hueso pronunciado. Esta característica, añadida a sus otros elementos inteligentemente diseñados como biseles delgados y manecillas e índices reducidos, contribuye a que las cajas den la impresión de ser más grandes de lo que en realidad son.

Para ejemplares antiguos y vintage producidos hasta mediados de los cincuenta, medidas de 33mm a 34mm se correspondían con un tamaño masculino considerable. Existen cuatro tallas de caja Oyster: Full Size (de hombre), Ladies Size (de mujer), Mid Size y Boys Size (ambas se corresponden con el tamaño cadete).

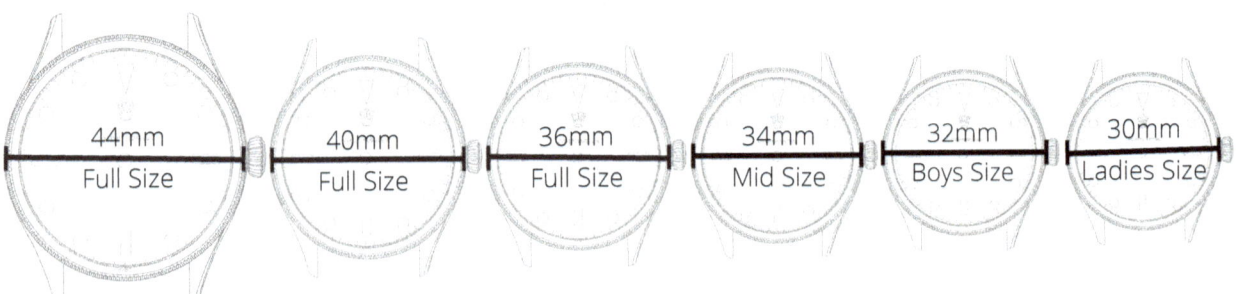

Relojes Rolex Oyster

En 1926 los modelos Rolex Oyster fueron agrupados en una colección. Estos primeros modelos pertenecerían al grupo de relojes antiguos, más que al del vintage.

Inicialmente había cuatro modelos, incluyendo uno octogonal y otro con caja acojinada. Estaban disponibles en medias de hombre (32mm) y mujer (28mmm), en oro amarillo y blanco.

Mercedes Gleitze llevó un Oyster octogonal de 28mm colgado al cuello durante su famoso intento de cruzar a nado los 35 km del Canal de la Mancha en 1927. Se convirtió en una de las primeras embajadoras de la marca Rolex, protagonizando anuncios y campañas publicitarias.

El Oyster octogonal resultó menos popular que el de caja acojinada, por lo que Rolex lo retiró de su catálogo unos años después. Su escasez lo ha convertido en uno de los modelos más deseados por los coleccionistas.

Mercedes Gleitze, nadadora y embajadora de Rolex. Hacia 1930.

Años después Sir Malcolm Campbell portaría en su muñeca un 36mm de caja acojinada al romper el récord de velocidad en tierra por novena y última vez, en 1935.

Rolex adoptó la sencilla caja Oyster de dos piezas en los años treinta. Después siguieron mejorando el diseño con la invención de las coronas Twinlock y Triplock en 1953 y 1970, respectivamente. Estas innovaciones fueron la base del éxito de los posteriores modelos deportivos y profesionales tan valorados de la era vintage.

Oyster es una marca registrada y Rolex garantiza que todos sus modelos de esta línea son resistentes al agua hasta los 50 metros de profundidad.

Esta garantía se extiende a los 100 metros para el Explorer, a los 300 para el Submariner y a los 1220 metros para el Sea-Dweller.

La colección Rolex Oyster original se limita a estos antiguos modelos mostrando únicamente las palabras Rolex Oyster en la esfera.

Oyster Precision

Las esferas de los relojes Rolex incluyen los textos Precision, Extra Precision o Super Precision, y no son líneas de productos, sino clasificaciones de precisión del movimiento. Además de la Oyster hay otros modelos de cajas que cuentan con movimientos de nivel Precision.

Los términos Precision, Extra Precision o Super Precision son sucesores de las primeras clasificaciones Prima, Extra Prima y Ultra Prima que aparecían en Bubblebacks y relojes de bolsillo.

Estos movimientos no fueron sometidos a pruebas de certificación independientes, sino que fueron testados por la propia casa (debido razones solo conocidas por Rolex), por lo que no cuentan con la certificación COSC.

Rolex siempre ha recurrido a laboratorios de certificación independientes, como refleja la aparición del texto Chronometer en sus primeras esferas. Rolex cambió la terminología en los años treinta a Officially Certified Chronometer, presente en los primeros Bubblebacks. En los cincuenta pasó a ser Superlative Chronometer.

El Controle Officiel Suisse des Chronometres (COSC) se fundó en 1973 y Rolex lo adoptó como su testador autorizado oficial. Los movimientos certificados tenían esferas con las palabras Superlative Chronometer Officially Certified.

Al igual que con los primeros relojes, Rolex concedía las designaciones Ultra Prima o Super Precision al 10% de los movimientos más precisos. El 90% restante era designado como Extra Prima (o Extra Precision) o Prima (o Precision).

La designación Prima aparece en las cajas pre-Oyster y Bubbleback. La Precision aparece en cajas Oyster con movimientos derivados del calibre base 1200.

Arriba: Sir Malcolm Campbell luciendo su Rolex Oyster.

Abajo: Probando el Napier Railton Bluebird en Pendine Sands, Gales. Hacia 1927.

reputación de menor calidad de estos movimientos sin certificación COSC es infundada. Los relojeros expertos pueden refrendar la exactitud de estos robustos movimientos, normalmente dentro de los estándares COSC (-4 /+6 segundos al día) y logrando incluso la certificación Rolex de -1/+5 segundos al día.

Los movimientos de remonte manual Precision se comercializaban junto a los cronómetros automáticos Perpetual con certificación COSC hasta que fueron retirados en los ochenta. Mecánicamente simples y robustos, los relojes de la serie 1200 se mantuvieron en producción desde 1954 hasta 1984.

- Cal. 1210 18,000bps 1954 - 1964

- Cal. 1215 18,000bps (Date) 1954 - 1964

- Cal.1225 21,600bps (Date) 1967 - 1984

Líneas como la Oyster Precision (sin fecha), la Oysterdate, la Date, algunos Speedkings y Air Kings montaban estos movimientos manuales 1200. Todos tenían caja resistente al agua Oyster disponible en tres tamaños descritos en los catálogos como: de mujer (23mm x 8.5mm), cadete (30 mm x 11 mm) y de hombre (34.5mm x 10.3mm).

Pros y Contras

Los precios actuales de estas referencias son bajos, pudiendo encontrar algunas gangas. La relación precio-valor es irresistible.

Son relojes manuales que requieren que se les dé cuerda a diario. Aunque a algunos coleccionistas esto les encanta, a otros no. Si usted puede dedicar ese minuto diario a girar la corona una docena de veces, estos artilugios le darán la hora con precisión todo el día.

Sus cajas son más delgadas y estrechas que las de los modelos automáticos Perpetual de la misma época. Muchos dicen que son más cómodos de llevar y se ajustan mejor a la muñeca, lo que ayuda si se tiene un hueso prominente. Son igualmente resistentes al agua y sus acabados tienen unos niveles de calidad similares.

Hay una leyenda urbana circulando por foros online que dice que dar cuerda a diario acelera el deterioro de la tija, lo que genera desgaste del roscado y pérdida de hermetismo. Existan o no pruebas que avalen esta afirmación, las tijas son baratas y fáciles de reemplazar.

Arriba: Rolex Oyster Precision ref. 6422 con esfera estilo parrila e índices Explorer. La caja Oyster muestra señales de pulido durante el mantenimiento.

Abajo: Caliber 1215 con componentes en distinto estado de envejecimiento. El regulador está al mínimo, lo que sugiere que el movimeinto oscila rápidamente y es momento de darle servicio.

Con una precisión y una fiabilidad demostradas, el verdadero placer de poseer un Oyster Precision reside en el tamaño de su caja y su esfera.

Las referencias Precision comúnmente cuentan con biseles delgados y pulidos, pero también pueden encontrarse biseles giratorios. Estos biseles delgados acentúan las esferas, dando una impresión de mayor tamaño, de ahí su reputación de parecer mayores de lo que son.

Dada su larga producción, las esferas de estos relojes están disponibles en una gran variedad de estilos y colores. Incluyen desde los índices de cabeza de flecha y las manecillas estilo alfa de los cincuenta, a las barras dobles con agujas de bastón de los ochenta. Algunas esferas cuentan con textos inusuales muy coleccionables, como la calificación de resistencia al agua Meters-First.

Las primeras referencias tienen un distintivo estilo vintage que resulta elegante a la par que icónico. Las esferas reflejan los cambios de estilo y las modas de las diferentes épocas.

Los precios se han mantenido estables durante varios años, aunque es improbable que suban. Estos relojes no son inversiones, sino piezas de joyería funcionales a precios razonables que resultan cómodas de llevar y divertidas de coleccionar.

Si le gustan los Rolex vintage de estilo discreto pero elegante, existen referencias más recomendables con las que empezar en lugar de alguno de estos modelos.

Oyster Perpetual contemporáneo con esfera de broce con decoración en rayos de sol y agujas e índices de estilo bastón.

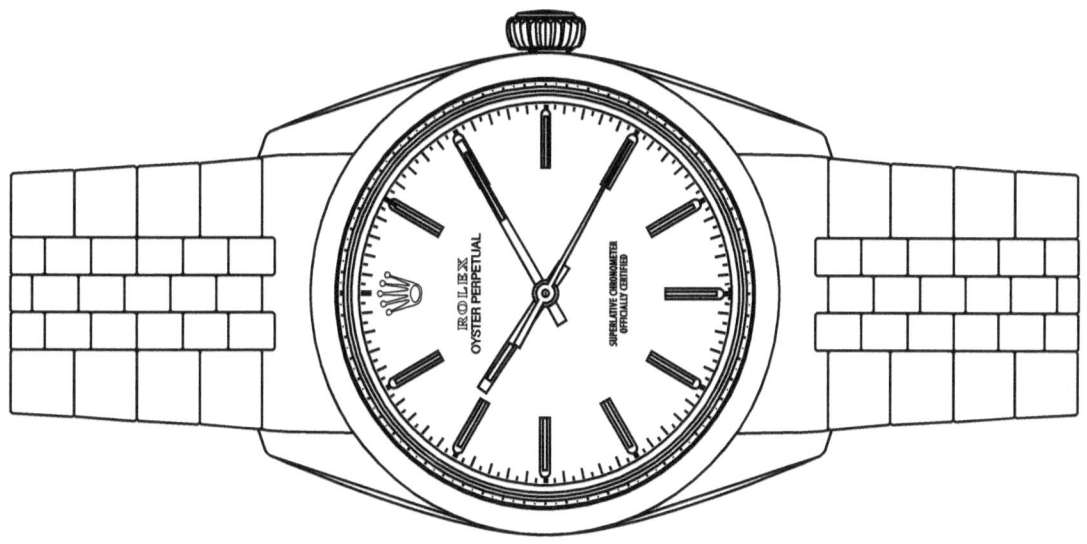

Oyster Perpetual

La historia del Oyster Perpetual está íntimamente ligada a la del Bubbleback, del que evolucionó. La colección Rolex Oyster Perpetual ha sido considerada como la gama de entrada de Rolex desde su aparición en los años cincuenta. Su sencillo diseño de tres manecillas y la ausencia de ornamentos o complicaciones sigue siendo una fórmula comercial exitosa.

Perpetual es una marca registrada reservada a los movimientos de remonte automático. Esta innovación llegó en los años treinta y no fue exclusiva de Rolex. Otros fabricantes de relojes suizos diseñaron movimientos automáticos con mayor elegancia y soluciones mejor integradas, posibilitando el uso de cajas más delgadas.

La solución de Rolex fue acoplar un rotor de remonte automático a los movimientos manuales existentes. Esto permitía dar cuerda para aumentar la reserva de marcha, dando a los propietarios un mayor nivel de seguridad y confort que otros relojes completamente automáticos.

El remonte manual heredado fue hábilmente vendido como una característica deseable. Si bien no se trataba de la solución más técnicamente sofisticada, supuso un triunfo comercial.

También contaba con la ventaja de ser un sistema conocido para los relojeros acostumbrados a los movimientos manuales que se escondían bajo el rotor. El Perpetual demostró ser no solo robusto, sino además sencillo y asequible de mantener.

El diseño de las esferas fue evolucionando sutilmente, reflejando los gustos cambiantes con el paso de las décadas. El coleccionista actual tiene una gran variedad donde elegir según la década en la que esté interesado.

Las esferas más populares son aquellas con textura de rejilla y marcadores numéricos 3, 6 y 9 de estilo Explorer. Son un claro ejemplo de la estética de los cincuenta e incluyen cabezas de flecha o dientes de tiburón como índices. Los ejemplares de este periodo normalmente incluyen agujas dauphine o alfa.

Al elegir un reloj de esta colección asegúrese de que el estilo y el color de las manecillas se corresponden con el de los apliques. Con tantos en circulación, muchos ejemplares han sido personalizados al gusto de sus propietarios.

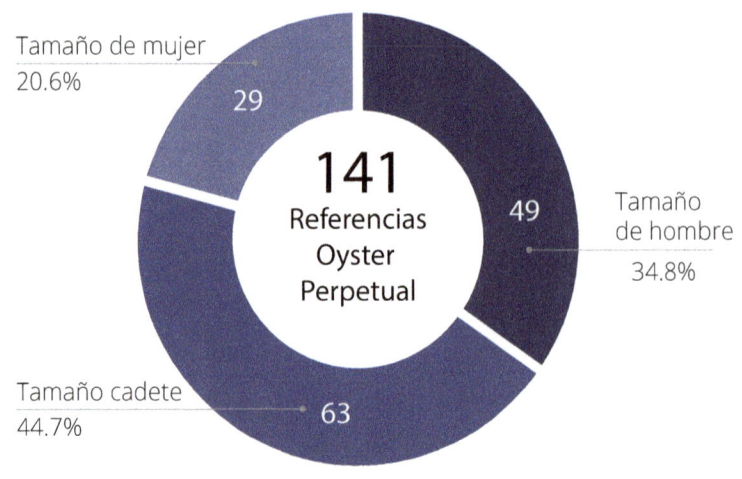

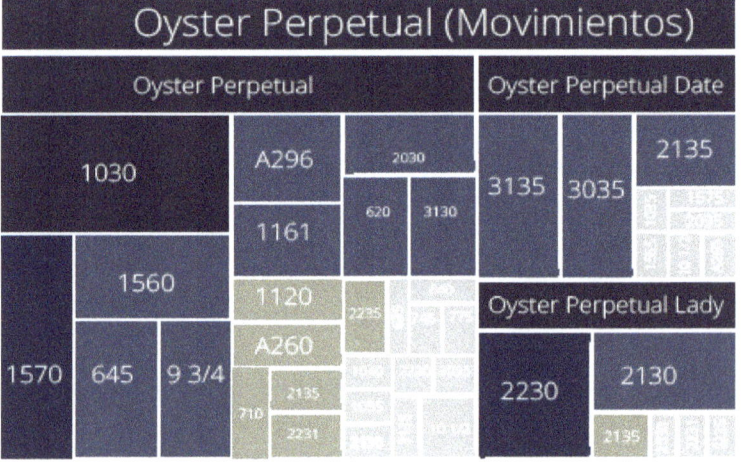

Existen aproximadamente 140 referencias en la línea Oyster Perpetual disponibles en tamaños de hombre (38mm), cadete (32-34mm) y mujer (26-32mm).

Existen otras 80 referencias más si contamos los modelos de las líneas Oyster Perpetual Date, Oyster Perpetual Lady y Oysterdate.

Oyster Perpetual Date

A veces conocido como Rolex Date, suele confundirse con el Datejust de mayor tamaño.

Debutó en los cincuenta tras el lanzamiento en 1945 del Datejust de mayor tamaño. Con 34mm, es 2mm más pequeño que el Datejust, pero tiene el mismo tamaño que el Oysterdate y el Air-King, de los que es heredero.

La caja más pequeña apareja unas asas con menor anchura entre sí, y, consecuentemente, un brazalete más estrecho. El Rolex Oyster Perpetual Date estaba disponible tanto con el brazalete Oyster como con el Jubilé, y cuenta con una amplia gama de biseles y esferas.

La versión moderna es conocida como Rolex Oyster Perpetual Date 34, perteneciendo ahora a la colección Datejust. Sus predecesores como el Oysterdate se consideraban como una línea de productos independiente que no formaba parte de la colección Datejust.

Oysterdate

El Oysterdate es el Rolex original de tamaño Cadete (cadete). El nombre se aplicó a las cajas Oyster de tamaño cadete en 1951. En 1966 pasó a denominarse Oyster Perpetual - Date – antes de perder los guiones a finales de los setenta y convertirse en Oyster Perpetual Date. El nombre Oysterdate había desaparecido por completo llegado el año 1970.

La denominación Oysterdate se aplicaba libremente a distintas clases de relojes. Muchos eran movimientos de remonte manual de grado Precision como la ref. 6694.

Unos pocos tenían movimientos Perpetual automáticos de grado cronómetro con certificación oficial en la esfera (Officially Certified Chronometer o Ritetime), como la ref. 6518. La única característica que tenían en común era la caja, de 32mm y 34mm, conocidas respectivamente como Boys Size y Cadete (ambas equivalen a tamaño cadete).

La complicación de fecha es de ajuste lento, lo que significa que, si el reloj se queda sin marcha y se detiene, ajustar la fecha de nuevo implica girar la corona pasando la medianoche. La rueda de la fecha, con sus ventanas a las 6 y las 9, es conocida como de estilo ruleta, con los días impares impresos en negro y los pares, en rojo.

La razón tras esto es un misterio. Una leyenda urbana apunta al racionamiento de postguerra, cuando algunas provisiones estaban disponibles en días alternos, y esta fórmula permitía estar al corriente de la alternancia con más facilidad. Sea cual sea su motivo, se trata de una característica atractiva e inusual.

En la actualidad los coleccionistas buscan los Oysterdate por su rareza y su estética de los cincuenta, con manecillas alfa y dauphine e índices cónicos (con forma de punta de flecha, diente de tiburón o diamante). La esfera con textura de rejilla y los marcadores numéricos 3, 6 y 9 también son propios del modelo, y tan populares hoy como lo fueron en los cincuenta.

Oysterdate Perpetual

El Oysterdate Perpetual, como la ref. 6518, emplea un cal.1035 con su hermoso rotor de estilo mariposa.

El calibre 1035 era un movimiento de grado cronómetro ajustado a los estándares COSC, cuyas esferas mostrarían el Officially Certified Chronometer.

Este calibre es el mismo que el cal. 1030 (sin complicación de fecha) empleado en los primeros GMT-Master y Submariner, dos relojes profesionales que alcanzan elevados precios.

Los Oysterdate Perpetual están siendo canibalizados para obtener piezas para estos otros modelos más caros. El Oysterdate Perpetual escasea, y cada vez lo hará más.

Tabla de referencias del modelo Oyster Perpetual

Nombre	Ref.	Cal.	Bisel	Tamaño
Oyster Perpetual	3064	620	Pulido (Ligero)	Hombre
Oyster Perpetual	6290	640	Pulido (Ligero)	Hombre
Oyster Perpetual	6598	745	Pulido (Ligero)	Hombre
Oyster Perpetual	6098	775	Pulido (Ligero)	Hombre
Oyster Perpetual	6599	1030	Estriado	Hombre
Oyster Perpetual	6614	1030	Pulido (Ligero)	Hombre
Oyster Perpetual	6634	1030	Pulido (Ligero)	Hombre
Oyster Perpetual	6611	1055	Estriado	Hombre
Oyster Perpetual	1007	1560	Mecánico	Hombre
Oyster Perpetual	1008	1560	Mecánico	Hombre
Oyster Perpetual	1013	1560	Estriado	Hombre
Oyster Perpetual	1018	1560	Estriado	Hombre
Oyster Perpetual	1010	1560	Pulido (Ligero)	Hombre
Oyster Perpetual	1012	1560	Pulido (Ligero)	Hombre
Oyster Perpetual	1014	1560	Pulido (Ligero)	Hombre
Oyster Perpetual	1024	1560	Pulido (Ligero)	Hombre
Oyster Perpetual	1004	1570	Mecánico	Hombre
Oyster Perpetual	1009	1570	Mecánico	Hombre
Oyster Perpetual	1005	1570	Estriado	Hombre
Oyster Perpetual	1011	1570	Estriado	Hombre
Oyster Perpetual	6301	1570	Estriado	Hombre
Oyster Perpetual	1003	1570	Pulido (Ligero)	Hombre
Oyster Perpetual	1006	1570	Pulido (Ligero)	Hombre
Oyster Perpetual	1025	1570	Pulido (Ligero)	Hombre
Oyster Perpetual	14203	3035	Estriado	Hombre
Oyster Perpetual	14233	3130	Estriado	Hombre
Oyster Perpetual	14238	3130	Estriado	Hombre
Oyster Perpetual	116000	3130	Pulido (Ligero)	Hombre
Oyster Perpetual	116619LB	3135	Numerado	Hombre
Oyster Perpetual	6210	10 1/2	Pulido (Ligero)	Hombre

Nombre	Ref.	Cal.	Bisel	Tamaño
Oyster Perpetual	6023	10.5″	Mecánico	Hombre
Oyster Perpetual	3458	9 3/4″	Grabado	Hombre
Oyster Perpetual	3794	9 3/4″		Hombre
Oyster Perpetual	6110	A260	Pulido (Ligero)	Hombre
Oyster Perpetual	6099	A296	Mecánico	Hombre
Oyster Perpetual	6202	A296	Numerado	Hombre
Oyster Perpetual	5028	A296	Pulido (Ligero)	Hombre
Oyster Perpetual	6088	A296	Pulido (Ligero)	Hombre
Oyster Perpetual	6332	A296	Pulido (Ligero)	Hombre
Oyster Perpetual	1020			Hombre
Oyster Perpetual	1035			Hombre
Oyster Perpetual	1420			Hombre
Oyster Perpetual	1423			Hombre
Oyster Perpetual	3496			Hombre
Oyster Perpetual	4021			Hombre
Oyster Perpetual	4984			Hombre
Oyster Perpetual	5052			Hombre
Oyster Perpetual	5065			Hombre
Oyster Perpetual	6021			Hombre
Oyster Perpetual	6119			Hombre
Oyster Perpetual	6509	1120	Estriado	Mujer
Oyster Perpetual	6504	1120	Pulido (Ligero)	Mujer
Oyster Perpetual	6507	1120	Pulido (Ligero)	Mujer
Oyster Perpetual	6623	1161	Mecánico	Mujer
Oyster Perpetual	6619	1161	Estriado	Mujer
Oyster Perpetual	6618	1161	Pulido (Ligero)	Mujer
Oyster Perpetual	6724	2030	Mecánico	Mujer
Oyster Perpetual	6718	2030	Pulido (Ligero)	Mujer
Oyster Perpetual	6723	2030	Pulido (Ligero)	Mujer
Oyster Perpetual	6719	2130	Estriado	Mujer
Oyster Perpetual	177210	2135	Mecánico	Mujer
Oyster Perpetual	76243	2135	Mecánico	Mujer
Oyster Perpetual	79160	2230	Mecánico	Mujer
Oyster Perpetual	176234	2231	Estriado	Mujer

Nombre	Ref.	Cal.	Bisel	Tamaño
Oyster Perpetual	177200	2231	Pulido (Ligero)	Mujer
Oyster Perpetual	79190	2235	Mecánico	Mujer
Oyster Perpetual	79240	2235	Mecánico	Mujer
Oyster Perpetual	3272			Mujer
Oyster Perpetual	3352			Mujer
Oyster Perpetual	3686			Mujer
Oyster Perpetual	4686			Mujer
Oyster Perpetual	7603			Mujer
Oyster Perpetual	7608			Mujer
Oyster Perpetual	7609			Mujer
Oyster Perpetual	7618			Mujer
Oyster Perpetual	7619			Mujer
Oyster Perpetual	7623			Mujer
Oyster Perpetual	7624			Mujer
Oyster Perpetual	761833			Mujer
Oyster Perpetual	5016	620	Pulido (Ligero)	Cadete
Oyster Perpetual	6050	620	Pulido (Ligero)	Cadete
Oyster Perpetual	6084	620	Pulido (Ligero)	Cadete
Oyster Perpetual	3716	635	Pulido (Ligero)	Cadete
Oyster Perpetual	6085	645	Mecánico	Cadete
Oyster Perpetual	6107	645	Mecánico	Cadete
Oyster Perpetual	6284	645	Mecánico	Cadete
Oyster Perpetual	6285	645	Mecánico	Cadete
Oyster Perpetual	6303	645	Mecánico	Cadete
Oyster Perpetual	6102	645	Pulido (Ligero)	Cadete
Oyster Perpetual	6334	645	Pulido (Ligero)	Cadete
Oyster Perpetual	6082	710	Pulido (Ligero)	Cadete
Oyster Perpetual	4270	710	Pulido (Ligero)	Cadete
Oyster Perpetual	6565	1030	Mecánico	Cadete
Oyster Perpetual	6569	1030	Mecánico	Cadete
Oyster Perpetual	6582	1030	Grabado	Cadete
Oyster Perpetual	6567	1030	Estriado	Cadete
Oyster Perpetual	6593	1030	Estriado	Cadete
Oyster Perpetual	5552	1030	Pulido (Ligero)	Cadete

Nombre	Ref.	Cal.	Bisel	Tamaño
Oyster Perpetual	6532	1030	Pulido (Ligero)	Cadete
Oyster Perpetual	6546	1030	Pulido (Ligero)	Cadete
Oyster Perpetual	6564	1030	Pulido (Ligero)	Cadete
Oyster Perpetual	6566	1030	Pulido (Ligero)	Cadete
Oyster Perpetual	6580	1030	Pulido (Ligero)	Cadete
Oyster Perpetual	6584	1030	Pulido (Ligero)	Cadete
Oyster Perpetual	6585	1030	Pulido (Ligero)	Cadete
Oyster Perpetual	6590	1030	Pulido (Ligero)	Cadete
Oyster Perpetual	6556	1040	Pulido (Ligero)	Cadete
Oyster Perpetual	6551	1161	Estriado	Cadete
Oyster Perpetual	6549	1161	Pulido (Ligero)	Cadete
Oyster Perpetual	1038	1570	Mecánico	Cadete
Oyster Perpetual	1507	1570	Mecánico	Cadete
Oyster Perpetual	6751	2030	Estriado	Cadete
Oyster Perpetual	6748	2030	Pulido (Ligero)	Cadete
Oyster Perpetual	14208	3130	Pulido (Ligero)	Cadete
Oyster Perpetual	14203M	3130	Pulido (Ligero)	Cadete
Oyster Perpetual	14208M	3130	Pulido (Ligero)	Cadete
Oyster Perpetual	115234	3135	Estriado	Cadete
Oyster Perpetual	6011	9 3/4"	Mecánico	Cadete
Oyster Perpetual	4362	9 3/4"	Pulido (Ligero)	Cadete
Oyster Perpetual	5018	9 3/4"	Pulido (Ligero)	Cadete
Oyster Perpetual	6018	9 3/4"	Pulido (Ligero)	Cadete
Oyster Perpetual	6090	A260	Pulido (Ligero)	Cadete
Oyster Perpetual	6092	A260	Pulido (Ligero)	Cadete
Oyster Perpetual	6539	A296	Cadete	Cadete
Oyster Perpetual	8053		Mecánico	Cadete
Oyster Perpetual	8055		Mecánico	Cadete
Oyster Perpetual	8058		Mecánico	Cadete
Oyster Perpetual	8075		Mecánico	Cadete
Oyster Perpetual	8077		Mecánico	Cadete
Oyster Perpetual	8079		Mecánico	Cadete
Oyster Perpetual	1023		Estriado	Cadete
Oyster Perpetual	8011		Pulido (Ligero)	Cadete

Nombre	Ref.	Cal.	Bisel	Tamaño
Oyster Perpetual	8074		Pulido (Ligero)	Cadete
Oyster Perpetual	8076		Pulido (Ligero)	Cadete
Oyster Perpetual	8078		Pulido (Ligero)	Cadete
Oyster Perpetual	8080		Pulido (Ligero)	Cadete
Oyster Perpetual	4857			Cadete
Oyster Perpetual	5173			Cadete
Oyster Perpetual	6016			Cadete
Oyster Perpetual	6342			Cadete
Oyster Perpetual	7701			Cadete
Oyster Perpetual	7708			Cadete
Oyster Perpetual	7748			Cadete
Oyster Perpetual	7751			Cadete

Tabla de referencias del Oyster Perpetual Lady Date

Nombre	Ref.	Cal.	Bisel
Oyster Perpetual Lady	54439	2030	Estriado
Oyster Perpetual Lady	67233	2130	Mecánico
Oyster Perpetual Lady	67193	2130	Estriado
Oyster Perpetual Lady	67194	2130	Estriado
Oyster Perpetual Lady	67198	2130	Estriado
Oyster Perpetual Lady	67190	2130	
Oyster Perpetual Lady	67180	2130	Pulido (Ligero)
Oyster Perpetual Lady	67183	2130	Pulido (Ligero)
Oyster Perpetual Lady	67188	2130	Pulido (Ligero)
Oyster Perpetual Lady	67197	2130	Estriado
Oyster Perpetual Lady	67230	2135	Mecánico
Oyster Perpetual Lady	69628	2135	Numerado
Oyster Perpetual Lady	76030	2230	Mecánico
Oyster Perpetual Lady	76233	2230	Mecánico
Oyster Perpetual Lady	76094	2230	Estriado
Oyster Perpetual Lady	76193	2230	Estriado
Oyster Perpetual Lady	76198	2230	Estriado
Oyster Perpetual Lady	76080	2230	Pulido (Ligero)
Oyster Perpetual Lady	76183	2230	Pulido (Ligero)
Oyster Perpetual Lady	76188	2230	Pulido (Ligero)
Oyster Perpetual Lady	176200	2230	Pulido (Ligero)
Oyster Perpetual Lady	76180	2230	Estriado
Oyster Perpetual Lady	77438	2230	Estriado

Tabla de referencias del Oyster Perpetual Date

Nombre	Ref.	Cal.	Bisel	Tamaño
Oyster Perpetual Date	4467	10 1/2	Pulido (Ligero)	Hombre
Oyster Perpetual Date	6917	2035	Estriado	Mujer
Oyster Perpetual Date	69160	2135	Pulido (Ligero)	Mujer
Oyster Perpetual Date	69173	2135	Estriado	Mujer
Oyster Perpetual Date	69174	2135	Estriado	Mujer
Oyster Perpetual Date	69190	2135	Mecánico	Mujer
Oyster Perpetual Date	69240	2135	Mecánico	Mujer
Oyster Perpetual Date	1560	1565	Pulido (Ligero)	Cadete
Oyster Perpetual Date	1565	1575	Pulido (Ligero)	Cadete
Oyster Perpetual Date	5075			Cadete
Oyster Perpetual Date	6335	A260		Cadete
Oyster Perpetual Date	6534	1035	Estriado	Cadete
Oyster Perpetual Date	15000	3035	Pulido (Ligero)	Cadete
Oyster Perpetual Date	15010	3035	Mecánico	Cadete
Oyster Perpetual Date	15037	3035	Estriado	Cadete
Oyster Perpetual Date	15038	3035	Mecánico	Cadete
Oyster Perpetual Date	15053	3035	Mecánico	Cadete
Oyster Perpetual Date	15200	3135	Pulido (Ligero)	Cadete
Oyster Perpetual Date	15203	3135	Pulido (Ligero)	Cadete
Oyster Perpetual Date	15210	3135	Mecánico	Cadete
Oyster Perpetual Date	15223	3135	Estriado	Cadete
Oyster Perpetual Date	15233	3135	Mecánico	Cadete
Oyster Perpetual Date	15238	3135	Estriado	Cadete
Oyster Perpetual Date	15505	3035	Pulido (Ligero)	Cadete
Oyster Perpetual Date	15505	3035	Pulido (Ligero)	Cadete
Oyster Perpetual Date	115200	3135	Pulido (Ligero)	Cadete
Oyster Perpetual Date	115210	3135	Mecánico	Cadete
Oyster Perpetual Date	115234	3135	Estriado	Cadete
Oyster Perpetual Date	15058	3035		

Tabla de referencias del modelo Oysterdate

Nombre	Ref.	Cal.	Bisel	Tamaño
Oysterdate	1570	1570	Estriado	Hombre
Oysterdate	1600	1570	Pulido (Ligero)	Hombre
Oysterdate	1601	1570	Estriado	Hombre
Oysterdate	1603	1570	Estriado	Hombre
Oysterdate	6075	295	Mecánico	Hombre
Oysterdate	6423	1210	Mecánico	Hombre
Oysterdate	6424	1215	Pulido (Ligero)	Hombre
Oysterdate	6605	1065	Estriado	Hombre
Oysterdate	6519	1135	Pulido (Ligero)	Mujer
Oysterdate	6522	1100	Pulido (Ligero)	Mujer
Oysterdate	6523	1100	Mecánico	Mujer
Oysterdate	6525	1100	Estriado	Mujer
Oysterdate	1500	1570	Pulido (Ligero)	Cadete
Oysterdate	1501	1570	Mecánico	Cadete
Oysterdate	1503	1570	Pulido (Ligero)	Cadete
Oysterdate	1505	1570	Estriado	Cadete
Oysterdate	1507	1570	Otro	Cadete
Oysterdate	1550	1570	Pulido (Ligero)	Cadete
Oysterdate	6430	1225	Pulido (Ligero)	Cadete
Oysterdate	6466	1210	Pulido (Ligero)	Cadete
Oysterdate	6494	1210	Pulido (Ligero)	Cadete
Oysterdate	6518	1035	Pulido (Ligero)	Cadete
Oysterdate	6524			Cadete
Oysterdate	6534	1030	Pulido (Ligero)	Cadete
Oysterdate	6627	1161	Estriado	Cadete
Oysterdate	6694			Cadete
Oysterdate	6964			Cadete

Oysterquartz

A pesar de tratarse de una referencia inusual, este modelo jugó un importante rol en la historia de Rolex. La compañía había estado investigando los relojes electrónicos desde principios de los cincuenta, logrando su primera patente para un reloj electromecánico en 1952.

En los treinta años entre 1960 y 1990 Rolex obtuvo 50 patentes, 21 de las cuales eran para relojes electrónicos y displays digitales. La inversión de Rolex en la tecnología de cuarzo fue considerable.

Rolex presentó su primer reloj comercial de cuarzo en 1970, el Quartz Date 5100, que empleaba el mismo movimiento Beta 21 usado por otras casas suizas como Omega y Enicar.

El ensamblado del Beta 21 tenía lugar en distintas instalaciones, con modificaciones limitadas para las especificaciones de cada marca.

Dieciséis compañías relojeras suizas comenzaron a vender relojes de cuarzo Beta 21 en 1970, incluyendo a Rolex con su Quartz Date 5100.

Tras fabricar únicamente mil unidades del Beta 21, Rolex comenzó a desarrollar su propio movimiento de cuarzo para el que sería el reloj Oysterquartz.

En 1977 Rolex presentó su primer movimiento de cuarzo enteramente de manufactura propia con el Datejust ref. 5035 y el Day-Date ref. 5055, ambos modelos Oysterquartz. Contaban con certificación COSC, algo muy poco común en los movimientos de cuarzo.

Cuando fueron lanzados suponían un gran logro tecnológico, creados con unos niveles de ajuste y acabado sensacionales. Rolex diseñó y fabricó estos movimientos de 11 joyas como si fuesen movimientos mecánicos con puentes, palancas y escapes. Emplearon el último circuito CMOS, un oscilador de 32khz y un compensador térmico análogo.

Los movimientos de cuarzo son sensibles a las temperaturas extremas, por lo que se dotó al reloj de un regulador que permitía a los relojeros compensar la deriva de los cristales de cuarzo. Es muy inusual encontrar movimientos de cuarzo diseñados para facilitar ajustes como este a los relojeros.

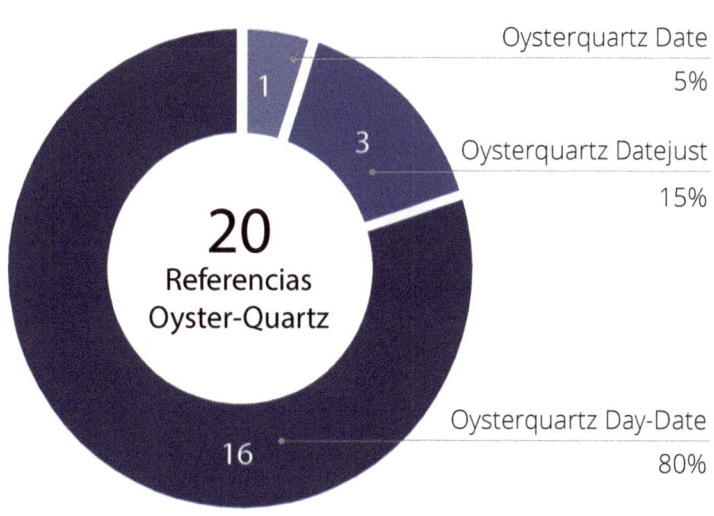

Rolex ofrecía muchas opciones en las esferas, incluyendo malaquita, lapislázuli, plata, azul, negro, champagne, dorado, efecto tapizado, diamantado, con esmaltado Stella en varios colores, madera y otras opciones más. La mayoría de estas esferas exóticas estaban destinadas a los exclusivos Day-Date Oysterquartz, que también estaban disponibles con esferas, biseles y brazaletes engarzados de joyas.

Los modelos Oysterquartz se mantuvieron durante 25 años, si bien es cierto que Rolex manufacturó menos de 25.000 unidades. Rolex retiró la ref.17000 de su catálogo en 2002, pero continuó ofreciendo los modelos de oro macizo en dos tonos hasta 2003, cuando se agotó el inventario.

El Primer Quartz Date Ref. 5100

La ref. 5100 sugió como fruto del acuerdo de colaboración Centre Electronique Horloger (CEH). El movimiento de cuarzo resultante llamado Beta 21 fue directamente empleado en el Quartz Date ref. 5100.

Contaba con brazalete integrado y cristal de zafiro, ambas características eran nuevas para Rolex. No era posible introducir el Beta 21 en la caja Oyster sin modificarla. Por ello dejó de denominarse waterproof (hermética) para llamarse water resistant (resistente al agua). El Rolex Quartz Date nunca contó con certificación de profundidad.

El 5100 debutó el 5 de junio de 1970. Los primeros pedidos sobrepasaron todas las expectativas, vendiéndose los mil relojes de la futura producción antes de que esta comenzase. Todos ellos, numerados, se vendieron entre 1970 y 1972. A día de hoy los coleccionistas pagan altos precios por ejemplares 5100 que incluyan cajas y documentación.

En 1972 Rolex se retiró del consorcio CEH y comenzó a desarrollar su propio movimiento de cuarzo y el reloj que lo albergaría, el Oysterquartz.

Tabla de referencias del modelo Oysterquartz

Nombre	Ref	Cal	Inicio	Fin	Bisel	Caja	Descripción
Oysterquartz Date	5100	Beta 21	1970	1972	Estriado	OA	Modelo Oysterquartz original
Oysterquartz Datejust	17000	5035	1977	2001	Pulido (Ligero)	Acer. inox.	Último modelos Oysterquartz sin COSC
Oysterquartz Datejust	17013	5035	1977	2001	Estriado	Acer. OA	Brazalete Jubilé sin COSC
Oysterquartz Datejust	17014	5035	1977	2001	Estriado	OB	Brazalete Jubilé
Oysterquartz Day-Date	1901	5055			Estriado		
Oysterquartz Day-Date	1902	5055			Piramidal		
Oysterquartz Day-Date	1903	5055			Piramidal		Diamantes
Oysterquartz Day-Date	1904	5055					Diamantes
Oysterquartz Day-Date	1905	5055					Diamantes baguette
Oysterquartz Day-Date	1907	5055					
Oysterquartz Day-Date	1914	5055					
Oysterquartz Day-Date	1916	5055					
Oysterquartz Day-Date	19018	5055	1977	2001	Estriado	OA	Joyas en esferas, biseles y brazaletes
Oysterquartz Day-Date	19019	5055	1977	2001	Estriado	OB	Joyas en esferas, biseles y brazaletes
Oysterquartz Day-Date	19028	5055	1977	2001	Piramidal	OA	Joyas en esferas, biseles y brazaletes, índices piramidales
Oysterquartz Day-Date	19038	5055	1977	2001	Piramidal	OA	Joyas en esferas, biseles y brazaletes, índices piramidales y brazaletes piramidales
Oysterquartz Day-Date	19048	5055	1977	2001		OA	Joyas en esferas, biseles y brazaletes President
Oysterquartz Day-Date	19049	5055	1977	2001		OB	Joyas en esferas, biseles y brazaletes President
Oysterquartz Day-Date	19068	5055	1977	2001		OA	Joyas en esferas, biseles y brazaletes President
Oysterquartz Day-Date	19148	5055	1977	2001		OB	Joyas en esferas, biseles y brazaletes Karat

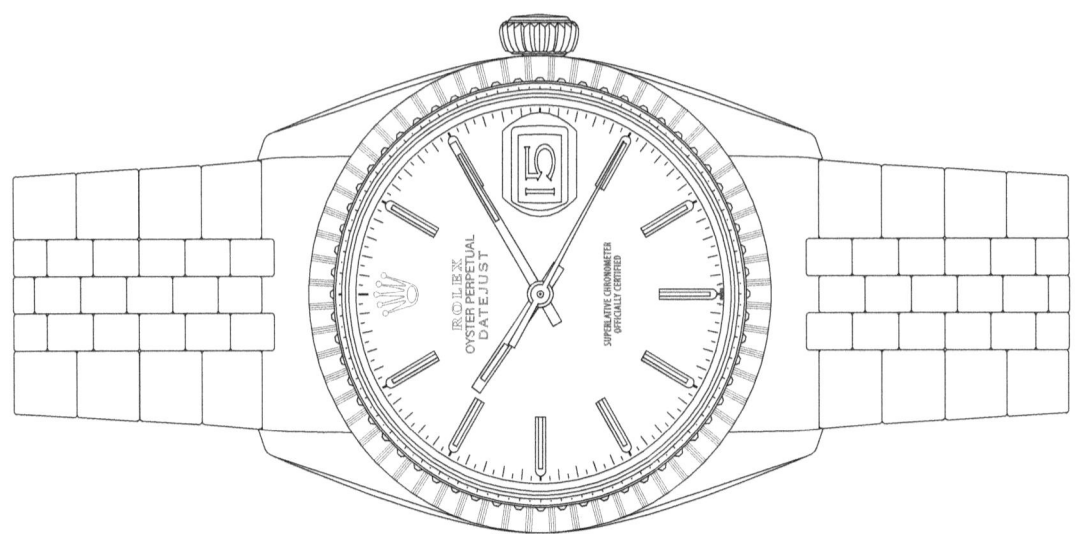

Oyster Perpetual Datejust

El primer Datejust fue la ref. 4467 presentada 1945. Si bien conmemoraba el 40 aniversario de la compañía, también marcaba el fin de la IIGM. Es reseñable que Rolex lograse diseñar, desarrollar y fabricar este reloj en mitad del caos de la guerra que arrasaba Europa.

El nombre Datejust hace referencia a la función de cambio rápido de fecha, que saltaba al día siguiente al llegar a la posición de medianoche, en lugar de girar lentamente. De esta forma, la fecha siempre se mostraba correctamente. Esta innovación aparentemente sencilla supuso un hito en el desarrollo de la industria relojera del momento.

Con la ref. 4467 también se presentó el bisel estriado y el nuevo brazalete Jubilé.

La icónica lente magnificadora Cyclops sobre la ventana de la fecha se presentó nueve años después, en 1954.

Su tamaño de 36mm era considerable para la época, Rolex presentó posteriormente una versión cadete de 34mm y otra de mujer de 28mm. Estos primeros ejemplares eran Bubblebacks de fondo convexo. No fue hasta la llegada del cal. 1065 en 1957 cuando el Datejust fue dotado de un fondo plano.

El Datejust fue un triunfo comercial gracias al movimiento Perpetual con certificación COSC, la caja resistente al agua Oyster y la mejorada complicación de fecha. Rolex continuó desarrollando aproximadamente 280 variantes del Datejust en tres tamaños, empleando 25 movimientos diferentes y numerosas combinaciones de biseles.

En 2009 Rolex lanzó el Oyster Perpetual

Datejust II con una caja de 41mm. Fue seguido por el Oyster Perpetual Datejust 41 en 2016. Aunque la caja Oyster era la misma, esta referencia contaba con índices de menor tamaño y un bisel más delgado, dando la impresión de ser un reloj mucho más grande.

Decir que la línea Datejust es longeva es quedarse corto. Rolex fabricó estos modelos en grandes cantidades y el mercado de segunda mano está inundado de ellos. Presentan numerosas variaciones en sus esferas, reflejando la estética predominante de cada periodo.

Algunas de estas esferas pueden encontrarse con el preciado texto en rojo, y, en algunos casos, también con la certificación de profundidad.

Las esferas cuentan con texturas en rejilla, en tapiz, en lino, en relieve y estriada. La esfera pie-pan es una variante popular entre los coleccionistas, al igual que las escasas versiones de acero inoxidable al completo. La ref.6105 es particularmente inusual por ser una versión para zurdos, con la corona en la posición de las 9.

Al comprar un Datejust vintage haría bien en no obsesionarse por la originalidad y la integridad, ya que estos relojes eran a menudo personalizados por los distribuidores autorizados a petición del cliente, cambiando esferas y manecillas. Busque uno que funcione y esté en buen estado, y decántese por el estilo que más le guste. Siguiendo los consejos de esta guía podrá adquirir uno en buenas condiciones y

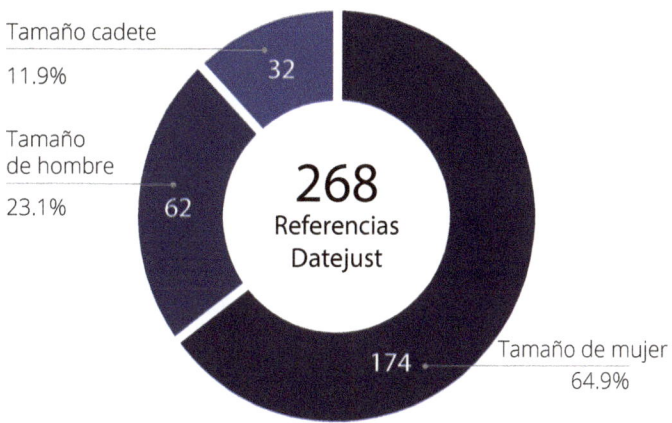

a buen precio.

Datejust Turn-O-Graph

En 1955, Rolex presentó el modelo Datejust Turn-O-Graph con un novedoso bisel rotatorio. Fue el génesis del Rolex Submariner y del Rolex GMT-Master. El Turn-O-Graph se popularizó entre los pilotos como una herramienta de navegación antes del lanzamiento oficial del GMT-Master en 1955.

La primera referencia fue la 6202, que tenía una caja Oyster de acero, una esfera dorada y brillante, manecillas de estilo mercedes lumenadas, índices luminiscentes y un bisel negro calibrado en 60 minutos.

Los coleccionistas y aficionados reconocen a la ref. 6202 como el primer reloj herramienta de Rolex, el primer reloj aviador y el primero en dos tonos, acero y oro. La versión de lujo inicialmente fue vista como demasiado vanguardista, vendiéndose en cantidades muy modestas.

En 1954 se aplicaron varios cambios en el

diseño dando lugar a la nueva ref.6309. Se añadió una complicación de fecha, la lente Cyclops y un nuevo bisel giratorio mecánico con marcadores cada cinco y diez minutos.

El movimiento también se actualizó con el cal. 743, reemplazando al original cal. A260.

La fuerza aérea estadounidense adoptó de manera informal el Turn-O-Graph, otorgándolo a los pilotos que regresaban de Vietnam y Corea. Más tarde fue adoptado formalmente, otorgándose al equipo de acrobacias Thunderbird del que toma su apodo.

El Turn-O-Graph fue asignado a la colección Datejust en 1964 en un intento de dejar vía libre para el Submariner y el GMT-Master. Retrospectivamente, esta resultó ser una mala decisión, ya los Turn-O-Graphs con bisel giratorio y los Datejust de vestir no son una buena combinación.

El Turn-O-Graph fue actualizado y reeditado en el 2000 con el calibre 3135, un bisel estriado y un llamativo color rojo en los textos del dial y en el segundero. Esta versión reeditada era más de vestir, más lujosa que la original, pero no tuvo éxito a la hora de ganarse al público.

Tras 11 referencias y 58 años de historia, el Turn-O-Graph fue finalmente retirado en 2011. Ocupa una posición secundaria en la historia de Rolex ya que nunca causó una gran impresión entre el público, pese a haber sido patrocinado por pilotos de combate.

Avíon protipo Bell X-1. Chuck Yeager llevaba uno de los primeros Oyster Datejust Bubbleback cuando rompió la barrera del sonido en 1947.

Tabla de referencias del modelo Turn-O-Graph

Ref.	Cal.
6309	710
6609	1065
1626	1570
1625	1570
16268	3035
16253	3035
116264	3135
116263	3135
116261	3135
16264	3135
6202	A260

Tabla de referencias del modelo Datejust

Ref.	Cal.	Bisel	Tamaño	Descripción
86409		Pulido (Ligero)	Hombre	Pearlmaster
1600	1570	Estriado	Hombre	
1601	1570	Estriado	Hombre	
1603	1570	Mecánico	Hombre	
1605	1570	Mecánico	Hombre	
1607	1570	Rugoso	Hombre	
1611	1570	Rugoso	Hombre	
1620	1570	Pulido (Ligero)	Hombre	
1622	1570	Mecánico	Hombre	
1623	1570	Estriado	Hombre	
1624	1570	Estriado	Hombre	
1630	1570	Estriado	Hombre	
5030	710	Pulido (Ligero)	Hombre	
5031	710	Mecánico	Hombre	
6031	710	Estriado	Hombre	Perpetual, Chronometer, Ovettone
6074	710	Pulido (Ligero)	Hombre	Perpetual, Chronometer, Ovettone
6075	A295	Estriado	Hombre	Perpetual, Chronometer, Ovettone
6104	A296	Pulido (Ligero)	Hombre	
6105	745	Mecánico	Hombre	
6155	1570	Mecánico	Hombre	
6304	A296	Pulido (Ligero)	Hombre	
6305	A296	Estriado	Hombre	
6604	1065	Pulido (Ligero)	Hombre	
6605	1065	Estriado	Hombre	
6909	2030	Mecánico	Hombre	
6914	2135	Mecánico	Hombre	
6923	2030	Mecánico	Hombre	
7518	234	Mecánico	Hombre	
8029	390	Pulido (Ligero)	Hombre	
16000	3035	Estriado	Hombre	
16013	3035	Estriado	Hombre	

Ref.	Cal.	Bisel	Tamaño	Descripción
16014	3035	Mecánico	Hombre	
16018	3035	Estriado	Hombre	
16030	3035	Estriado	Hombre	
16078	3035	Rugoso	Hombre	
16200	3135	Pulido (Ligero)	Hombre	
16203	3135	Pulido (Ligero)	Hombre	
16220	3135	Estriado	Hombre	
16233	3135	Estriado	Hombre	
16234	3135	Estriado	Hombre	
16238	3135	Estriado	Hombre	
68188	2135	Estriado	Hombre	
79079	2235	Pulido (Ligero)	Hombre	
116034	3130	Estriado	Hombre	
116138	3135	Estriado	Hombre	
116139	3135	Estriado	Hombre	
116188	3135	Engastado	Hombre	
116189	3135	Engastado	Hombre	
116199	3135	Engastado	Hombre	
116200	3135	Pulido (Ligero)	Hombre	
116201	3135	Pulido (Ligero)	Hombre	
116203	3135	Pulido (Ligero)	Hombre	
116208	3135	Pulido (Ligero)	Hombre	
116231	3135	Estriado	Hombre	
116233	3135	Estriado	Hombre	
116234	3135	Estriado	Hombre	
116238	3135	Estriado	Hombre	
116243	3135	Engastado	Hombre	
118399	3235	Engastado	Hombre	
126301	3235	Pulido (Ligero)	Hombre	
126303	3235	Pulido (Ligero)	Hombre	
126331	3235	Estriado	Hombre	
126333	3235	Estriado	Hombre	
6251	710	Estriado	Mujer	
6527	1160	Rugoso	Mujer	

Ref.	Cal.	Bisel	Tamaño	Descripción
6824	2030	Pulido (Ligero)	Mujer	
6825	2035	Mecánico	Mujer	
6826	2030	Estriado	Mujer	
6828	2035	Engastado	Mujer	
6900	2030	Estriado	Mujer	
6901	2035	Rugoso	Mujer	
6902	2030	Rugoso	Mujer	
6903	2135	Estriado	Mujer	
6906	2135	Engastado	Mujer	
6907	2030	Engastado	Mujer	
6908	2035	Estriado	Mujer	
6910	2135	Engastado	Mujer	
6911	2030	Engastado	Mujer	
6912	2030	Estriado	Mujer	
6913	2030	Engastado	Mujer	
6915	2135	Engastado	Mujer	
6917	2030	Estriado	Mujer	
6925	2030	Engastado	Mujer	
6926	2135	Engastado	Mujer	
6927	2030	Engastado	Mujer	
6928	2135	Engastado	Mujer	
6930	2030	Estriado	Mujer	
6931	2135	Mecánico	Mujer	
6935	2030	Estriado	Mujer	
7828	2135	Estriado	Mujer	
7906	2030	Estriado	Mujer	
7907	710	Estriado	Mujer	
7908	2030	Engastado	Mujer	
7912	1157	Engastado	Mujer	
7913	1156	Engastado	Mujer	
7915	2030	Engastado	Mujer	
7918	2135	Mecánico	Mujer	
7927	1475	Estriado	Mujer	
8030	390	Estriado	Mujer	

Ref.	Cal.	Bisel	Tamaño	Descripción
8031	1475	Pulido (Ligero)	Mujer	
8032	1156	Engastado	Mujer	
8035	3035	Mecánico	Mujer	
16239	3135	Engastado	Mujer	
18029	2130	Engastado	Mujer	
67243	2130	Mecánico	Mujer	
68158	2135	Engastado	Mujer	
68159	2135	Engastado	Mujer	
68238	2135	Engastado	Mujer	
68240	2135	Pulido (Ligero)	Mujer	
68243	2135	Pulido (Ligero)	Mujer	
68246	2135	Pulido (Ligero)	Mujer	
68258	2135	Engastado	Mujer	
68266	2135	Engastado	Mujer	
68268	2135	Engastado	Mujer	
68273	2135	Estriado	Mujer	
68274	2135	Estriado	Mujer	
68278	2135	Estriado	Mujer	
69068	2135	Engastado	Mujer	
69069	2135	Engastado	Mujer	
69078	2135	Engastado	Mujer	
69079	2135	Engastado	Mujer	
69088	2135	Engastado	Mujer	
69089	2135	Engastado	Mujer	
69126	2135	Engastado	Mujer	
69128	2135	Engastado	Mujer	
69136	2135	Engastado	Mujer	
69138	2135	Engastado	Mujer	
69139	2135	Engastado	Mujer	
69158	2135	Engastado	Mujer	
69160	2135	Pulido (Ligero)	Mujer	
69163	2135	Pulido (Ligero)	Mujer	
69166	2135	Pulido (Ligero)	Mujer	
69168	2135	Engastado	Mujer	

Ref.	Cal.	Bisel	Tamaño	Descripción
69173	2135	Estriado	Mujer	
69174	2135	Estriado	Mujer	
69178	2135	Engastado	Mujer	
69190	2135	Mecánico	Mujer	
69198	2135	Engastado	Mujer	
69240	2135	Engastado	Mujer	
69258	2135	Engastado	Mujer	
69268	2135	Engastado	Mujer	
69278	2135	Mecánico	Mujer	
69279	2135	Estriado	Mujer	
69288	2135	Engastado	Mujer	
69298	2135	Engastado	Mujer	
69299	2135	Engastado	Mujer	
69308	2135	Engastado	Mujer	
69318	2135	Engastado	Mujer	
76243	2230	Estriado	Mujer	
78246	2235	Pulido (Ligero)	Mujer	
78248	2235	Pulido (Ligero)	Mujer	
78266	2235	Mecánico	Mujer	
78273	2235	Estriado	Mujer	
78274	2235	Estriado	Mujer	
78278	2235	Engastado	Mujer	
78279	2235	Engastado	Mujer	
78288	2235	Engastado	Mujer	
79068	2235	Engastado	Mujer	
79078	2235	Engastado	Mujer	
79088	2235	Engastado	Mujer	
79089	2235	Engastado	Mujer	
79126	2135	Engastado	Mujer	
79136	2135	Engastado	Mujer	
79138	2235	Engastado	Mujer	
79158	2235	Engastado	Mujer	
79160	2235	Pulido (Ligero)	Mujer	
79163	2235	Pulido (Ligero)	Mujer	

Ref.	Cal.	Bisel	Tamaño	Descripción
79166	2135	Engastado	Mujer	
79168	2135	Pulido (Ligero)	Mujer	
79173	2235	Estriado	Mujer	
79174	2135	Estriado	Mujer	
79178	2235	Estriado	Mujer	
79190	2235	Pulido (Ligero)	Mujer	
79193	2235	Estriado	Mujer	
79240	2235	Estriado	Mujer	
80285	2235	Engastado	Mujer	
80298	2235	Engastado	Mujer	
80299	2235	Engastado	Mujer	
80309	2235	Engastado	Mujer	
80318	2235	Engastado	Mujer	
80319	2235	Engastado	Mujer	
80328	2235	Pulido (Ligero)	Mujer	
80329	2235	Engastado	Mujer	
80359	2235	Engastado	Mujer	
177234	2235	Estriado	Mujer	
178158	2235	Engastado	Mujer	
178159	2235	Engastado	Mujer	
178238	2235	Estriado	Mujer	
178239	2235	Estriado	Mujer	
178240	2235	Pulido (Ligero)	Mujer	
178241	2235	Pulido (Ligero)	Mujer	
178243	2235	Pulido (Ligero)	Mujer	
178245	2235	Pulido (Ligero)	Mujer	
178246	2235	Pulido (Ligero)	Mujer	
178248	2235	Pulido (Ligero)	Mujer	
178269	2235	Pulido (Ligero)	Mujer	
178271	2235	Estriado	Mujer	
178273	2235	Estriado	Mujer	
178274	2235	Estriado	Mujer	
178275	2235	Estriado	Mujer	
178278	2235	Estriado	Mujer	

Ref.	Cal.	Bisel	Tamaño	Descripción
178279	2235	Estriado	Mujer	
178286	2235	Engastado	Mujer	
178288	2235	Engastado	Mujer	
178313	2235	Engastado	Mujer	
178343	2235	Engastado	Mujer	
178344	2235	Engastado	Mujer	
178383	2235	Engastado	Mujer	
178384	2235	Engastado	Mujer	
179136	2235	Engastado	Mujer	
179138	2235	Engastado	Mujer	
179158	2235	Engastado	Mujer	
179159	2235	Engastado	Mujer	
179160	2235	Pulido (Ligero)	Mujer	
179161	2235	Pulido (Ligero)	Mujer	
179163	2235	Pulido (Ligero)	Mujer	
179165	2235	Pulido (Ligero)	Mujer	
179166	2235	Engastado	Mujer	
179168	2235	Pulido (Ligero)	Mujer	
179171	2235	Estriado	Mujer	
179173	2235	Estriado	Mujer	
179174	2235	Estriado	Mujer	
179175	2235	Estriado	Mujer	
179178	2235	Estriado	Mujer	
179179	2235	Estriado	Mujer	
179239	2235	Estriado	Mujer	
179298	2235	Pulido (Ligero)	Mujer	
179313	2235	Engastado	Mujer	
179368	2235	Engastado	Mujer	
179459	2235	Engastado	Mujer	
197173		Estriado	Mujer	
228348	3255	Engastado	Mujer	
279135	2236	Engastado	Mujer	
279160	2236	Pulido (Ligero)	Mujer	
279171	2236	Estriado	Mujer	

Ref.	Cal.	Bisel	Tamaño	Descripción
279173	2236	Estriado	Mujer	
279381	2236	Engastado	Mujer	
6624	1160	Pulido (Ligero)	Cadete	
6800	2030	Pulido (Ligero)	Cadete	
6815	2030	Pulido (Ligero)	Cadete	
6823	2030	Pulido (Ligero)	Cadete	
7815	2030	Engastado	Cadete	
7823	234	Estriado	Cadete	
7824	2135	Pulido (Ligero)	Cadete	
7825	2030	Engastado	Cadete	
7826	2030	Engastado	Cadete	
7827	2135	Pulido (Ligero)	Cadete	
7926	1475	Pulido (Ligero)	Cadete	
8065	3035	Mecánico	Cadete	
8066	1156	Engastado	Cadete	
8067	3035	Pulido (Ligero)	Cadete	
15505	3035	Pulido (Ligero)	Cadete	
68248	2135	Pulido (Ligero)	Cadete	
68279	2135	Estriado	Cadete	
68286	2135	Engastado	Cadete	
68288	2135	Engastado	Cadete	
77014	2230	Estriado	Cadete	
77080	2230	Pulido (Ligero)	Cadete	
77518	2235	Estriado	Cadete	
78240	2235	Engastado	Cadete	
78243	2235	Pulido (Ligero)	Cadete	
78286	2235	Engastado	Cadete	
81158	2235	Engastado	Cadete	
81208	2235	Pulido (Ligero)	Cadete	
81298	2235	Engastado	Cadete	
81315	2235	Engastado	Cadete	
81318	2235	Engastado	Cadete	
81319	2235	Engastado	Cadete	
81338	2235	Engastado	Cadete	
18958	5055			

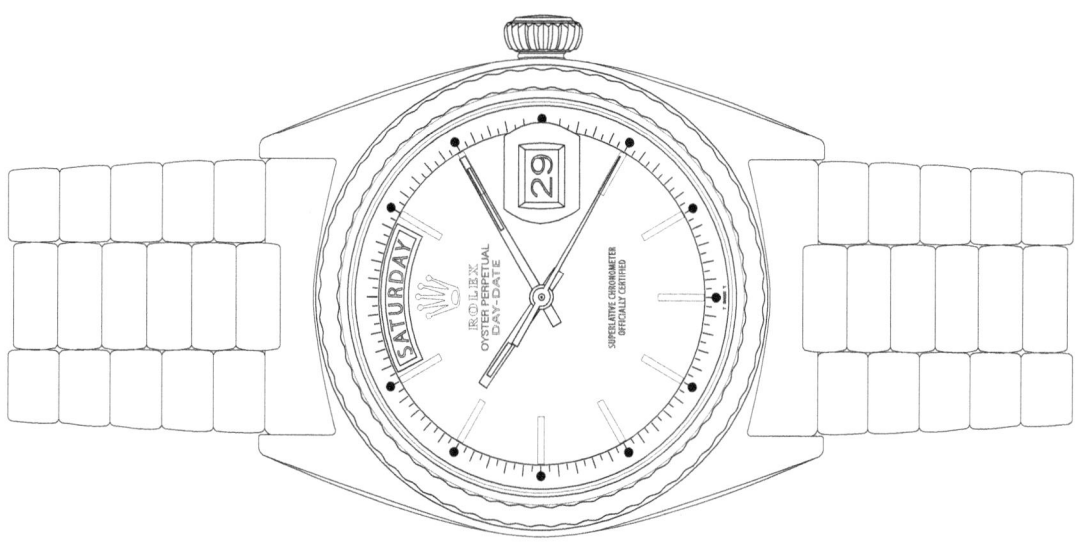

Oyster Perpetual Day-Date

El Rolex Day-Date también se conoce como Day-Date President. Lo llevaron numerosos jefes de estado y titanes de la industria. Es modelo de lujo, disponible solo en metales preciosos.

El Day-Date es una de las muchas referencias ofrecidas con biseles engastados de joyas. El modelo presenta una variedad de combinaciones, algunas de ellas muy poco comunes. Las descritas aquí son las más comunes.

El icónico indicador del día de la semana estaba disponible en los siguientes idiomas: inglés, alemán, árabe, chino, danés, español, vasco, catalán, amhárico, finés, francés, griego, hebreo, neerlandés, indonesio, italiano, japonés, latín, noruego, farsi, polaco, portugués, ruso, sueco y turco.

Rolex ofrecía el Day-Date en exóticos acabados, incluyendo el estilo rugoso y el Morellis. Estos son los más escasos y los más deseados.

Si bien los Day-Date II y los Day-Date 40 de mayor tamaño han resultado ser muy populares, el Day-Date de 36mm ha encontrado a un grupo de seguidores de culto entre los millennials. El oro amarillo combina bien con joyas y accesorios, y es lo suficientemente versátil para vestir tanto de modo formal como informal. Los jóvenes coleccionistas están insuflando una nueva vida al Day-Date vintage de 36mm.

Serie 6500
(de 1956 a 1959)

El Day-Date fue lanzado en 1956 con la ref.6510 y la ref.6511. Las complicaciones de fecha y día de la semana fueron una innovación en la industria. Combinado con el metal precioso de la caja Oyster, la fórmula se ha mantenido sin cambios hasta hoy.

Serie 1800
(de 1959 a 1987)

Rolex presentó una actualización de la serie 6500 en 1959 con el Day-Date ref.1803, una de las referencias más conocidas, disponible hasta finales de los setenta. Los primeros modelos 1800 contaban con un cal. 1555. En los setenta la serie 1800 incorporó un movimiento actualizado con el cal. 1556, que contaba con función de segundos muertos.

Solo la ref.1804 incluía un bisel engastado de diamantes, disponible únicamente en oro blanco con 46 diamantes tallados en estilo brillante. La ref.1805 combinaba diamantes y zafiros en el bisel. No hay ninguna otra marca o sello identificativo en el reverso de estos biseles.

En los sesenta y los setenta los distribuidores autorizados podían vender biseles engastados de diamantes de manera independiente a cualquiera con un Day-Date de las series 1800-1811. Son componentes Rolex genuinos, pero para los coleccionistas, una ref. 1804 con el bisel engastado de diamantes incluido de fábrica es más deseable que una ref. 1803 modificada.

Los biseles multicolor y los que incorporan joyas de talla baguette nunca se vendieron a parte, por lo que solo aparecerán en las cajas con la referencia apropiada. Por ejemplo, solo la ref.1805 combinaba diamantes y zafiros en el bisel, solo la ref.1816 contaba con diamantes de talla baguette y solo la ref. 1817 incorporaba esmeraldas, rubíes, zafiros y diamantes engastados en el bisel.

Si un propietario tiene algún problema con su bisel con joyas engastadas, Rolex verificará que el número de referencia sea el correcto antes de repararlo. No trabajarán con biseles modificados o que no se correspondan con la referencia.

En 1977 llegó en cal. 3055 con la serie 18000, incorporando al fin la función de ajuste rápido de fecha. En este mismo también fue lanzado el Day-Date

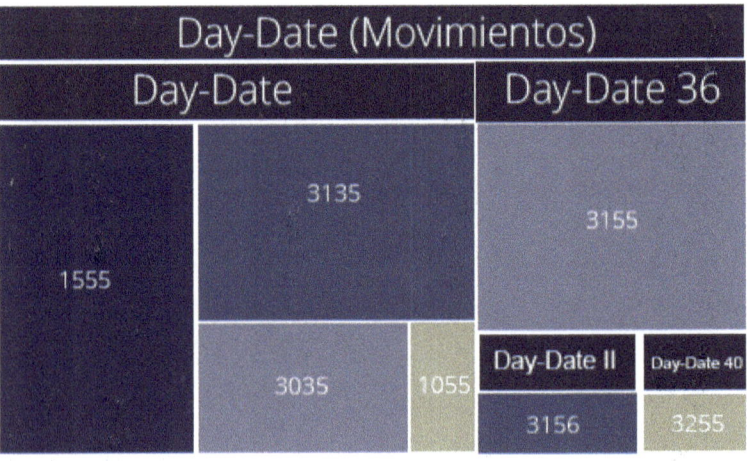

Oysterquartz y el cal. 5055 para movimiento de cuarzo. Tenía un particular aspecto anguloso que lo diferenciaba de los Day-Date mecánicos.

Las opciones de bisel aumentaron con los modelos de la colección Crown, con zafiros, rubíes y esmeraldas en diferentes tallas (como la baguette) y combinaciones con diamantes.

Algunos contaban con 50 pequeñas baguettes y otros con 24 baguettes de mayor tamaño.

Los biseles con piedras preciosas de distintos colores pertenecen exclusivamente a la colección Crown. Rolex controlaba estrictamente el empleo de estos biseles y no estaban disponibles para que los distribuidores autorizados los vendiesen de forma independiente. Encontrar uno de estos biseles en cualquier otra referencia Day-Date implica una modificación postventa no autorizada por Rolex.

La ref. 18000 de hombre contaba con 44 diamantes de talla brillante engastados en el bisel de oro amarillo o blanco. Los primeros 18000 no cuentan con otras marcas distintivas. Versiones posteriores incorporaban una letra y un número estampados en el reverso del bisel, pero no la marca de Rolex ni ningún otro sello.

Serie 18200 (de 1988 a 2000)

En 1988 Rolex presentó un nuevo movimiento Day-Date con cal. 3155 y una nueva serie de relojes Day-Date con referencia 18200. Estos movimientos actualizados contaban con función de ajuste rápido de fecha.

Los biseles engastados con joyas de la serie 18200 estaban disponibles en oro amarillo y blanco a juego con la caja. Rolex comenzó a estampar un código en el reverso de bisel junto al sello de Rolex, probablemente como respuesta a las modificaciones y las falsificaciones.

La calidad y consistencia de los biseles engastados mejoraron significativamente con esta nueva serie, estableciendo el estándar para los Day-Date modernos.

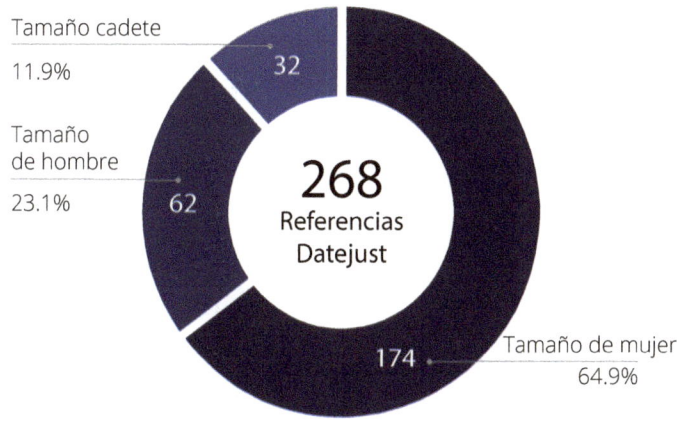

Los diamantes tienen siempre un grado de claridad WS y un nivel por encima de E en color. Si hay inclusiones visibles en alguna de las piedras, no se trata de un bisel Rolex. Todas las joyas deberían ser perfectamente consistentes en color, tamaño y simetría, con una separación proporcional y una disposición exacta.

Existe un tipo de bisel llamado Cartouche que apareció a finales de los ochenta. Los cartouches contaban con 40 diamantes en el modelo de hombre y 36 en el de mujer. Tenían el nombre Rolex grabado en una placa en la posición de las 6.

Serie Day-Date 36 (de 2000 a 2007)

Rolex presentó el Day-Date 36 en el año 2000 con los seis dígitos de la serie 118000. Las mejoras se limitaron al brazalete y al cierre, pero había más opciones de esferas disponibles.

Serie Day-Date II (de 2008 a 2015)

El Day-Date II llegó en 2008 con una caja Oyster de 41mm Oyster y un cal. 3156 (refs. 218238, 218239, 218235 y 218206). En 2015 la referencia fue retirada y sustituida por Day-Date 40.

Serie Day-Date 40

La caja Oyster del Day-Date 40 se redujo a 40mm, albergando un cal. 3255 que ofrecía una mayor reserva de marcha.

Esferas Stella

Durante un breve periodo a comienzos de los setenta, Rolex ofreció esferas esmaltadas de colores brillantes para el Day-Date de 36mm, bautizadas en honor al artista americano Frank Stella y dirigido al mercado de oriente medio. Fueron un fracaso comercial.

La pintura empleada en estas esferas esmaltadas era mezclada a mano, por lo que se dan variaciones entre remesas de un mismo color. Las esferas esmaltadas envejecen mejor que las chapadas o las pintadas. Aunque tienden a quebrase y craquelarse si se tratan inadecuadamente, retienen mejor el brillo y la intensidad del color.

Hoy, estos modelos vintage de 1970 son muy deseados como relojes unisex. En 2013 Rolex reintrodujo las esferas Day-Date Stella en azul, cereza, chocolate, rodio, verde y cognac. Solo estaban disponibles con correa de cuero, no con brazalete President, como la edición original.

Las esferas Stella conforman un campo especializado. Las esferas esmaltadas de vivos colores que aparecen en distintos modelos de otros periodos son, probablemente, falsificaciones. Los coleccionistas deberían evitar estos modelos.

Tabla de referencias del modelo Day-Date

Nombre	Ref.	Cal.
Day-Date	1800	1555
Day-Date	1802	1555
Day-Date	1803	1555
Day-Date	1804	1555
Day-Date	1805	1555
Day-Date	1806	1555
Day-Date	1807	1555
Day-Date	1810	1555
Day-Date	1811	1555
Day-Date	1816	1555
Day-Date	1817	1555
Day-Date	1820	1555
Day-Date	1823	1555
Day-Date	1824	1555
Day-Date	1829	1555
Day-Date	1830	1555
Day-Date	1833	1555
Day-Date	1834	1555
Day-Date	1836	1555
Day-Date	1837	1555
Day-Date	1838	1555
Day-Date	1839	1555
Day-Date	1894	1555
Day-Date	1895	1555
Day-Date	1901	
Day-Date	1902	
Day-Date	1903	
Day-Date	1904	
Day-Date	1905	
Day-Date	1907	
Day-Date	1914	
Day-Date	1916	
Day-Date	6511	

Nombre	Ref.	Cal.
Day-Date	6611	1055
Day-Date	6612	1055
Day-Date	6613	1055
Day-Date	17824	
Day-Date	18026	3035
Day-Date	18028	3035
Day-Date	18036	3035
Day-Date	18038	3035
Day-Date	18039	3035
Day-Date	18046	3035
Day-Date	18048	3035
Day-Date	18049	3035
Day-Date	18078	3035
Day-Date	18079	3035
Day-Date	18206	3135
Day-Date	18208	3135
Day-Date	18238	3135
Day-Date	18239	3135
Day-Date	18248	3135
Day-Date	18249	3135
Day-Date	18296	3135
Day-Date	18308	3135
Day-Date	18338	3135
Day-Date	18346	3135
Day-Date	18348	3135
Day-Date	18349	3135
Day-Date	18366	3135
Day-Date	18368	3135
Day-Date	18378	3135
Day-Date	18388	3135
Day-Date	18389	3135
Day-Date	18946	3135
Day-Date	18948	3135
Day-Date	18956	3135

Nombre	Ref.	Cal.
Day-Date 36	118205	3155
Day-Date 36	118206	3155
Day-Date 36	118208	3155
Day-Date 36	118209	3155
Day-Date 36	118235	3155
Day-Date 36	118238	3155
Day-Date 36	118239	3155
Day-Date 36	118296	3155
Day-Date 36	118338	3155
Day-Date 36	118339	3155
Day-Date 36	118346	3155
Day-Date 36	118348	3155
Day-Date 36	118366	3155
Day-Date 36	118388	3155
Day-Date 36	118389	3155
Day-Date 36	118398	3155
Day-Date II	216570	3156
Day-Date II	218206	3156
Day-Date II	218235	3156
Day-Date II	218238	3156
Day-Date II	218239	3156
Day-Date 40	228235	3255
Day-Date 40	228239	3255

Rolex Bubbleback

El Bubbleback conforma una categoría no oficial de relojes Rolex fabricados desde mediados de los años treinta a mitad de la década de los cincuenta. Numerosas referencias se agrupan en esta categoría, incluyendo varios semi-bubblebacks y transicionales.

El término Bubbleback hace referencia a los fondos redondos y protuberantes. Estos relojes también son apodados ovettone, pequeño huevo en italiano. Estos fondos abovedados eran necesarios para acomodar los primeros movimientos automáticos. Optar por emplear un fondo abombado en lugar de una caja más ancha (con un fondo liso) tuvo como resultado relojes con un aspecto singular que resultaron ser muy cómodos en la muñeca.

El diámetro de las cajas Bubbleback es pequeño, de entre 30mm y 36mm para los modelos masculinos. Combinados con un cristal acrílico abovedado, los fondos convexos conferían un perfil ovalado al reloj, alzándose orgullosamente sobre la muñeca. Su estilo es ciertamente llamativo e inmediatamente reconocible. Las cajas de referencias posteriores son llamadas Big Blubbleback por su tamaño de 36mm, precursoras de los Datejust.

El primer Bubbleback fue la ref.1858 con calibre 520 y caja de tres piezas. En 1936 se presentó la caja de dos piezas con las referencias 3131 y 3132.

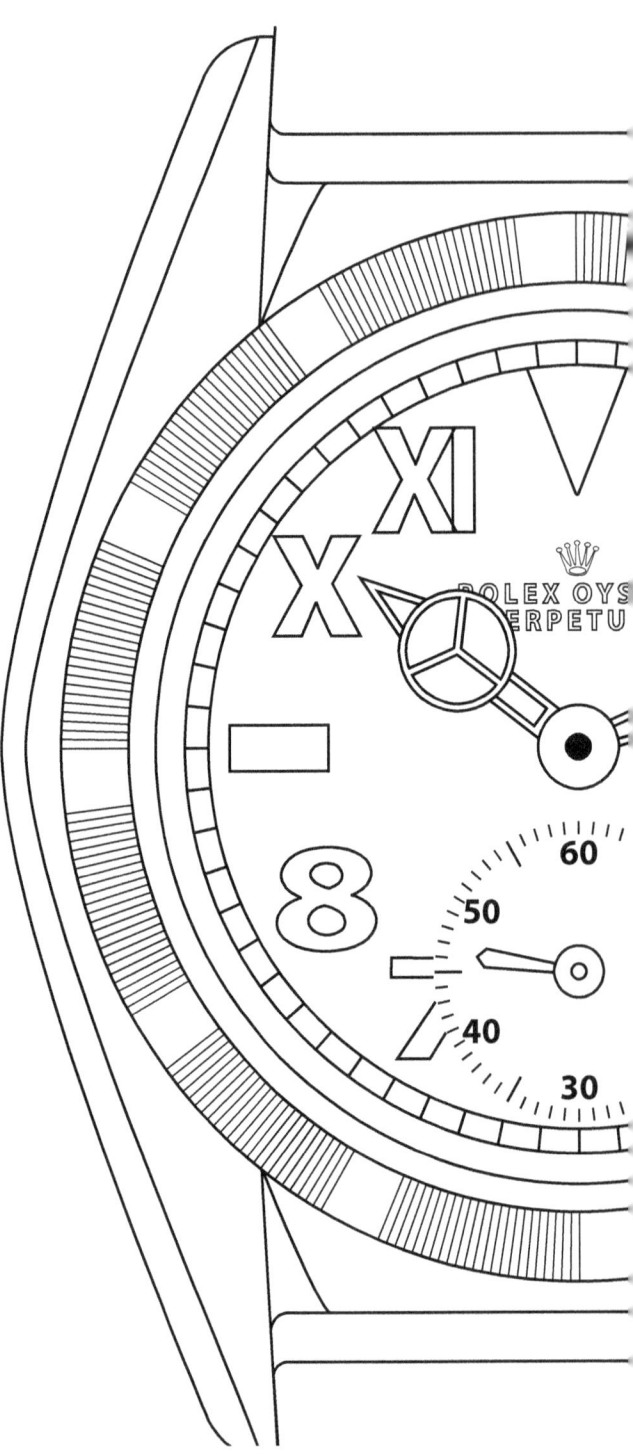

En las últimas décadas los Bubbleback han quedado desfasados, ya que los gustos actuales tienden hacia relojes de mayor tamaño. Sin embargo, son representativos de la vitalista primera fase de la historia de Rolex y continúan despertando un gran interés entre los coleccionistas.

Estos movimientos de remonte automático y las primeras cajas Oyster son los precursores de los modernos Oyster Perpetual. Casi todos los Rolex contemporáneos incluyen la palabra Perpetual en sus esferas; en este sentido, el peso histórico del Bubbleback es significativo y no puede negarse su lugar y relevancia en la evolución de los relojes diseñados por Rolex.

Esferas Bubbleback California

El Bubblecack es el único modelo en el que se emplea la esfera California, en la que la mitad de los índices son números romanos (del 10 al 2) y la otra mitad, arábigos (del 4 al 8). Rolex y Panerai son las dos marcas más relacionadas con este tipo de esferas. El primer Rolex en emplear una esfera California fue el Bubbleback ref. 3595.

El origen de su nombre no es del todo claro, pero algunas fuentes reconocidas, como James Dowling, afirman que proviene de un repristinador de esferas californiano de los setenta llamado Kirk Rich. Kirk era tan conocido por la alta calidad de sus restauraciones que sus clientes comenzaron a referirse a sus trabajos como esferas California.

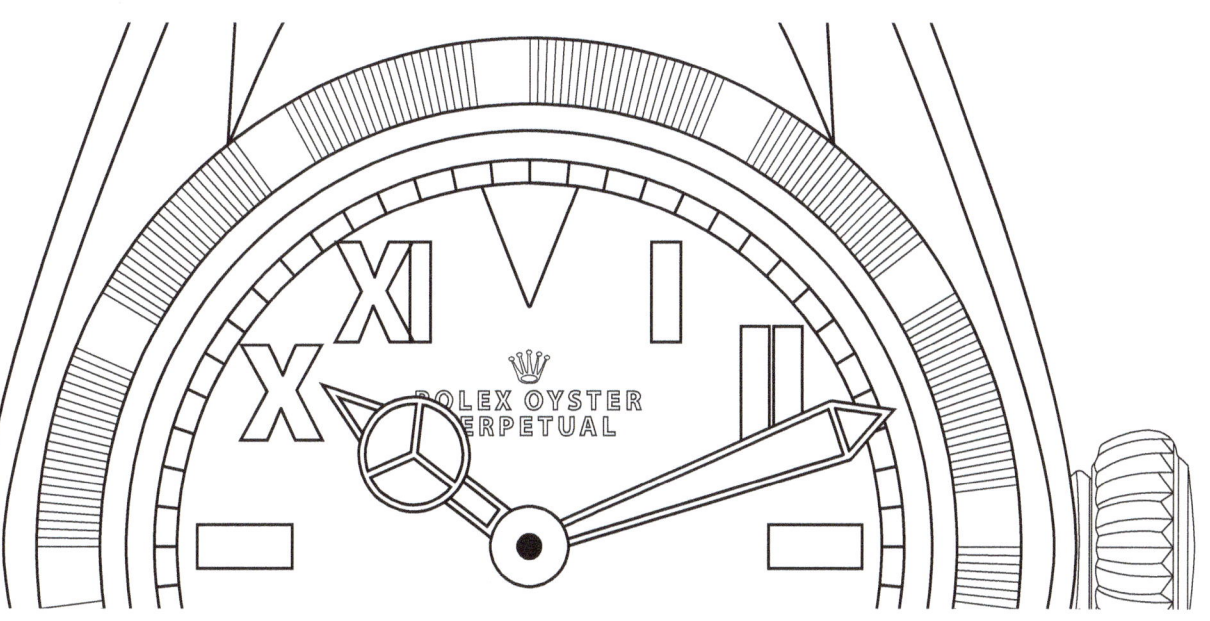

Tabla de referencias del modelo Bubbleback

Ref.	Cal.	Años	Bisel	Tamaño	Caja	Descripción
1858/0	520		Pulido (Ligero)		Acero	Perpetual, Chronometer, Esfera segundos
1858/1	520		Pulido (Ligero)		OA	Perpetual, Chronometer, Fondo acero
1858/3	520		Pulido (Ligero)		Acero OR	Perpetual, Chronometer
1858/7	520		Pulido (Ligero)			Perpetual, Chronometer
1858/7	520		Pulido (Ligero)		OR	Perpetual, Chronometer
1858/7	520		Pulido (Ligero)		OA	Perpetual, Chronometer
1858/7	520		Pulido (Ligero)		OR	Perpetual, Chronometer
1858/8	520		Pulido (Ligero)			Perpetual, Chronometer
1858/8	520		Pulido (Ligero)		OR	Perpetual, Chronometer
1873/0	8 3/4		Pulido (Ligero)		Acero	Perpetual, Chronometer
1873/1	Chronometer		Pulido (Ligero)		OA	Perpetual, Fondo acero
1873/3	Chronometer		Pulido (Ligero)		AceroOA	Perpetual
1873/3	Chronometer		Pulido (Ligero)		In	Perpetual
1873/7	Chronometer		Pulido (Ligero)			Perpetual
1873/7	Chronometer		Pulido (Ligero)		OR	Perpetual
1873/7	Chronometer		Pulido (Ligero)		OA	Perpetual
1873/7	Chronometer		Pulido (Ligero)		OR	Perpetual
1873/8	Chronometer		Pulido (Ligero)			Perpetual
1873/8	Chronometer		Pulido (Ligero)		OR	Perpetual
2240/0	9 3/4		Pulido (Ligero)		Acero	Perpetual, caja Dennison
2280/0	Manual		Pulido (Ligero)		Acero	Rolco

Ref.	Cal.	Años	Bisel	Tamaño	Caja	Descripción
2764/0	Chronometer		Mecánico		Acero	Perpetual, Esfera segundos
2764/1	Chronometer		Pulido (Ligero)		OA	Perpetual, Fondo acero
2764/3	Chronometer		Pulido (Ligero)			Perpetual
2764/3	Chronometer		Pulido (Ligero)		AceroOA	Perpetual
2764/7	Chronometer		Pulido (Ligero)		OA	Perpetual
2764/7	Chronometer		Pulido (Ligero)		OR	Perpetual
2764/7	Chronometer		Pulido (Ligero)		OA	Perpetual
2764/7	Chronometer		Pulido (Ligero)		OR	Perpetual
2764/8	Chronometer		Pulido (Ligero)		OA	Perpetual
2764/8	Chronometer		Pulido (Ligero)		OR	Perpetual
2765/0	Extra Prima		Pulido (Ligero)			
2765/3					AceroOA	
2784/0	Manual		Pulido (Ligero)			Esfera segundos. Junior Sport
2940/0	Super Precision		Pulido (Ligero)		Acero	Perpetual
2940/3	Chronometer		Mecánico		AceroOA	Perpetual, Esfera segundos
2940/5	Chronometer		Mecánico		OA	Perpetual, Fondo acero
2940/7	Chronometer		Mecánico		OR	Perpetual
2945/0	Chronometer		Pulido (Ligero)		Acero	Perpetual
3042/3	Manual		Mecánico		Acero OR	
3065/0	Chronometer		Pulido (Ligero)		Acero	Perpetual, Asas planas
3065/3		1939-1950	Pulido (Ligero)		Acero OR	Perpetual, Asas planas
3065/3			Pulido (Ligero)		Acero OR	Perpetual, Asas planas
3065/7			Pulido (Ligero)		OA	Perpetual, Asas planas
3065/7			Pulido (Ligero)		OR	Perpetual, Asas planas
3065/7			Mecánico		OA	Perpetual, Asas planas

Ref.	Cal.	Años	Bisel	Tamaño	Caja	Descripción
3065/7			Pulido (Ligero)		OR	Perpetual, Asas planas
3065/8			Pulido (Ligero)		OR	Perpetual, Asas planas
3130/7	Chronometer		Pulido (Ligero)		OA	Perpetual, Esfera segundos
3130/7	Chronometer		Pulido (Ligero)		OR	Perpetual, Esfera segundos
3130/8	Chronometer		Pulido (Ligero)		OA	Perpetual, Esfera segundos
3130/8	Chronometer		Pulido (Ligero)		OR	Perpetual, Esfera segundos
3131/7	620	1936-	Mecánico		OR	Perpetual, Chronometer
3131/7	620	1936-	Pulido (Ligero)		OR	Perpetual, Chronometer
3131/7	620	1936-	Pulido (Ligero)		OA	Perpetual, Chronometer
3131/8	620	1936-	Pulido (Ligero)		OA	Perpetual, Chronometer
3131/8	620	1936-	Pulido (Ligero)		OR	Perpetual, Chronometer
3132/0	630	1936-	Pulido (Ligero)		Acero	Perpetual, Chronometer
3132/3	630	1936-	Mecánico		Acero OR	Perpetual, Chronometer, Esfera segundos
3132/3	630	1936-	Mecánico		AceroOA	Perpetual, Chronometer, Esfera segundos
3132/7	630	1936-	Mecánico			Perpetual, Chronometer, Esfera segundos
3132/7	630	1936-	Mecánico		OR	Perpetual, Chronometer, Esfera segundos
3132/7	630	1936-	Mecánico		OA	Perpetual, Chronometer, Esfera segundos

Ref.	Cal.	Años	Bisel	Tamaño	Caja	Descripción
3132/7	630	1936-	Mecánico		OR	Perpetual, Chronometer, Esfera segundos
3132/8	630	1936-	Mecánico		OA	Perpetual, Chronometer, Esfera segundos
3132/8	630	1936-	Mecánico		18Pin	Perpetual, Chronometer, Esfera segundos
3133/8	Chronometer		Pulido (Ligero)		OA	Perpetual
3133/0	Chronometer		Pulido (Ligero)		Acero	Perpetual
3133/3	Chronometer		Mecánico		AceroOA	Perpetual
3133/3	Chronometer		Pulido (Ligero)		Acero OR	Perpetual
3133/7	Chronometer		Pulido (Ligero)			Perpetual
3133/7	Chronometer		Pulido (Ligero)		OR	Perpetual
3133/7	Chronometer		Pulido (Ligero)			Perpetual
3133/7	Chronometer		Pulido (Ligero)			Perpetual
3133/7	Chronometer		Pulido (Ligero)		OA	Perpetual
3133/7	Chronometer		Pulido (Ligero)		OR	Perpetual
3133/8	Chronometer		Pulido (Ligero)		OR	Perpetual
3134/0	Chronometer		Pulido (Ligero)		Acero	Perpetual
3134/1	Chronometer		Pulido (Ligero)		OA	Perpetual, Fondo acero
3134/3	Chronometer		Pulido (Ligero)		AceroOA	Perpetual
3134/7	Chronometer		Pulido (Ligero)		OA	Perpetual
3134/7	Chronometer		Pulido (Ligero)		OR	Perpetual
3134/7	Chronometer		Pulido (Ligero)		OA	Perpetual
3134/7	Chronometer		Pulido (Ligero)		OR	Perpetual
3134/8	Chronometer		Pulido (Ligero)		OR	Perpetual
3134/8	Chronometer		Pulido (Ligero)		OA	Perpetual
3135/0	Chronometer		Pulido (Ligero)			Perpetual
3136/0	Manual		Pulido (Ligero)	Cadete	Acero	Junior Sport
3333/3			Pulido (Ligero)		AceroOA	Perpetual, Asas planas
3348/0			Mecánico	Cadete	Acero	Perpetual, Esfera segundos

Ref.	Cal.	Años	Bisel	Tamaño	Caja	Descripción
3353/0			Pulido (Ligero)	Cadete	Acero	Perpetual, Asas planas
3353/3			Pulido (Ligero)		AceroOA	Perpetual, Asas planas
3353/8			Pulido (Ligero)		OA	Perpetual, Asas planas
3358/0			Estriado	Cadete	Acero	Perpetual
3372/0	630		Pulido (Ligero)		Acero	Perpetual, Chronometer
3372/2	630				OR	Perpetual, Chronometer
3372/3	630				Acero	Perpetual, Chronometer, Asas planas
3372/3	630				Acero OR	Perpetual, Chronometer, Esfera segundos
3372/7	630				OA	Perpetual, Chronometer
3372/7	630				OR	Perpetual, Chronometer
3372/8	630				OA	Perpetual, Chronometer
3372/8	630				OR	Perpetual, Chronometer
3548/0	Chronometer		Pulido (Ligero)		Acero	Perpetual
3548/8	Chronometer		Pulido (Ligero)		OA	Perpetual
3549/0	Chronometer		Pulido (Ligero)		Acero	Perpetual
3595/3	Chronometer		Pulido (Ligero)		AceroOA	Perpetual, Esfera segundos, Esf. California
3595/3	Chronometer		Pulido (Ligero)		Acero OR	Perpetual, Esfera segundos, Esf. California
3598/3			Pulido (Ligero)		Acero	Perpetual, Esfera segundos
3599/0			Pulido (Ligero)		Acero	Perpetual, Asas planas
3696/3	Chronometer		Pulido (Ligero)		Acero OR	Perpetual

Ref.	Cal.	Años	Bisel	Tamaño	Caja	Descripción
3725/3			Mecánico		AceroOA	Perpetual
3725/7			Mecánico		OR	Perpetual, Esfera segundos
3725/8			Mecánico		OR	Perpetual
3767/8	Chronometer		Pulido (Ligero)	Cadete	OR	Perpetual
3795/8			Mecánico		OR	Perpetual, Esfera segundos
4392/0	Chronometer		Pulido (Ligero)		Acero	Perpetual
4392/7	Chronometer		Pulido (Ligero)		OA	Perpetual
4392/8	Chronometer		Pulido (Ligero)		OR	Perpetual
4453/0	Manual		Pulido (Ligero)	Cadete	Acero	Junior Sport
4486/8			Pulido (Ligero)	Mujer	OA	Perpetual, Esfera segundos
4486/8			Pulido (Ligero)	Mujer	OR	Perpetual, Esfera segundos
4777/8	Chronometer		Mecánico		OA	Perpetual
4919/3	Chronometer		Mecánico		AceroOA	Perpetual
4939/3	Chronometer		Pulido (Ligero)		AceroOA	Perpetual, Esfera segundos
4961/0	Chronometer				Acero	Perpetual, Cushion case
5001/8	Chronometer		Mecánico		OA	Perpetual, Esfera segundos
5002/7			Pulido (Ligero)	Mujer	OA	Perpetual, Esfera segundos
5002/7			Pulido (Ligero)	Mujer	OA	Perpetual, Esfera segundos
5002/8			Mecánico	Mujer	OR	Perpetual, Esfera segundos
5003/3	Super Precision		Mecánico	Mujer	AceroOA	Perpetual
5003/7			Pulido (Ligero)	Mujer	OA	Perpetual
5003/8			Mecánico	Mujer	OR	Perpetual
5003/8			Mecánico	Mujer	OA	Perpetual
5006/3	Chronometer		Pulido (Ligero)	Cadete	AceroOA	Perpetual
5006/7	Chronometer		Pulido (Ligero)	Cadete	OA	Perpetual
5007/3	Chronometer		Pulido (Ligero)		AceroOA	Perpetual

Ref.	Cal.	Años	Bisel	Tamaño	Caja	Descripción
5010/0	Chronometer		Pulido (Ligero)		Acero	Perpetual
5010/3	Chronometer		Pulido (Ligero)		AceroOA	Perpetual
5010/3	Chronometer		Pulido (Ligero)		Acero OR	Perpetual
5011/3	Chronometer		Mecánico		AceroOA	Perpetual, Fondo acero
5011/3	Super Precision		Mecánico		Acero OR	Perpetual
5011/7	Chronometer		Mecánico		OR	Perpetual
5011/8	Chronometer		Mecánico		OA	Perpetual
5013/3	Chronometer		Mecánico		AceroOA	Perpetual, Esfera segundos
5015/0	Chronometer		Pulido (Ligero)		Acero	Perpetual
5015/3	Chronometer	1948-1952	Mecánico		Acero OR	Perpetual
5015/3	Chronometer		Mecánico		OA	Perpetual
5015/3	Chronometer		Mecánico		OR	Perpetual
5015/8	Chronometer		Mecánico		OA	Perpetual
5015/8	Chronometer		Mecánico		OR	Perpetual
5026/0			Pulido (Ligero)			Perpetual, Esfera segundos
5045/3	Chronometer		Mecánico		AceroOA	Perpetual
5048/0	Chronometer		Pulido (Ligero)		Acero	Perpetual
5048/3	Chronometer		Pulido (Ligero)			Perpetual
5048/8	Chronometer		Pulido (Ligero)		OA	Perpetual
5050/0	Chronometer		Pulido (Ligero)		Acero	Perpetual
5050/7	Chronometer		Pulido (Ligero)		OA	Perpetual
5050/8	Chronometer		Pulido (Ligero)		OA	Perpetual
5051/7	Chronometer		Pulido (Ligero)		OR	Perpetual
5055/3	Chronometer		Pulido (Ligero)	Cadete	AceroOA	Perpetual
5105/0	Chronometer		Mecánico		Acero	Perpetual
5105/1	Chronometer		Mecánico		OA	Perpetual, Fondo acero
5105/3	Chronometer		Mecánico		AceroOA	Perpetual
5105/7	Chronometer		Pulido (Ligero)		OA	Perpetual
5105/7	Chronometer		Mecánico		OR	Perpetual

Ref.	Cal.	Años	Bisel	Tamaño	Caja	Descripción
5105/7	Chronometer		Mecánico		OA	Perpetual
5105/7	Chronometer		Mecánico		OR	Perpetual
5105/8	Chronometer		Mecánico		OA	Perpetual
5105/8	Chronometer		Mecánico		OR	Perpetual
6006/0			Pulido (Ligero)	Cadete	Acero	Perpetual, Esfera segundos
6006/8			Pulido (Ligero)	Cadete	OR	Perpetual, Esfera segundos
6015/0	Chronometer		Mecánico		Acero	Perpetual
6048/8	Chronometer		Pulido (Ligero)		OR	Perpetual
6084/0	645		Pulido (Ligero)	Hombre	Acero	Perpetual, Chronometer
6106/0	Chronometer		Pulido (Ligero)		Acero	Perpetual
6428/0	Chronometer				Acero	Perpetual
8056/3	Chronometer		Pulido (Ligero)		AceroOA	Perpetual, Asas planas
8056/3	Chronometer		Pulido (Ligero)		Acero OR	Perpetual, Asas planas
8056/7	Chronometer		Pulido (Ligero)		OA	Perpetual, Asas planas
8056/7	Chronometer		Pulido (Ligero)		OR	Perpetual, Asas planas
8056/8	Chronometer		Pulido (Ligero)		OA	Perpetual, Asas planas
8056/8	Chronometer		Pulido (Ligero)		OR	Perpetual, Asas planas

RELOJES DE VESTIR

"La moda es efímera, peligrosa e injusta."
- Karl Lagerfeld

Cuando André Heiniger fue nombrado director general de Rolex en 1963 tomó la decisión consciente de reinventar la empresa como una marca de lujo elevando su posición en el mercado. Este cambio de estrategia supuso una ruptura con la visión de su predecesor, dirigida hacia los relojes equipados con funciones altamente especializadas.

Rolex ya había lanzado varios relojes de vestir antes de la aparición de la ahora célebre colección Cellini. Un icónico ejemplo es el Rolex Prince Brancard de 1928.

Aunque llegaría ser conocido como "el reloj de los médicos", no fue explícitamente diseñado como un reloj de vestir, y nunca habría sido considerado un reloj formal por Heiniger.

La colección Cellini apareció a finales de los años sesenta bajo la dirección de Heiniger y fue bautizado en honor al artista Benevenuto Cellini (1500-1571).

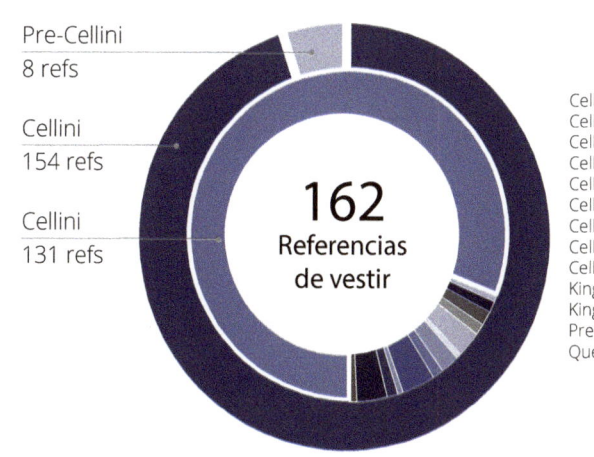

Benvenuto Cellini (1500 - 1571)

Cellini sirvió como orfebre y escultor a papas y reyes durante el Renacimiento italiano.

El Rolex Cellini es considerado como el primer reloj de lujo producido en grandes cantidades con cronómetro certificado.

Las esferas antiguas de modelos vintage tan solo muestran la hora, sin función adicional. Los Cellini modernos incluyen otras complicaciones que los hacen más prácticos para el uso diario. Son descritos como resistentes al agua, pero no son sumergibles. Pueden hacer frente al agua de lluvia o a un lavado de manos pero no son adecuados para el baño o la natación.

La colección Cellini se enmarca en la categoría de modern classics, aunque existen discrepancias acerca de cuán clásicos son estos diseños. Como ocurre con los modelos Rolex vintage de mujer, los relojes de vestir Cellini cuentan con un grupo de seguidores pequeño pero entusiasta.

Cellini Cestello (de 1990 a 2000)

El nombre Cestello se empleó durante la década de los noventa para referirse a una serie de relojes de vestir disponibles en platino y oro amarillo y rosa. Parece que se trató de un intento de crear una segunda línea de productos dentro de la colección Cellini. El nombre apareció en catálogos y publicidad pero no en las esferas. Ni el nombre ni los relojes tuvieron gran éxito comercial y fueron discretamente retirados.

Cellini Danaos (2000)

La línea Danaos apareció en el 2000. Hay discrepancias acerca del origen del nombre, algunas fuentes afirman que se trata de una referencia latina a los griegos, otros sostienen que alude a un rey egipcio o al mitológico rey de Argos.

El Danaos se ofrecía en metales preciosos y con correa de cuero bicolor. Se trata de una línea de relojes con un distintivo aspecto contemporáneo. Con sus 39mm, el Danaos logró una mayor notoriedad que el insulso modelo Cestello al que reemplazó. Las referencias Danaos lograron un moderado triunfo comercial y sus precios en el mercado secundario se mantienen estables.

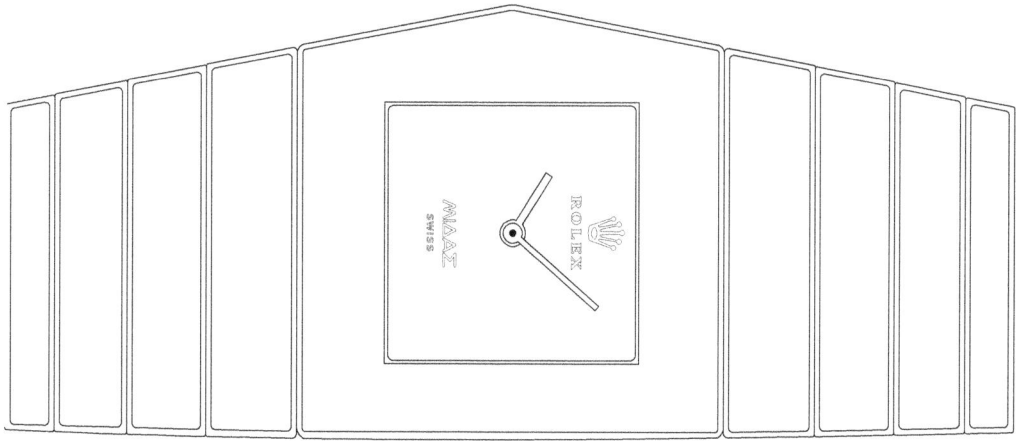

King Midas

El diseñador del Rolex King Midas fue Gerald Genta, el más célebre diseñador de relojes en tiempos modernos. Genta también fue el artífice del Audemars Piguet Royal Oak y del Patek Philippe Nautilus.

El King Midas presenta una caja pentagonal asimétrica inspirada en el Partenón de Atenas. Según la mitología griega, el rey Midas convertía en oro todo lo que tocaba.

A finales de los sesenta el primer King Midas (ref. 9630) debutó con una tirada de tan solo 1.000 unidades numeradas. Esta versión original es anterior a la colección Cellini pero versiones posteriores se incluyeron en esta línea bajo la denominación Cellini King Midas.

Cuando se lanzó, el Midas era el reloj más caro y opulento de cuantos ofrecía Rolex. Fueron realizados a partir de lingotes de oro amarillo macizo de 18 quilates con un peso de entre 150 y 200 gramos. Su elevado peso responde a la pulsera integrada, característica de los relojes diseñados por Gerald Genta.

La corona del ref. 9360 no muestra la insignia de Rolex, como sí lo hacen versiones posteriores, sino que tiene forma de sol. Se sitúa en el lado izquierdo de la caja, otra referencia más al rey Midas, en cuya mano izquierda poseía el mítico toque de oro. Su forma y posición remiten al sol naciente sobre el Partenón. Grabadas en el lateral izquierdo aparecen las palabras KING y MIDAS, con la corona entre ambas.

Como la mayoría de los relojes de vestir, cuenta únicamente con las agujas de horas y minutos. La esfera muestra la corona de Rolex en la posición de las 12 y la palabra MIDAS escrita en griego en la parte inferior. Estos caracteres griegos hacen única a la ref. 9360; ediciones posteriores desde la ref. 3580 presentan la palabra CELLINI en su lugar.

Elvis Presley y John Wayne se cuentan entre los propietarios de un King Midas 9360. Si este modelo le interesa, la edición original limitada 9360 es la que debería conseguir.

En 1974 apareció la ref. 3580, una versión en oro blanco de la original 9360. Poco después, también fue lanzado un modelo Queen Midas muy poco común, en una edición numerada pero de más ejemplares.

Arriba: Cellini ref. 4114 de 1970 (aprox.)

Abajo: Cellini ref. 4127 de 1970 (aprox.) con esfera de madera

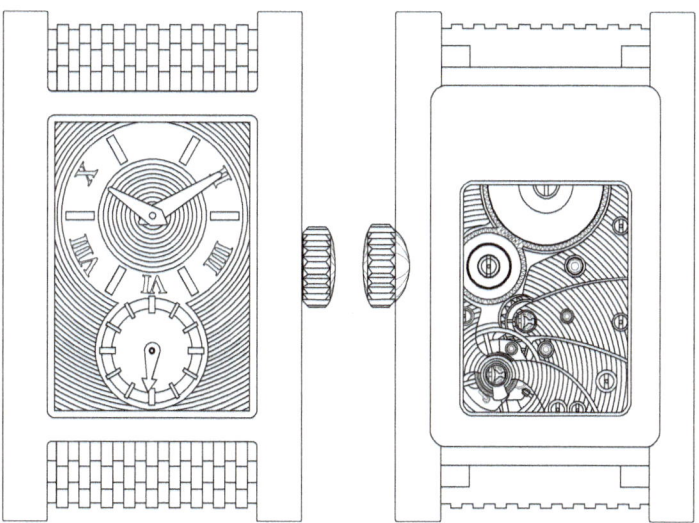

Cellini Prince

El Rolex Cellini Prince es una reinterpretación del Rolex Prince original de 1928. Debutó en 2005 con una distintiva estética art decó reminiscente de los años veinte.

El Prince original contaba con una vanguardista caja rectangular, la versión moderna presenta una caja similar e igualmente llamativa.

Una diferencia importante es su fondo visto, que permite contemplar el finamente acabado calibre manual 7040.

Los Rolex Cellini Prince (refs. 54425, 54419 y 54439) están hechos solo de metales precios (oro amarillo de 18 quilates, oro blanco y oro Everose) y cuenta con cinco esferas diferentes:

- Esfera champagne con decoración de clavos de París o motivos en *guilloché*. Se trata de un diseño tachonado o en damero.

- Esfera plateada con *godron circulaire*. Es un patrón radial o circular estriado (ver ilustración).

- Esfera diamantada con motivos *godron circulaire* plateados.

- Esfera negra y plateada con doble rayado *flamm de la gloire*. Se trata de un patrón radiante en espiral diseñado para parecer que se origina en el centro de la esfera.

- Esfera negra y rosa con rayado *flamm de la gloire*.

Tabla de referencias de relojes de vestir

Nombre	Ref.	Cal.	Tamaño	Descripción
King Midas	3580		28mm	Pentagonal
King Midas	4015	1601	28mm	Pentagonal
King Midas	9630	650	28mm	Pentagonal. Primer King Midas original.
pre-Cellini	2736	Manual	Full Size	Cuadrado
Cellini	3224	Manual	Full Size	Cuadrado
Cellini	3718		Full Size	Redondeado
Cellini	3727	1600	Full Size	Rectangular
Cellini	3729	Manual	Full Size	Ovalado
Cellini	3735	Manual	Full Size	Cuadrado
pre-Cellini	3737	Manual	Full Size	Cuadrado
Cellini	3759		Full Size	Redondeado
Cellini	3804		Full Size	Redondeado
Cellini	3811	1600	Full Size	Cuadrado
Cellini	3833	Manual	Full Size	Redondeado
Cellini	3834	Manual	Full Size	Rectangular
Cellini	4014	1600	Full Size	Rectangular
Cellini	4016	Manual	Full Size	Rectangular
Cellini	4083		Full Size	Redondeado
Cellini	4084		Full Size	Cuadrado
Cellini	4100		Full Size	Rectangular
Cellini	4101		Full Size	Rectangular
pre-Cellini	4102		Full Size	Rectangular
pre-Cellini	4104		Full Size	Rectangular
Cellini	4105	1601	Full Size	Otro
Cellini	4109		Full Size	Redondeado
Cellini	4112	1601	Full Size	Redondeado
Cellini	4121	1601	Full Size	Hexagonal (6)
Cellini	4122	Manual	Full Size	Hexagonal (6)
Cellini	4126	1601	Full Size	Cuadrado
Cellini	4133	Manual	Full Size	Redondeado
Cellini Danos	4243	Manual	Full Size	Redondeado

Nombre	Ref.	Cal.	Tamaño	Descripción
Cellini	4306		Full Size	Redondeado
Cellini	4309	1601	Full Size	Redondeado
Cellini	4310		Full Size	Rectangular
Cellini	4322	Manual	Full Size	Otro
Cellini	4324	Manual	Full Size	Hexagonal (6)
Cellini	4327	Manual	Full Size	Cuadrado
Cellini	4328		Full Size	Cuadrado
Cellini Midas	4342		Full Size	Pentagonal
Cellini	4344	Manual	Full Size	Otro
Cellini	4349	Manual	Full Size	Otro
Cellini	4350	Manual	Full Size	Otro
Cellini	4379	Manual	Full Size	Redondeado
Cellini	4650		Full Size	Otro
Cellini	4652		Full Size	Otro
Cellini	5116	1602	Full Size	Redondeado
Cellini	5156	1601	Full Size	Otro
Cellini	5166		Full Size	Redondeado
Cellini	5241	Manual	Full Size	Redondeado
Cellini	5330	Manual	Full Size	Otro
Cellini	5443	Manual	Full Size	Rectangular
Cellini Quartz	6623	6620	Full Size	Redondeado
Cellini Time	50505	3132	Full Size	Redondeado
Cellini Time	50509	3132	Full Size	Redondeado
Cellini Date	50515	3135	Full Size	Redondeado
Cellini Date	50519	3165	Full Size	Redondeado
Cellini Dual Time	50525	3135	Full Size	Redondeado
Cellini Dual Time	50529	3180	Full Size	Redondeado
Cellini Moonphase	50535	3165	Full Size	Redondeado
Cellini Time	50609	3132	Full Size	Redondeado
Cellini Time	50705	3132	Full Size	Redondeado
Cellini Prince	54419	7040	Full Size	Rectangular
Cellini Prince	54439	7040	Full Size	Rectangular
Cellini	2466	Manual	De mujer	Redondeado
Queen Midas	3581		De mujer	Pentagonal

Nombre	Ref.	Cal.	Tamaño	Descripción
Cellini	4081	Manual	De mujer	Redondeado
Cellini	4082		De mujer	Cuadrado
Cellini	4139		De mujer	Rectangular
Cellini	4302		De mujer	Rectangular
Cellini	4304		De mujer	Redondeado
Cellini	4321	Manual	De mujer	Rectangular
Cellini	4332	Manual	De mujer	Cuadrado
Cellini	4335	Manual	De mujer	Cuadrado
Cellini	4339	Manual	De mujer	Rectangular
Cellini	4341	Manual	De mujer	Hexagonal (6)
Cellini	4614	1601	De mujer	Ovalado
Cellini	4625	Manual	De mujer	Ovalado
Cellini	4942	Manual	De mujer	Otro
Cellini	4943	Manual	De mujer	Otro
Cellini	5109	1601	De mujer	Redondeado
Cellini	5171	Manual	De mujer	Redondeado
Cellini	5184	Manual	De mujer	Redondeado
Cellini	5188		De mujer	Redondeado
Cellini	5221	Manual	De mujer	Ovalado
Cellini	6110	A.260	De mujer	Redondeado
Cellini Quartz	6621	1130	De mujer	Redondeado
Cellini	6673	6620	De mujer	Redondeado
Cellini	6692		De mujer	Otro
Cellini Cellissima	6693	1215	De mujer	Otro
Cellini	2704	Manual	Unisex	Cuadrado
Cellini	3612	650	Unisex	Redondeado
Cellini	3717	1601	Unisex	Redondeado
Cellini	3761	Manual	Unisex	Redondeado
Cellini	3787	Manual	Unisex	Redondeado
Cellini	3799	Manual	Unisex	Ovalado
Cellini	4032		Unisex	Rectangular
Cellini	4041		Unisex	Redondeado
Cellini	4043		Unisex	Ovalado
Cellini	4080		Unisex	Cuadrado

Nombre	Ref.	Cal.	Tamaño	Descripción
Cellini	4087		Unisex	Cuadrado
pre-Cellini	4103		Unisex	Rectangular
Cellini	4106		Unisex	Hexagonal (6)
Cellini	4107		Unisex	Hexagonal (6)
Cellini	4108		Unisex	Rectangular
Cellini	4110		Unisex	Ovalado
Cellini	4111		Unisex	Ovalado
Cellini	4113		Unisex	Otro
Cellini	4114		Unisex	Cuadrado
Cellini	4127	Manual	Unisex	Rectangular
Cellini	4129		Unisex	Redondeado
Cellini	4131		Unisex	Rectangular
Cellini	4132		Unisex	Rectangular
Cellini	4135		Unisex	Cuadrado
Cellini	4136		Unisex	Hexagonal (6)
Cellini Midas	4294		Unisex	Pentagonal
Cellini Midas	4315		Unisex	Pentagonal
Cellini	4317		Unisex	Redondeado
Cellini	4318		Unisex	Cuadrado
Cellini	4319		Unisex	Redondeado
Cellini	4320		Unisex	Cuadrado
Cellini	4333	Manual	Unisex	Cuadrado
Cellini Midas	4336		Unisex	Pentagonal
Cellini	4624		Unisex	Redondeado
Cellini	4630		Unisex	Redondeado
Cellini	5113		Unisex	Redondeado
Cellini	5114		Unisex	Redondeado
Cellini Time	50709	3132	Unisex	Redondeado
Cellini	3783			
Cellini	3790			
Cellini	3791			
Cellini	4140			
Cellini	4143			
Cellini	4211			

Nombre	Ref.	Cal.	Tamaño	Descripción
Cellini Danos	4223			
Cellini	4305			
Cellini	4307			
Cellini	4308			
Cellini	4312			
Cellini	4329			
Cellini	4331			
Cellini	4340			
Cellini	4343			
Cellini	4347			
Cellini	4378			
Cellini	4615			
Cellini	4621			
Cellini	4622			
Cellini	4626			
Cellini	4628			
Cellini	4629			
Cellini	4631			
Cellini	4632			
Cellini	4633			
Cellini	4636			
Cellini	5167			
Cellini	5172			
Cellini	5191			
Cellini	5192			
Cellini	5222			
Cellini	6628	1135		
Cellini Prince	54425	7040		
Cellini	14233M			

10 BRAZALETES

"Hay dos clases de tontos: uno dice, esto es viejo, y por tanto es bueno; el otro dice, esto es nuevo, y por tanto, es mejor."
- Deán William Ralph Inge

Hasta el periodo de los clásicos modernos Rolex empleó los brazaletes Oyster y Jubilé del fabricante Gay Frères. Esta firma es también conocida por el brazalete Heuer de perlas de arroz y el Royal Oak de Audemars Piguet.

Rolex empleó exclusivamente brazaletes Gay Frères hasta finales de los años cuarenta. Desde los cincuenta a mediados de los setenta, Rolex recurrió a varios suministradores para producir el mismo brazalete en diferentes regiones. Por ejemplo, Rolex recurrió a fabricantes en Norteamérica ante las regulaciones impositivas estadounidenses.

C&I proporcionaba los brazaletes Oyster fabricados en Estados Unidos. También se produjeron brazaletes Oyster y Jubilé al sur de la frontera, que presentan el sello *Hecho en México*.

Rolex adquirió al fabricante Gay Frères en 1998, incorporando la producción de todos sus brazaletes.

Rolex presentó el icónico brazalete Jubilé con el modelo Datejust en 1945. En 1947 Rolex obtuvo una patente para el brazalete Oyster, apareciendo en su catálogo el año siguiente.

En la década de los cuarenta Rolex no proporcionaba brazaletes de manera estándar, sino como un costoso complemento opcional. Las correas de cuero eran lo más habitual, consideradas como algo de uso limitado y desechable, especialmente en lugares cálidos y húmedos donde se deterioran con rapidez.

Los brazaletes se produjeron en una gran variedad de estilos, aunque los dos más comúnmente reconocidos son el Oyster y el Jubilé.

Brazaletes Oyster

La primera generación producida en los cincuenta era de estilo ribeteado con remaches visibles en los bordes exteriores de los eslabones huecos de acero plegado. Los eslabones se unían formando salientes cónicos que se disimulaban al ser pulidos. Estos brazaletes también se ofrecían con eslabones extensibles (refs. 6634, 6635 y 6636), pero fueron retirados al comprobarse que eran más incómodos y menos resistentes.

La segunda generación de la década de los sesenta fue el brazalete de eslabones plegados (refs. 7834, 7835, 7836 y 9315). Como sugiere su nombre, los eslabones se realizaban plegando el metal sobre sí mismo varias veces, produciendo piezas más gruesas y ocultando los pasadores que se emplean para unirlas.

La última y actual generación de brazaletes Oyster es la de eslabones macizos. Siguen la misma numeración que la segunda generación, pero añadiendo un cero al final (por ejemplo, 93150). Esta clase de eslabones ha resultado ser la más robusta, con piezas regulares evolucionando desde el acero plegado al macizo. Sus acabados son o completamente cepillado o parcialmente pulido (solo el eslabón central).

El número de referencia de los brazaletes Oyster se encuentra normalmente en el primer o en el último eslabón. Este código indica a qué generación pertenece (cuatro o cinco cifras) y cuál es su eslabón terminal adecuado. Por ejemplo, la ref. 7206 es una Oyster ribeteada que requiere eslabones terminales de 20mm, mientras que la ref. 7205 responde al mismo brazalete, pero emplea eslabones de 19mm.

Acostumbrarse a los brazaletes Oyster y sus cierres de mariposa puede resultar un problema según la forma de su muñeca, pero existe la opción de incorporar eslabones adicionales de menor tamaño.

Es posible retirar un eslabón fijo y algunos joyeros o relojeros tal vez estén dispuestos a realizar esta operación empleando unos alicates y cinta adhesiva, algo que un distribuidor autorizado nunca haría.

Este proceso no es reversible ya que daña permanentemente el eslabón al ser retirado, por lo que debería verse como un último recurso. Reparar un brazalete Oyster que ha pasado por este proceso supondría añadir un eslabón removible, pero como no todos los eslabones fijos tienen el mismo tamaño, es posible que la anchura no se corresponda.

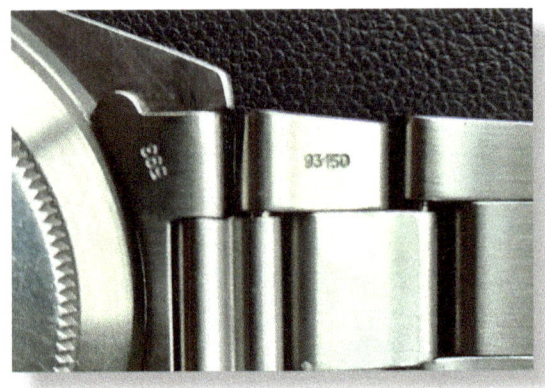

Brazaletes Jubilé

El brazalete Jubilé apareció en 1945 con el lanzamiento del Datejust, ofreciéndose posteriormente como complemento opcional del GMT-Master y del primer Cosmograph Daytona. Hoy solo se emplea en el Datejust y no debería confundirse con el brazalete de la marca President.

Cada eslabón del Jubilé se compone de cinco piezas, con tres pequeños eslabones centrales flanqueados por dos exteriores de mayor tamaño. Esta diferencia de tamaños es más evidente en las versiones Rolesor de dos tonalidades cuyas tres piezas centrales son de oro amarillo o Everose.

El brazalete Jubilé puede equiparse con un discreto cierre Crownclasp, que incorpora la corona de Rolex como tirador mediante el que abrir el cierre revelando sus hojas. El cierre invisible permite que el patrón del Jubilé se extienda ininterrumpidamente en torno a la muñeca.

Este brazalete es propenso al desgate; sus eslabones de cinco piezas tienden a friccionarse, lo que da como resultado un desgaste de sus ángulos y bordes. El pasador interior también tiende a doblarse, lo que ocasiona una pérdida de firmeza generalizada haciendo que el brazalete parezca flojo o dado de sí.

Dependiendo del grado de desgaste, los brazaletes Jubilé pueden ser puestos a punto reemplazando los pasadores, pero si los eslabones presentan daños serios será necesaria una soldadura láser.

Brazaletes Integrados

Estos brazaletes se emplearon por primera vez en el Oysterquartz y cuentan con un distintivo diseño anguloso que se complementa con el estilo de la caja. Como el Cellini Midas, se dice que estos brazaletes también fueron diseñados por Gerald Genta, aunque no existen evidencias que fundamenten esta afirmación.

El brazalete de acero integrado del Oyster, el bicolor integrado del Jubilé y el de oro macizo del President se aproximan bastante a al diseño del Oysterquartz, por lo que se los denomina de la misma forma.

Estos brazaletes integrados son llamativas e inteligentes reinterpretaciones del Oyster, Jubilé y President. Existe una variante del President integrado para el Oysterquartz Day-Date que presenta un intrincado patrón piramidal especialmente interesante.

Brazaletes President

Rolex presentó el brazalete President con el Day-Date en 1956. Solo estaba disponible en materiales preciosos y se caracterizaba por su cierre disimulado. Empleado exclusivamente en el Day-Date, se ofrecía en diferentes tamaños y metales.

El Tridor es una de sus variantes, cuyos eslabones centrales presentan una mezcla de tres tonos de oro. Durante un breve periodo entre finales de setenta y principios de los ochenta estuvo disponible con los eslabones centrales en un característico acabado rugoso.

Brazaletes Pearlmaster

La colección para mujer Pearlmaster fue presentada en 1992. La integran ostentosos brazaletes de joyería que incluyen piedras preciosas tales como diamantes dispuestos en estilo pavé a juego con la caja. Se estructuran mediante eslabones redondeados de cinco piezas e incorporan siempre cierres invisibles. Solo están disponibles en metales preciosos.

Correas Oysterflex

La Oysterflex es una correa moderna presentada en 2015 con el Everose Yacht-Master. El departamento de marketing de Rolex insiste en presentarla como un brazalete y no como una correa por contar con una aleación de titanio y níquel en su base que queda cubierta por la capa de caucho.

Estos brazaletes, o correas de caucho, incorporan cierres de seguridad Oysterlock con un sistema extenso de 5mm Easylink. Las Oysterflex están reemplazando a las correas de cuero en los modelos de la línea ProfeAcero inox.ional como el Daytona.

Correas de Cuero

Las correas de cuero eran la norma hasta la aparición de los relojes herramienta en los años cincuenta. Las correas de cuero vintage no tienen prácticamente valor ya que normalmente se encuentran en un marcado estado de deterioro.

Los modernos todavía están disponibles con correa de cuero original, especialmente los relojes de vestir de la colección Cellini.

A comienzos de los 2000 Rolex comercializaba unos Daytona exclusivos en oro blanco bajo el nombre de Daytona Beach. Montaban coloridas esferas con correas a juego de cuero rosa, turquesa, verde y amarillo. Estos ejemplares son escasos y muy deseados.

Modelos clásicos como el Datejust, el Day-Date y el nuevo Sky-Dweller pueden adquirirse con correa de cuero.

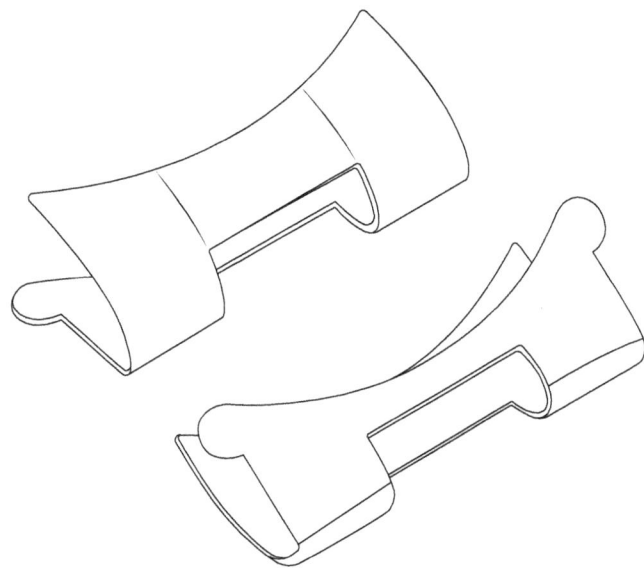

Eslabones terminales y pasadores

Rolex introdujo los eslabones terminales en 1952 con el lanzamiento del GMT-Master (ref. 6542). Su propósito era limitar la movilidad del brazalete y reducir la presión sobre los pasadores, pues al romperse éstos es probable que el reloj caiga, dañándose o perdiéndose.

Además de simplificar el diseño y conferir una imagen más integral al brazalete, los eslabones terminales mejoran la durabilidad y fiabilidad del mismo. Esta innovación era especialmente necesaria en los relojes herramienta diseñados para ser usados en entornos exigentes.

Los eslabones terminales cuentan con un número grabado específico del modelo de brazalete y tamaño de la caja. Además, admiten pasadores con un diámetro mayor.

SI los eslabones terminales no son ajustados de forma adecuada el brazalete traqueteará en la muñeca, pudiendo arañar la caja Oyster. El desgate ocasionado por los eslabones terminales puede llegar a dañar los números de serie y referencia grabados en la caja.

La fabricación de eslabones terminales ha mejorado a la par que los brazaletes, pasando del delgado acero plegado al acero sólido fresado. Los eslabones terminales macizos se emplearon por primera vez en el Sea-Dweller, convirtiéndose desde entonces en el estándar.

Es importante emplear los eslabones terminales y pasadores adecuados para cada caja y brazalete, pasar esto por alto acelerará el desgaste de ambas piezas.

Los pasadores de un tamaño no adecuado reducen la efectividad de los eslabones terminales y contribuye a la movilidad y el traqueteo del reloj en la muñeca. También pueden deformar los orificios, lo que resulta particularmente problemático en las cajas de oro macizo.

Número	Longitud	Metal	Modelo	Longitud del pivote	Diámetro del pivote
23–9250	11 mm	0	Tudor	1,6 mm	0,9 mm
23–9260	13 mm	0	—	1,6 mm	0,9 mm
23–9261	13 mm	1	—	1,6 mm	0,9 mm
23–9262	13 mm	8	—	1,6 mm	0,9 mm
23–9263	13 mm	9	—	1,6 mm	0,9 mm
23–9270	17 mm	0	—	1,7 mm	0,9 mm
23–9271	17 mm	1	—	1,7 mm	0,9 mm
23–9272	17 mm	8	—	1,7 mm	0,9 mm
23–9273	17 mm	9	—	1,7 mm	0,9 mm
23–9280	19 mm	0	—	1,9 mm	0,9 mm
23–9281	19 mm	0	—	1,3 mm	0,9 mm
23–9282	19 mm	8	—	1,9 mm	0,9 mm
23–9283	19 mm	0	1550/5	0,8 mm	0,9 mm
23–9290	20 mm	0	—	2,0 mm	0,9 mm
23–9291	20 mm	0	GMT-Master Submariner	2,8 mm	1,2 mm
23–9292	20 mm	0 x	GMT-Master	2,8 mm	1,2 mm
23–9293	20 mm	0	Explorer-1016 Submariner	1,8 mm	1,2 mm
23–9294	20 mm	8	GMT-Master	2,8 mm	1,2 mm
23–9350	11 mm	0	Tudor	1,0 mm	0,9 mm
23–9360	13 mm	0	Tudor	0,9 mm	0,9 mm
23–9361	13 mm	8	Rolex	1,0 mm	0,9 mm
23–9362	13 mm	9	Rolex	1,0 mm	0,9 mm
23–9365	17 mm	8	Rolex	1,0 mm	0,9 mm
23–9366	17 mm	9	Rolex	1,0 mm	0,9 mm
23–9370	19 mm	0	—	1,0 mm	0,9 mm
23–9380	20 mm	0	Day-Date**	1,0 mm	0,9 mm
23–9381	20 mm	8	Day-Date***	1,2 mm	0,9 mm
23–9382	20 mm	0	Day-Date***	1,2 mm	0,9 mm
23–9383	20 mm	9	Day-Date***	1,2 mm	0,9 mm
23–9384	20 mm	8	Day-Date**	1,0 mm	0,9 mm
23–9385	20 mm	9	Day-Date**	1,0 mm	0,9 mm
23–9390	22 mm	Titane	Quartz 5100	1,0 mm	0,9 mm

Tabla de Correspondencias entre Brazaletes y Eslabones Terminales

La siguiente tabla le ayudará a saber si su brazalete y sus eslabones terminales se adaptan correctamente a su reloj. Dar con la correspondencia correcta original dependerá de la edad del reloj, pero las siguientes combinaciones se adaptan adecuadamente.

A algunos coleccionistas les gusta lucir relojes vintage con brazaletes modernos, ya sea por comodidad o por preferencia personal. No existen reglas específicas más allá de usar partes compatibles que se ajusten correctamente entre sí.

Modelo	Ref. caja	Ref. brazalete	Terminales	Descripción
Daytona	6239	7205	71	Remachado - Oyster (19mm)
		7835	771, 271	Plegado - Oyster (19mm)
		78350	771	Macizo - Oyster (19mm)
		6635	71	Extensible remachado - Oyster (19mm)
		6251	74	Plegado - Jubilé (19mm)
Cosmograph	6240	6635	71	Extensible remachado - Oyster (19mm)
		7205	71	Remachado - Oyster (19mm)
		7835	271	Plegado - Oyster (19mm)
Cosmograph	6241	6635	71	Extensible remachado - Oyster (20mm)
		7205	71	Remachado - Oyster (19mm)
		7835	271	Plegado - Oyster (19mm)
Cosmograph	6262	7835	71	Plegado - Oyster (19mm)
Daytona	6263	7835	771, 271, 371	Plegado - Oyster (19mm)
		78350	771, 571	Macizo - Oyster (19mm)
Cosmograph	6264	7835	271	Plegado - Oyster (19mm)
Daytona	6265	7835	771, 271, 371	Plegado - Oyster (19mm)
		78350	771, 571	Macizo - Oyster (19mm)
Daytona	16520	78360	503	Macizo - Oyster (20mm)
		78390	503B	Macizo PCL Oyster (20mm)
		78390A	SEL	Macizo PCL Oyster (20mm)
Daytona	116520	78490	SEL	Macizo PCL Oyster (20mm)
Sea-Dweller	1655	9315	285	Plegado - Oyster (20mm)
		93150	580, 585	Macizo - Oyster (20mm)
Sea-Dweller	16600	93160	592, SEL	Macizo - Oyster (20mm)
		93160A	SEL	Macizo - Oyster (20mm)
Sea-Dweller	166600	93160	592, SEL	Macizo - Oyster (20mm)

Modelo	Ref. caja	Ref. brazalete	Terminales	Descripción
GMT-Master	6542	7206	58, 80	Remachado - Oyster (20mm)
		6636	58, 64	Extensible remachado - Oyster (20mm)
GMT-Master	1675	6636	58, 64	Extensible remachado - Oyster (20mm)
		7206	58, 80	Remachado - Oyster (20mm)
		7836	280	Plegado - Oyster (20mm)
		78360	580	Macizo - Oyster (20mm)
		62510H	550	Macizo - Jubilé (20mm)
GMT-Master	16750	78360	580	Macizo - Oyster (20mm)
		62510H	550	Macizo - Jubilé (20mm)
GMT-Master	16700	78360	501B, 593	Macizo - Oyster (20mm)
		78790A	SEL	Macizo - Oyster (20mm)
		62510H	502B	Macizo - Jubilé (20mm)
GMT-Master II	16760	78360	501	Macizo - Oyster (20mm)
		78790A	SEL	Macizo - Oyster (20mm)
		62510H	502B	Macizo - Jubilé (20mm)
GMT-Master II	16710	78360	501, 501B	Macizo - Oyster (20mm)
		78790A	SEL	Macizo - Oyster (20mm)
		62510H	502B(T)	Macizo - Jubilé (20mm)
Submariner	5508	7206	58	Remachado - Oyster (20mm)
		6636	58	Extensible remachado - Oyster (20mm)
Submariner	6536	7206	80	Remachado - Oyster (20mm)
		6636	64, 65	Extensible remachado - Oyster (20mm)
Submariner	6538	6636	64, 65	Extensible remachado - Oyster (20mm)
		7206	80	Remachado - Oyster (20mm)
Submariner	6200	6636	64	Extensible remachado - Oyster (20mm)
		7206	64	Remachado - Oyster (20mm)
Submariner	6204	6636	64	Extensible remachado - Oyster (20mm)
		7206	80	Remachado - Oyster (20mm)
Submariner	6205	6636	64	Extensible remachado - Oyster (20mm)
		7206	80	Remachado - Oyster (20mm)
Submariner	5510	6636	80	Extensible remachado - Oyster (20mm)
		7206	80	Remachado - Oyster (20mm)
Submariner	5512	7206	80	Remachado - Oyster (20mm)
		9315	280, 380	Plegado - Oyster (20mm)

Modelo	Ref. caja	Ref. brazalete	Terminales	Descripción
		93150	580	Macizo - Oyster (20mm)
		6306	64, 80	Extensible remachado - Oyster (20mm)
Submariner	5513	7206	80	Remachado - Oyster (20mm)
		9315	280, 380	Plegado - Oyster (20mm)
		93150	580	Macizo - Oyster (20mm)
		6636	80	Extensible remachado - Oyster (20mm)
Submariner	1680	9315	280	Plegado - Oyster (20mm)
		93150	580	Macizo - Oyster (20mm)
		7206	80	Remachado - Oyster (20mm)
Submariner	16800	93150	501B	Macizo - Oyster (20mm)
		93250	SEL	Macizo - Oyster (20mm)
Submariner	168000	93150	501B	Macizo - Oyster (20mm)
		93250	SEL	Macizo - Oyster (20mm)
Submariner	14060/M	93150	501B	Macizo - Oyster (20mm)
Submariner	16610	93150	501B	Macizo - Oyster (20mm)
		93250	SEL	Macizo - Oyster (20mm)
Explorer	1016	7206	58	Remachado - Oyster (20mm)
		7836	580	Plegado - Jubilé (20mm)
		78360	580	Macizo - Jubilé (20mm)
Explorer	14270	78790	558B	Macizo - Jubilé (20mm)
		78690	SEL	Macizo - Jubilé (20mm)
Explorer II	1655	7206	58	Remachado - Oyster (20mm)
		7836	580	Plegado - Jubilé (20mm)
		78360	580	Macizo - Jubilé (20mm)
Explorer II	16550	7206	58	Remachado - Oyster (20mm)
		7836	580	Plegado - Jubilé (20mm)
		78360	580, 593, 501B	Macizo - Jubilé (20mm)
		93150	501B	Macizo - Oyster (20mm)
Explorer II	16570	78360	501B	Macizo - Jubilé (20mm)
		78790	501B	Macizo - Jubilé (20mm)
		78790	SEL	Macizo - Jubilé (20mm)

Códigos y modelos de brazaletes

Estilo	Ref.	Tamaño	Metal	Género	Eslabones	Descripción
Yacht-Master	7294/8	14mm	OA 18K	Mujer		
Yacht-Master	7294/9	14mm	OB 18K	Mujer		
Yacht-Master	7490/8	14mm	OA 18K	Mujer		
Yacht-Master	7490/8	14mm	OA 18K	Mujer		Esmeraldas eslab. central. Diamantes eslab. exteriores
Yacht-Master	7490/8	14mm	OA 18K	Mujer		Rubíes eslab. centrales. Diamantes eslab. exteriores
Yacht-Master	7490/8	14mm	OA 18K	Mujer		Zafiros eslab. centrales. Diamantes eslab. exteriores
Yacht-Master	7490/9	14mm	OB 18K	Mujer		Diamantes
Yacht-Master	7494/8	14mm	OA 18K	Mujer		Diamantes eslab. exteriores
Yacht-Master	7494/9	14mm	OB 18K	Mujer		Diamantes eslab. exteriores
Yacht-Master	7495/8	14mm	Tridor	Mujer		15 diamantes
Yacht-Master	7294/8	14mrn	Tridor	Mujer		
Tri-link	6490/8	13mm	OA 18K	Mujer		
Tri-link	2544/7	20mm	OA 9K	Hombre		Cierre tipo broche
Super President Karat	8473/8	13mm	OA 18K	Mujer		446 diamantes
Super President	8470/6	13mm	Platino	Mujer	36	Cierre invisible. Diamantes eslab. centrales.
Super President	8470/8	13mm	OA 18K	Mujer		Cierre invisible. Diamantes eslab. centrales.
Super President	8470/9	13mm	OB 18K	Mujer		Cierre invisible. Diamantes eslab. centrales.
Super President	8489/6	17mm	Platino	Cadete	28	340 diamantes eslab. centrales.
Super President	8489/8	17mm	OA 18K	Cadete	28	340 diamantes eslab. centrales.
Super President	8489/9	17mm	OB 18K	Cadete	28	340 diamantes eslab. centrales.
Super President	8485/6	20mm	Platino	Hombre	23	288 diamantes eslab. centrales.
Super President	8485/8	20mm	OA 18K	Hombre	23	288 diamantes eslab. centrales.
Super President	8485/9	20mm	OB 18K	Hombre	23	288 diamantes eslab. centrales.
Super Jubilé Karat	6453/8	13mm	OA 18K	Mujer	38	360 diamantes
Super Jubilé	6451/8	13mm	OA 18K	Mujer	36	344 diamantes eslab. centrales.
Super Jubilé	6451/9	13mm	OB 18K	Mujer	36	344 diamantes eslab. centrales.

Brazaletes

Estilo	Ref.	Tamaño	Metal	Género	Eslabones	Descripción
Super Jubilé	6453/9	13mm	OB 18K	Mujer	38	360 diamantes
Super Jubilé	6454/8	13mm	OA 18K	Mujer		89 diamantes
Super Jubilé	6454/9	13mm	OB 18K	Mujer		89 diamantes
Super Jubilé	6451/9 Bic	13mm	Tridor	Mujer		
Super Jubilé	6411/8	17mm	OA 18K	Cadete	28	263 diamantes eslab. centrales.
Super Jubilé	6411/9	17mm	OB 18K	Cadete	28	263 diamantes eslab. centrales.
Super Jubilé	6411/9 Bic	17mm	Tridor	Cadete	28	263 diamantes eslab. centrales.
Super Jubilé	8486/8	20mm	OA 18K	Hombre	23	218 diamantes eslab. centrales.
Super Jubilé	8486/9	20mm	OB 18K	Hombre	23	218 diamantes eslab. centrales.
Super Jubilé	8486/9 Bic	20mm	Tridor	Hombre	23	218 diamantes eslab. centrales.
President Karat	8472/8	13mm	OA 18K	Mujer		Bandas de diamantes
President	8153/8	13mm	OA 18K	Mujer	32	
President	8153/9	13mm	OB 18K	Mujer		
President	8211/8	13mm	OA 18K	Mujer		Acabado rugoso
President	8211/9	13mm	OB 18K	Mujer		Acabado rugoso
President	8228/8	13mm	OA 18K	Mujer	31	Acabado rugoso
President	8228/9	13mm	OB 18K	Mujer	31	Acabado rugoso
President	8270/9	13mm	Tridor	Mujer	36	
President	8553/8	13mm	OA 18K	Mujer	31	Grabado
President	8570/6	13mm	Platino	Mujer	36	Cierre invisible
President	8570/8	13mm	OA 18K	Mujer	36	Cierre invisible
President	8570/8	13mm	OA 18K	Mujer		Cierre invisible. Diamantes talla baguette
President	8570/9	13mm	OB 18K	Mujer	36	Cierre invisible
President	9235/8	13mm	OA 18K	Mujer	36	Cierre invisible. Acabado rugoso
President	9235/9	13mm	OB 18K	Mujer	36	Cierre invisible. Acabado rugoso
President	8289/9	17mm	Tridor	Cadete	28	Cierre invisible
President	8389/6	17mm	Platino	Cadete	28	Cierre invisible
President	8389/8	17mm	OA 18K	Cadete	28	Cierre invisible
President	8389/9	17mm	OB 18K	Cadete	28	Cierre invisible
President	8390/6	17mm	Platino	Cadete	24	Cierre invisible
President	8390/8	17mm	OA 18K	Cadete		Cierre invisible
President	8390/9	17mm	OB 18K	Cadete		Cierre invisible

Estilo	Ref.	Tamaño	Metal	Género	Eslabones	Descripción
President	7274/6	20mm	Platino	Hombre		Cierre invisible
President	7274/8	20mm	OA 18K	Hombre		Cierre invisible
President	7286/8	20mm	OA 18K	Hombre	21	Cierre ordinario
President	7286/9	20mm	OB 18K	Hombre	21	Cierre ordinario
President	8209/8	20mm	OA 18K	Hombre	21	Acabado rugoso. Cierre ordinario
President	8209/9	20mm	OB 18K	Hombre	21	Acabado rugoso. Cierre ordinario
President	8285/9	20mm	Tridor	Hombre	24	Cierre invisible
President	8289/8	20mm	OA 18K	Hombre		Cierre invisible
President	8385/6	20mm	Platino	Hombre	24	Cierre invisible
President	8385/8	20mm	OA 18K	Hombre	24	Cierre invisible
President	8385/8	20mm	OA 18K	Hombre	24	Cierre invisible. Diamantes talla baguette
President	8385/9	20mm	OB 18K	Hombre	24	Cierre invisible
President	8385/9	20mm	OB 18K	Hombre	24	Cierre invisible. Diamantes talla baguette
President	8723/8	20mm	OA 18K	Hombre	24	Cierre invisible. Acabado rugoso
President	8723/9	20mm	OB 18K	Hombre	24	Cierre invisible. Acabado rugoso
President	1901/8		OA 18K	Hombre	25	Oysterquartz Day-Date
President	1901/9		OB 18K	Hombre	25	Oysterquartz Day-Date
President	1902/8		OA 18K	Hombre	25	Oysterquartz Day-Date
President	1914/8		OA 18K	Hombre	25	Oysterquartz Day-Date
Oysterlock	7873/3	14mm	Acero inox./OA 18K	Mujer		Yacht-Master
Oysterlock	7873/8	14mm	OA 18K	Mujer		Yacht-Master
Oysterlock	7873/0	14mm	Acero inox.	Mujer		Yacht-Master
Oysterlock	7874/3	17mm	Acero inox./OA 18K	Cadete		Yacht-Master
Oysterlock	7874/8	17mm	OA 18K	Cadete		Yacht-Master
Oysterlock	7875/3	17mm	Acero inox./OA 18K	Cadete		Yacht-Master
Oysterlock	7875/8	17mm	OA 18K	Cadete		Yacht-Master
Oysterlock	7874/0	17mm	Acero inox.	Cadete		Yacht-Master
Oysterlock	7875/0	17mm	Acero inox.	Cadete		Yacht-Master
Oysterlock	7839/3	20mm	Acero inox./OA 18K	Hombre		Daytona. Fliplock
Oysterlock	7839/8	20mm	OA 18K	Hombre		Daytona. Fliplock
Oysterlock	7879/3	20mm	Acero inox./OA 18K	Hombre		Explorer

Brazaletes

Estilo	Ref.	Tamaño	Metal	Género	Eslabones	Descripción
Oysterlock	7879/8	20mm	OA 18K	Hombre		
Oysterlock	7839/0	20mm	Acero inox.	Hombre		Daytona. Fliplock
Oysterlock	7839/3A	20mm	Acero inox./OA 18K	Hombre		Daytona. Esl. term. macizos.
Oysterlock	7849/0	20mm	Acero inox.	Hombre		Daytona. Esl. term. macizos.
Oysterlock	7876/0	20mm	Acero inox.	Hombre		Yacht-Master. Fliplock
Oysterlock	7879/0	20mm	Acero inox.	Hombre		Explorer
Oysterlock	7879/OA	20mm	Acero inox.	Hombre		Daytona. Esl. term. macizos.
Oysterlock	7876/8	20mm	OA 18K	Hombre		Yacht-Master. Fliplock
Oyster	7204/8	11 mm		Mujer	13	Algunos remachados
Oyster	7834/1	11mm	Chapado	Mujer	13	
Oyster	7834/3	11mm	Acero inox./OA 14K	Mujer	13	
Oyster	6634/0	11mm	Acero inox.	Mujer		Remachado. Extensible
Oyster	7834/0	11mm	Acero inox.	Mujer	13	
Oyster	114	13mm	Acero inox.	Mujer		Algunos remachados
Oyster	115	13mm	Acero inox.	Mujer		Extensible. Algunos remachados
Oyster	320	13mm	Acero inox./OA 14K	Mujer		
Oyster	420	13mm	OA 14K	Mujer		Remachado
Oyster	420	13mm	OA 18K	Mujer		
Oyster	515	13mm	Chapado	Mujer		Tudors
Oyster	516	13mm	Chapado	Mujer		Tudors
Oyster	6634	13mm	RG	Mujer		Remachado. Extensible
Oyster	6634/7	13mm	OA 9K	Mujer		Remachado. Extensible
Oyster	6634/8	13mm	OA 18K	Mujer		Remachado. Extensible
Oyster	7204/7	13mm	OA 14K	Mujer	13	
Oyster	7204/8	13mm	OA 18K	Mujer	13	Algunos remachados
Oyster	7204/9	13mm	OB 18K	Mujer	13	
Oyster	7805/3	13mm	Acero inox./OA 18K	Mujer		
Oyster	7824/3	13mm	Acero inox./OA 18K	Mujer		
Oyster	7834/1	13mm	Chapado	Mujer	13	
Oyster	7834/3	13mm	Acero inox./R14	Mujer	13	
Oyster	7834/3	13mm	Acero inox./OA 14K	Mujer	13	
Oyster	7834/3	13mm	Acero inox./OA 18K	Mujer	13	
Oyster	8363/8	13mm	OA 18K	Mujer		Acabado Moiré

Estilo	Ref.	Tamaño	Metal	Género	Eslabones	Descripción
Oyster	8606/8	13mm	OA 18K	Mujer		
Oyster	6634/0	13mm	Acero inox.	Mujer		Remachado. Extensible
Oyster	7805/0	13mm	Acero inox.	Mujer		
Oyster	7824/0	13mm	Acero inox.	Mujer		
Oyster	7834/0	13mm	Acero inox.	Mujer	13	
Oyster	6490/8	14mm	OA 18K	Mujer		100 zafiros rosas
Oyster	6490/8	14mm	OA 18K	Mujer		
Oyster	6490/9	14mm	OB 18K	Mujer		Remachado. Extensible
Oyster	6490/9	14mm	OB 18K	Mujer		100 zafiros rosas
Oyster	7295/9	14mm	OB 18K	Mujer		
Oyster	7497/8	14mm	OA 18K	Mujer		270 diamantes
Oyster	7497/9	14mm	OB 18K	Mujer		270 diamantes
Oyster	7498/8	14mm	OA 18K	Mujer		286 diamantes
Oyster	7498/9	14mm	OB 18K	Mujer		286 diamantes
Oyster	7295/8 Bic	14mm	Tridor	Mujer		
Oyster	7205/7	15mm		Mujer	13	Algunos remachados
Oyster	6635/0	15mm	Acero inox.	Mujer		Remachado. Extensible
Oyster	202	17mm	Acero inox.	Cadete		Extensible
Oyster	204	17mm	Acero inox.	Cadete		Terminales rectos. Extensible
Oyster	206	17mm	Acero inox.	Cadete		Como el 202 pero no extensible
Oyster	211	17mm	Acero inox.	Cadete		Extensible
Oyster	216	17mm	Acero inox.	Cadete		Como el 202 pero no extensible
Oyster	302	17mm	Acero inox./OA 14K	Cadete		Algunos remachados. Algunos extensibles
Oyster	306	17mm	Acero inox./OA 14K	Cadete		
Oyster	311	17mm	Acero inox./OA 14K	Cadete		
Oyster	402	17mm	OA 14K	Cadete		Algunos extensibles
Oyster	406	17mm	OA 14K	Cadete		Como el 402 pero no extensible
Oyster	411	17mm	OA 14K	Cadete		Esl. centrales pulidos
Oyster	7205/7	17mm	OA 14K	Cadete	13	Cosmograph y Oyster Perpetual Date
Oyster	7205/8	17mm	OA 18K	Cadete	13	Cosmograph y Oyster Perpetual Date
Oyster	7205/9	17mm	OB 18K	Cadete	13	Algunos remachados
Oyster	7805/3	17mm	Acero inox./OA 18K	Cadete		

Estilo	Ref.	Tamaño	Metal	Género	Eslabones	Descripción
Oyster	7835/3	17mm	Acero inox./OA 14K	Cadete	13	
Oyster	7835/3	17mm	Acero inox./OA 18K	Cadete	13	
Oyster	6635/0	17mm	Acero inox.	Cadete		Remachado. Extensible
Oyster	7805/0	17mm	Acero inox.	Cadete		
Oyster	7835/0	17mm	Acero inox.	Cadete	13	
Oyster	201	19mm	Acero inox.	Hombre		Terminales rectos. Extensible
Oyster	202	19mm	Acero inox.			Algunos remachados. Algunos extensibles
Oyster	206	19mm	Acero inox.			Como el 202 pero no extensible
Oyster	219	19mm	Acero inox.			
Oyster	301	19mm	Acero inox./OA 14K			Terminales rectos. Extensible
Oyster	302	19mm	Acero inox./OA 14K			Algunos remachados. Algunos extensibles
Oyster	306	19mm	Acero inox./OA 14K			Oyster Perpetual Date
Oyster	314	19mm	Acero inox./OA 14K			Oyster Perpetual Date
Oyster	401	19mm	R 14K			
Oyster	401	19mm	OA 14K			Algunos extensibles
Oyster	402	19mm	OA 14K			Algunos remachados. Algunos extensibles
Oyster	405	19mm	OA 14K			
Oyster	406	19mm	OA 14K			
Oyster	411	19mm	OA 14K			
Oyster	501	19mm	Chapado			Terminales rectos. Extensible
Oyster	502	19mm	Chapado			Algunos remachados. Algunos extensibles
Oyster	506	19mm	Chapado			
Oyster	514	19mm	Chapado			Algunos remachados
Oyster	7205/7	19mm	OA 14K		13	Algunos remachados
Oyster	7205/8	19mm	OA 18K		13	Cosmograph
Oyster	7205/9	19mm	OB 18K		13	Algunos remachados
Oyster	7215/5	19mm	Chapado			
Oyster	7835/1	19mm	Chapado		13	
Oyster	7835/3	19mm	Acero inox./R 14K		13	

Estilo	Ref.	Tamaño	Metal	Género	Eslabones	Descripción
Oyster	7835/3	19mm	Acero inox./OA 14K		13	
Oyster	7835/3	19mm	Acero inox./OA 18K		13	Oyster Perpetual
Oyster	6635/0	19mm	Acero inox.			Remachado. Extensible
Oyster	7835/0	19mm	Acero inox.		13	Cosmograph, Air King y Oyster Perpetual
Oyster	203	20mm	Acero inox.	Hombre		Explorer. Extensible. Algunos remachados
Oyster	207	20mm	Acero inox.	Hombre		Explorer, Milgauss, GMT
Oyster	308	20mm	Acero inox./OA 14K	Hombre		
Oyster	6635	20mm	RG	Hombre		Remachado. Extensible
Oyster	6635/7	20mm	OA 9K	Hombre		Remachado. Extensible
Oyster	7205/8	20mm	OA 18K	Hombre	13	Algunos remachados
Oyster	7205/9	20mm	OB 18K	Hombre	13	Algunos remachados
Oyster	7206/7	20mm	OA 14K	Hombre	13	Datejust y GMT II
Oyster	7206/8	20mm	OA 18K	Hombre		
Oyster	7385/5	20mm	R 18K	Hombre		President. Cierre invisible
Oyster	7385/8	20mm	OA 18K	Hombre		President. Cierre invisible
Oyster	7836/1	20mm	Chapado	Hombre	13	Datejust
Oyster	7836/3	20mm	Acero inox./OA 14K	Hombre	13	GMT y Datejust
Oyster	7836/3	20mm	Acero inox./OA 18K	Hombre	13	GMT y Datejust
Oyster	7866/8	20mm	OA 18K	Hombre	13	Daytona
Oyster	7879/3	20mm	Acero inox./OA 18K	Hombre		GMT II
Oyster	7879/8	20mm	OA 18K	Hombre		GMT II
Oyster	9290/8	20mm	OA 18K	Hombre	12	GMT y Submariner. Fliplock
Oyster	9315/3	20mm	Acero inox./OA 18K	Hombre	12	Submariner. Fliplock
Oyster	9325/3	20mm	Acero inox./OA 18K	Hombre		Submariner. Fliplock
Oyster	6635/0	20mm	Acero inox.	Hombre		Remachado. Extensible
Oyster	6636/0	20mm	Acero inox.	Hombre		Remachado. Extensible
Oyster	7836/0	20mm	Acero inox.	Hombre	13	Milgauss, Datejust GMT, Explorer
Oyster	7879/0	20mm	Acero inox.	Hombre		Explorer II, GMT y GMT II
Oyster	9315/0	20mm	Acero inox.	Hombre	12	GMT y Submariner. Fliplock
Oyster	9316/0	20mm	Acero inox.	Hombre	14	Sea-Dweller. Fliplock
Oyster	9316A/0	20mm	Acero inox.	Hombre	14	Sea-Dweller. Fliplock

Brazaletes

Estilo	Ref.	Tamaño	Metal	Género	Eslabones	Descripción
Oyster	9325/0	20mm	Acero inox.	Hombre		Explorer y Submariner. Fliplock
Oyster	9351/0	20mm	Acero inox.	Hombre		Submariner. Fliplock
Oyster	1700/0		Acero inox.	Hombre		Oysterquartz
Malla	8606/8	13m	OA 18K	Mujer		Malla holgada
Malla	71770	13mm	OA 14K	Mujer		Chameleon
Malla	71779	13mm	OB 14K	Mujer		Chameleon
Malla	8363/7	13mm	OA 14K	Mujer		Malla cepillada: Datejust
Malla	8363/8	13mm	OA 18K	Mujer		
Malla	8363/8	13mm	OA 18K	Mujer		
Malla	8363/7	17mm	OA 14K	Cadete		
Malla	8363/7	17mm	OA 18K	Cadete		
Malla	R24	17mm	OA 14K	Cadete		
Malla	716	19mm	OA 18K			
Malla	725	19mm	OA 14K			
Malla	8363/7	19mm	OA 14K			
Malla	102/8	19mm	OA 18K			Acabado Moiré
Malla	8607/8	20mm	OA 18K	Hombre		Malla holgada
Malla	715	20mm	OA 18K	Hombre		
Malla	704		OA 14K	Mujer		
Malla	732		OA 14K	Mujer		
Malla	7491		OB 18K	Hombre		
Malla	7491		OA 18K	Hombre		
Malla	7435/8		OA 18K			Ajuste a nivel (no Oyster)
Malla	7435/9		1W			Ajuste a nivel (no Oyster)
Malla	7491/8		OB 18K			Se ajusta solo a la ref. 9578
Malla	7491/9		OB 18K			Se ajusta solo a la ref. 9578
Matte weave	2558/7	20mm	OA 9K	Hombre		Cierre tipo broche
Mujer	114	13mm	Acero inox.	Mujer		
Mujer	101/8	13mm	OA 18K	Mujer		
Mujer	102/8	13mm	OB 18K	Mujer		
Mujer	102/9	13mm	OB 18K	Mujer		
Jubilé	6251/3	13mm	Acero inox./14K	Mujer		
Jubilé	6251/3	13mm	Acero inox./R 14K	Mujer		
Jubilé	6251/3	13mm	Acero inox./18K	Mujer		
Jubilé	6252/3	13mm	Acero inox./R 14K	Mujer		
Jubilé	6251/0	13mm	Acero inox.	Mujer		

Estilo	Ref.	Tamaño	Metal	Género	Eslabones	Descripción
Jubilé	6251/3	19mm	Acero inox./14K			
Jubilé	6251/3	19mm	Acero inox./18K			
Jubilé	6251/3	20mm	Acero inox./14K	Hombre		
Jubilé	6251/3	20mm	Acero inox./R 14K	Hombre		
Jubilé	6251/3	20mm	Acero inox./18K	Hombre		
Jubilé	201	13mm	Acero inox.	Mujer		Eslabones plegados
Jubilé	210	13mm	Acero inox.	Mujer		
Jubilé	310	13mm	OA 14K	Mujer		
Jubilé	310	13mm	Acero inox./OA 14K	Mujer		
Jubilé	410	13mm	OA 14K	Mujer		
Jubilé	410	13mm	OB 14K	Mujer		
Jubilé	6251/7	13mm	OA 14K	Mujer	21	
Jubilé	6251/8	13mm	OA 18K	Mujer	21	
Jubilé	6251/9	13mm	OB 18K	Mujer	21	
Jubilé	6252/3	13mm	Acero inox./14K	Mujer		
Jubilé	6252/3	13mm	Acero inox./18K	Mujer		
Jubilé	8211/7	13mm	OA 14K	Mujer	21	Acabado rugoso
Jubilé	8211/8	13mm	OA 18K	Mujer		Acabado rugoso
Jubilé	8211/9	13mm	OB 18K	Mujer		Acabado rugoso
Jubilé	8554/8	13mm	OA 18K	Mujer	21	Acabado Moiré
Jubilé	8554/9	13mm	OB 18K	Mujer		Grabado
Jubilé	8571/8	13mm	OA 18K	Mujer	36	Cierre invisible
Jubilé	219	17mm	Acero inox.	Cadete		
Jubilé	314	17mm	Acero inox./OA 14K	Cadete		
Jubilé	405	17mm	OA 14K	Cadete		Oyster Perpetual Date
Jubilé	6252/3	17mm	Acero inox./18K	Cadete		
Jubilé	6311/3	17mm	Acero inox./OA 18K	Cadete		
Jubilé	6311/8	17mm	OA 18K	Cadete	26	
Jubilé	6311/9	17mm	OB 18K	Cadete		
Jubilé	8391/8	17mm	OA 18K	Cadete	28	Cierre invisible
Jubilé	6251/0	17mm	Acero inox.	Cadete	20	
Jubilé	6311/0	17mm	Acero inox.	Cadete		
Jubilé	209	19mm	Acero inox.			
Jubilé	304	19mm	Acero inox./OA 14K			

Estilo	Ref.	Tamaño	Metal	Género	Eslabones	Descripción
Jubilé	314	19mm	Acero inox./OA 14K	Cadete		
Jubilé	403	19mm	OA 14K	Cadete		
Jubilé	405	19mm	OA 14K			
Jubilé	6252/3	19mm	Acero inox./14K			
Jubilé	6252/3	19mm	Acero inox./18K			
Jubilé	6311/8	19mm	OA 18K		21	
Jubilé	6251/0	19mm	Acero inox.		22	Oyster Perpetual Date
Jubilé	109	20mm	OA 18KGF	Hombre		Datejust y Thunderbird
Jubilé	200	20mm	Acero inox.	Hombre		Eslabones plegados
Jubilé	200	20mm	Acero inox./YG	Hombre		Eslabones plegados
Jubilé	208	20mm	Acero inox.	Hombre		Datejust
Jubilé	218	20mm	Acero inox.	Hombre		Datejust
Jubilé	303	20mm	Acero inox./OA 14K	Hombre		Datejust y Thunderbird
Jubilé	308	20mm	Acero inox./OA 14K	Hombre		Datejust y GMT
Jubilé	313	20mm	Acero inox./OA 14K	Hombre		Datejust y GMT
Jubilé	6252/3	20mm	Acero inox./R 14K	Hombre		
Jubilé	6252/3	20mm	Acero inox./OA 14K	Hombre		GMT
Jubilé	6252/3	20mm	Acero inox./OA 18K	Hombre		GMT y Datejust
Jubilé	6311/3	20mm	Acero inox./OA 18K	Hombre		
Jubilé	6311/7	20mm	OA 14K	Hombre		
Jubilé	6311/8	20mm	OA 18K	Hombre	21	GMT, Oyster Perpetual, Datejust y Submariner
Jubilé	6311/9	20mm	OA 18K	Hombre		Datejust
Jubilé	8210/7	20mm	OA 14K	Hombre	21	Grabado
Jubilé	8210/8	20mm	OA 18K	Hombre	21	Acabado rugoso
Jubilé	8386/7	20mm	OA 14K	Hombre		Cierre invisible
Jubilé	8386/8	20mm	OA 18K	Hombre	24	Cierre invisible. Datejust
Jubilé	8387/8	20mm	OA 18K	Hombre		Cierre invisible. GMT y Submariner
Jubilé	8552/8	20mm	OA 18K	Hombre		Acabado rugoso
Jubilé	6251/0	20mm	Acero inox.	Hombre	22	GMT y Datejust
Jubilé	6311/0	20mm	Acero inox.	Hombre	23	
Jubilé	1701/3		Acero inox./OA 18K	Hombre	13	Oysterquartz Only

Estilo	Ref.	Tamaño	Metal	Género	Eslabones	Descripción
Jubilé	9667/3		Acero inox./OA 14K	Hombre	13	Oysterquartz Only
Jubilé	1701/0		Acero inox.	Hombre	13	Oysterquartz Only
Jubilé	6251/3	17mm	Acero inox./14K	Cadete		
Jubilé	6251/3	19mm	Acero inox./R 14K			
Flat Squares	2557/7	20mm	OA 9K	Hombre		Cierre tipo broche
5 eslabones	2563/7	20mm	OA 9K	Hombre		Cierre tipo broche
Chameleon	705		OB 14K	Mujer		Chameleon
Chameleon	706		OA 14K	Mujer		Chameleon
Enladrillado	705		OA 14K	Mujer		
Enladrillado	706		OB 14K	Mujer		
Basle Fair	704		OA 14K	Mujer		Oyster Perpetual y Ladydate
Bark	100/8	13mm	OA 18K	Mujer		
Bark	100/9	13mm	OB 18K	Mujer		
	101/8	17mm	OA 18K	Cadete		
	101/9	17mm	OB 18K	Cadete		
	102/8	17mm	OA 18K	Cadete		

Códigos de Cierres de Brazaletes

Entre 1976 y 2010 los siguientes cierres contaban con un código grabado en su hoja interna indicando su año de producción.

No todos los brazaletes vintage fueron hechos en Suiza, empresas subcontratadas los fabricaron en distintas regiones por mayor conveniencia arancelaria e impositiva, generando una amplia variedad de códigos y sellos de calidad.

El año de fabricación del brazalete no tiene necesariamente que coincidir con el de fabricación de la caja. Es posible que parte de cada inventario quedase en fábricas y almacenes a la espera de uso, por lo que es normal que haya una diferencia de uno o dos años entre los sellos. Los siguientes códigos abarcan cuatro décadas, incluyendo los últimos vintage y los modernos.

Las normas respecto a qué brazaletes se podían vender con qué relojes se volvieron más rígidas en la década de los setenta. Anteriormente, los vendedores tenían una mayor libertad e intercambiaban de forma habitual brazaletes e incluso esferas con el fin de cerrar ventas.

Al comprar un reloj debería fijarse en:

Si el código de fecha en el cierre coincide (con un margen de un año o dos) con el número de serie del reloj.

Si el modelo de brazalete se vendía habitualmente con ese reloj.

Aunque estos dos factores puedan indicar que el brazalete es el original del reloj, es completamente aceptable llevar un reloj antiguo con un brazalete nuevo.

Siempre que usted sea consciente de que brazalete y reloj no coinciden, podrá hacer los oportunos ajustes en el precio y la valoración.

El comprador también debería saber que la presencia de una S denota que el cierre fue cambiado por el servicio de mantenimiento, ya que es posible reemplazarlos independientemente de los eslabones del brazalete.

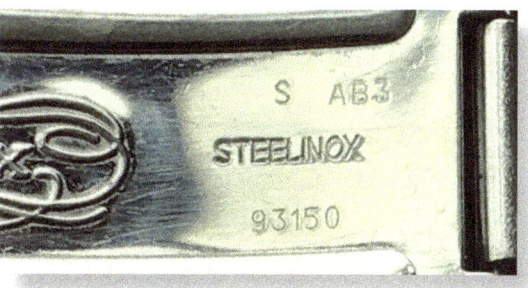

Este es un cierre reemplazado por un centro de servivio indicado por la S. El código AB3 señala que fue producido en el tercer cuatrimestre del año 2000. La cifra 93150 alude a un cierre Oysterlock en un Submariner, y debería emplearse en un brazalete Oyster compatible marcado con el 93150.

No todos los brazaletes y los cierres fueron hechos en Suiza.

Año	Cógido	Año	Cógido
1976	A o VA	1997	Z o U
1977	B o VB	1998	Z o W
1978	C o VC	1999	X
1979	D o VD	2000	AB
1980	E o VE	2001	DE
1981	F o VF	2002	DT
1982	G	2003	AD
1983	H	2004	CL
1984	I	2005	MA
1985	J	2006	OP
1986	K	2007	EO
1987	L	2008	PJ
1988	M	2009	LT
1989	N	2010	RS
1990	O		
1991	P		
1992	Q		
1993	R		
1994	S		
1995	T o W		
1996	V o U		

MOVIMIENTOS

"Un cuerpo en movimiento mantendrá dicho movimiento solo si permanece en contacto con algo que lo impulse."
- Aristóteles

Muchos coleccionistas no conocen, o no se interesan por el hermoso legado de su movimiento. Siempre que dé bien la hora, hay poco de lo que preocuparse. Sin embargo, las prácticas poco escrupulosas pueden privar al propietario o comprador de un valor significativo, por lo que ayuda tener una cierta idea de qué debería haber en el interior de su reloj y cómo identificarlo.

Los coleccionistas experimentados insisten en que antes de comprar un reloj vintage es esencial inspeccionar visualmente qué se esconde bajo el fondo, o, al menos, examinar fotografías de alta resolución que muestren el interior del reloj. Es una práctica común solicitar (y recibir) fotografías de calidad del movimiento de un reloj durante las negociaciones, e incluso durante el mantenimiento. Una negativa resultaría sospechosa.

Los vendedores a menudo aducen que abrir el reloj comprometería la integridad del sellado a prueba de agua, o que carecen de la herramienta con la que abrirlo. Si bien esto puede ser cierto, también puede ser signo de que intentan ocultar algo. En estos casos, confirme por escrito su política de devoluciones y haga constar que usted planea hacer que abran el reloj y lo inspeccionen tan pronto como lo reciba.

Existe un cierto riesgo en permitir que un relojero independiente trabaje en su reloj vintage. No es infrecuente que reemplacen piezas originales de gran valor vintage por componentes genéricos, de segunda mano, o incluso falsificados. Debería dar con un relojero cuya trayectoria y reputación se basen en el trabajo con relojes vintage, contactando para ello con la comunidad de coleccionistas y pidiendo referencias o recomendaciones.

No deje su preciada reliquia familiar en manos de cualquier relojero solo porque le diga que puede trabajar en un Rolex. Tanto si solo va a revisarlo como si va a realizar el mantenimiento del reloj, necesitará de las herramientas adecuadas, manuales de servicio Rolex antiguos y acceso a piezas escasas y restringidas.

Lo ideal sería que el relojero fuese conocido dentro de la comunidad de coleccionistas, estuviese acreditado o certificado profesionalmente y se mostrase dispuesto a comunicarse con usted detalladamente durante el proceso de mantenimiento. Esto normalmente implica fotografías del proceso mostrando el estado de su reloj en diversos momentos al ser desmontado.

Un relojero Rolex vintage reconocido casi siempre tendrá trabajo pendiente y una lista de espera de clientes impacientes. El trabajo técnico normalmente les llevará unos pocos días, y es posible que trabajen en varios proyectos a la vez, con diferentes relojes en su banco de trabajo y en distintos estados de montaje. El ritmo de trabajo se detiene al tener que esperar la llegada de piezas y recambios, con lo que podría tardar varios meses en poner su reloj en orden. Algunos movimientos son más complejos y requieren más tiempo que otros, especialmente aquellos con complicaciones, como los cronógrafos.

Cada movimiento cuenta con un número único (como las cajas) pero no es posible relacionar los números de movimiento con los números de serie de las cajas. Rolex nunca ha hecho pública esta información, por lo que es imposible saber si un movimiento salió de fábrica con la caja que actualmente ocupa. Sin embargo, un relojero experimentado será capaz de determinar si el número del movimiento coincide, dentro del rango esperado, con el número de la caja.

En el caso de los movimientos antiguos sin numeración el relojero debería ser capaz de evaluar su acabado y determinar si se corresponde con la manufactura, la referencia y el periodo. Esta disquisición es subjetiva, técnica y requiere una gran experiencia. Y como cualquier opinión, está abierta a debate.

La disponibilidad de piezas de movimientos antiguos y vintage es cada vez más problemática. Algunos coleccionistas y relojeros a menudo acaparan piezas genuinas nuevas (NOS) y movimientos donantes. Estas piezas y movimientos donantes aparecen ocasionalmente en eBay, siendo una fuente común de recambios para relojeros, de modo que ofrecerle su ayuda al relojero en la búsqueda de repuestos puede reducir el tiempo de espera, permitiéndole centrarse en el trabajo en lugar de rastrear eBay. Proporcionarle un reloj donante o algunas piezas también puede ser de ayuda.

Los clásicos contemporáneos cuentan con mejores registros de producción, por lo que un centro de servicio Rolex oficial puede comprobar si el número del movimiento coincide con el de la caja. A no ser que el movimiento sea enteramente Frankenstein o falsificado, deberían ser capaces de reemplazar cualquier pieza de segunda mano y devolver el reloj a los estándares de calidad esperados.

Un relojero puede encargar piezas nuevas de Rolex siempre que tenga acceso a una cuenta de piezas (Parts Account), o a través de un colega relojero con dicho acceso. Rolex aplica una política cada vez más restrictiva respecto a quién puede comprar piezas, por lo que los relojeros independientes tiene dificultades para conseguir los componentes que necesitan. Antes de dejar su reloj en mantenimiento, pregúntele al relojero de dónde provienen sus repuestos.

Rolex ha dependido durante años de numerosos subcontratistas y proveedores que le suministraban piezas, llegando a ser hasta 23 diferentes en algunos momentos. Los movimientos provenían principalmente de Aegler, a excepción de los movimientos con cronógrafo suministrados por Valjoux y, posteriormente, por Zenith. Estos son ébauches, o movimientos genéricos, destinados a ser modificados y acabados por los fabricantes.

Hoy, Rolex fabrica todos sus artículos en solo tres factorías: los movimientos en Biel, las cajas y pulseras en Plan-Les-Ouates y el ensamblado final y las comprobaciones en Les Acacias. Esta cadena de proveedores completamente integrada es un fenómeno reciente, en activo solo desde 2004.

Rolex compraba movimientos a su socio Aegler desde su aparición en 1908. Finalmente, Rolex adquirió a Aegler en 2004. Rolex no fue capaz de producir auténticos movimientos hechos en casa hasta esta integración con su proveedor más importante. En el caso de los relojes Rolex vintage y antiguos, nos encontramos con movimientos de terceros (principalmente Aegler) cuyas piezas eran terminadas y firmadas por, o para, Rolex.

Aegler no fue el único proveedor de Rolex, habiendo periodos (antes de 1950) en los que no podían hacer frente a la demanda. Rolex tuvo que encargar movimientos y piezas a otros fabricantes como Beguelin. Que un Rolex antiguo no cuente con un movimiento Aegler no significa que sea un reloj falso o Frankenstein.

Rolex empleó movimientos Aegler en una gran variedad de modelos a lo largo de medio siglo (periodos antiguo, vintage y moderno). Aunque esto genera un serpentino árbol genealógico, también añade interés y valor a las posibles combinaciones y configuraciones.

Lubricantes

Los movimientos son accionados por un resorte plano que libera tensión al desenrollarse impulsando así el tren de engranajes. A menos que se deje que el reloj se detenga, estas piezas están bajo presión constante y continuamente en movimiento. Se emplean varios tipos de lubricantes para reducir la fricción y maximizar la longevidad del movimiento. El tipo específico, cantidad y localización de los aceites es especificado por el fabricante en el calendario de lubricación, viejos manuales de servicio que se están volviendo tan deseados como los propios relojes.

El mantenimiento de un movimiento de los calibres 3035 y 3135 requiere de seis lubricantes distintos, desde aceites ligeros a grasa de motor.

Los lubricantes se degradan con el tiempo, independientemente de si el movimiento se encuentra en activo. Los aceites sintéticos modernos son más duraderos pero se descomponen igualmente. En un movimiento inactivo, con el paso del tiempo, los lubricantes se pueden desplazar acumulándose en ciertos puntos debido a la gravedad, por lo que es recomendable dar cuerda a los relojes vintage cada pocas semanas.

Los aceites resecos son difíciles de limpiar en piezas pequeñas, sus restos pueden ocasionar fricciones no deseadas y problemas de calibración. Los relojeros hacen grandes esfuerzos, empleando sofisticadas máquinas de limpieza y agresivos agentes limpiadores para retirar estos restos de lubricante. Esta complicada tarea es uno de los motivos por los que se recomienda un mantenimiento regular. Se aconseja dar servicio a un reloj cada 5 o 10 años, dependiendo del periodo al que pertenezca el movimiento.

Incluso bien lubricadas y moderadamente desgastadas, las piezas terminarán por quedar inservibles. Algunos componentes son diseñados como consumibles, destinados a ser reemplazados con los mantenimientos, como los muelles del barrilete y los cojinetes de rubí sintético. Es comúnmente aceptado (excepto por los coleccionistas más puristas) el uso de piezas de recambio de otras casas (no Rolex) en movimientos antiguos y vintage.

Acabado

Los relojes antiguos y vintage no son, en general, conocidos por los refinados acabados de sus movimientos. Esta práctica se asocia habitualmente a la alta relojería, que representa la búsqueda de la excelencia en el diseño y el ideal de la relojería como arte.

Rolex ha acabado siempre sus movimientos, pero en menor medida que otras manufacturas suizas. Su objetivo parecía ser plasmar su identidad visual en los ébauches, distinguiendo estéticamente sus piezas de aquellas elaboradas por otras compañías relojeras, más que exhibir su habilidad con los acabados. Excepto en el Cellini, Rolex nunca ha empleado fondos vistos para mostrar el acabado de sus movimientos.

El acabado de movimientos incluye una variedad de técnicas aplicadas a componentes individuales que han sido estampados o molidos en la base de metal. Todas las marcas de máquinas o herramientas, tales como bordes rebajados, son eliminadas mediante el pulido. Los componentes son entonces decorados a mano con gran laboriosidad.

Algunos acabados pueden responder a razones prácticas, aunque mayoritariamente son de tipo estético. Por ejemplo, la galvanoplastia puede prevenir la corrosión, y se dice que las bandas de Ginebra acumulan el polvo, evitando así que se deposite en torno a las partes móviles. Los tornillos de acero térmicamente tratados adquieren un profundo color azul, además de resultar más robustos. Si bien pueden darse pequeñas mejoras ingenieriles, estas técnicas son solo una muestra del increíble cariño y atención que los relojeros han dedicado a los más pequeños detalles.

Las *bandas de Ginebra* (Geneva Stripes) son una forma de decoración tradicional consistente en un patrón de bandas paralelas aplicadas sobre placas, puentes y rotores. Las bandas pueden ser Rect.as o circulares, pero siempre se coincidirán perfectamente alineándose entre las distintas piezas. Se emplean habitualmente en los relojes de vestir Rolex.

El *biselado* consiste en rebajar o achaflanar los ángulos de puentes y otras piezas (generalmente en 45 grados), presente en los movimientos Rolex antiguos y vintage. Los ángulos biselados pueden ser meticulosamente pulidos, enfatizando la forma de la pieza, siendo constante y regular en todos los componentes.

El *perlado* es un acabado propio de los modelos antiguos y vintage. También conocido como graneado o punteado, consiste en decorar una superficie con un patrón de pequeños círculos superpuestos empleando una muela giratoria. Esta técnica se emplea en los fondos Rolex y en las placas base de los movimientos.

Los *cojinetes* son los chaflanes cóncavos que se practican en torno a los orificios para tornillos y joyas. Estos bordes de agujeros y taladrados normalmente son pulidos a mano.

No todos los movimientos Rolex tienen el mismo grado y estilo de acabado, pero todos cuentan con alguno. Se necesita una experiencia considerable para reconocer los acabados de Rolex y discernir cuál corresponde a cada periodo y movimiento específico.

MOVIMIENTOS ANTIGUOS

En 1905 Hans Wilsdorf hizo el mayor encargo de movimientos que Aegler había recibido jamás. Se trataba de movimientos Rebberg en dos grados (de 7 y 15 joyas), todos acabados a máquina. Este pedido dio comienzo a una relación comercial que duraría un siglo y culminaría en una fusión de empresas.

Los movimientos que Aegler suministraba a Rolex en los primeros años (el periodo antiguo) se dividen en dos categorías: los Rebberg y los Hunter.

El nombre Rebberg fue registrado en 1902 y es un homenaje al barrio de Rebberg en Biel, hogar de la fábrica Aegler. Los movimientos de tipo Rebberg son los que se utilizaron inicialmente, y estaban disponibles tanto con escape de rueda como de cilindro. El modelo con rueda de escape es considerado el más refinado y coleccionable.

Más tarde, el movimiento Hunter reemplazó a un ya envejecido Rebberg. La producción y el uso del Hunter casi doblarían a los del Rebberg. Presentados en 1923 en tamaños de 9 ½ y 10 ½ líneas, contaban con un acabado de rodio pulido.

El primer Hunter fue un movimiento de 15 joyas en tres grados: Prima, Extra Prima y Ultra Prima. Las versiones posteriores con 16, 17 y 18 joyas fueron las primeras en alcanzar la precisión cronométrica, por lo que estos relojes lucían la designación Chronometer en la esfera.

Calibre 1035 con rotor de estilo mariposa. La apariencia envejecida del movimiento es consistente con el desgate de la caja.

Calibre 1215 de remonte manual. Fíjese en las piezas de recambio y el anillo espaciador que ajusta el movimiento a la caja de 36mm.

Movimientos Vintage

Rolex obtuvo la patente número 188.077 para el Superbalance en 1935.

Esta patente supuso la retirada de los tres grados Prima. Aegler produjo los movimientos Hunter Superbalance en asociación con Rolex, en configuraciones de 15 y 17 joyas, hasta 1969.

La diferencia entre los movimientos Superbalance residía en la calidad de las joyas y los cojinetes. Los movimientos de distintos grados contaban con puntos de ajuste, pequeños tornillos que podían ser apretados para alterar el rendimiento de las piezas móviles. Estos tornillos de ajuste se situaban en la placa base, siendo fácilmente identificables al retirar el fondo. El movimiento más simple contaba con dos tornillos de ajuste, mientras que los de mayor grado podían llegar a tener hasta siete ajustes.

El movimiento de remonte automático Oyster Perpetual apareció en 1931.

Fue creado aplicando un rotor semicircular al Hunter de 9 ¾ líneas. En 1944 el mecanismo Oyster Perpetual se aplicó al Hunter de 10 ½ líneas, siendo renombrado como Rolex cal.720, en producción hasta 1950.

Calibre 1030 (1950 - 1957)

En 1950 el cal. 720 y la serie Hunter fueron retirados y reemplazados por el nuevo cal. 1030.

Existió un cal. 1000 del que no se conocen muchos detalles, ya no sobrevivió mucho tiempo. El cal. 1030 tenía 25 joyas, lo que supuso un significativo avance ingenieril.

Este movimiento mostraba Rolex Perpetual en el rotor bidireccional de estilo mariposa.

Ajustado en cinco posiciones, ya alcanzaba niveles de precisión COSC antes de que existieran las pruebas del Control Oficial Suizo de Cronómetros. Una complicación, la fecha, fue añadida en 1952, convirtiéndose en el cal. 1035.

El calibre 1030 (y el 1035) son identificables por su singular rotor. Cuenta con dos cortes en ángulo que acaban en círculos recordando a una mariposa.

Estos dos cortes fueron realizados para eliminar la sacudida del rotor, que se producía por un movimiento excesivo. La torsión del rotor generaba tensión sobre el eje, haciendo contacto con la caja. Estos cortes dotaban de cierta flexibilidad al rotor, pudiendo absorber el movimiento. La serie 1030 fue muy exitosa y sirvió como base del calibre 1530, que la reemplazó en 1957.

Calibre 1200 (1954 - 1984)

La serie 1200 consistía en movimientos manuales basados en el Hunter A720. Su reputación de ser movimientos inferiores y de menor calidad que la ref. 1030 es infundada. Simplemente contaban con un diseño diferente, menos avanzado. Los relojeros expertos pueden dar fe de la exactitud de estos robustos movimientos, normalmente dentro de los estándares COSC (-4 /+6 segundos al día) y logrando incluso la certificación Rolex de -1/+5 segundos al día.

La serie 1200 contaba con una designación Precision similar a las del A720 Hunter Prima. Solo el 10% de los movimientos más precisos reciben la designación Super Precision. En 90% restante recibe los distintivos Extra Precision y Precision.

Los movimientos de la serie 1200 eran mecánicamente sencillos y muy robustos. Posteriormente, en 1967, fueron modernizados, siendo finalmente retirados en 1984.

Rolex siguió vendiendo estos movimientos manuales Precision junto a sus cronómetros automáticos Perpetual con certificación COSC, como la ref. 1035.

- Cal.1210 18,000 bps 1954 - 1964

- Cal.1215 18,000 bps (Date) 1954 - 1964

- Cal.1225 26,600 bps (Date) 1967 - 1984

Aegler los fabricó para Rolex en enormes cantidades para ser empleados en los Oyster Precision de 32 y 34mm y en los modelos Oysterdate. Estos relojes relativamente simples resultan accesibles y muy populares entre los coleccionistas.

Calibre 1530 (1957 - 1963)

El cal.1530 contaba con una alternancia más elevada, una mayor precisión y una reserva de marcha superior a las de los cal.1030 y 1035 a los que reemplazó. Contaba con numerosas mejoras técnicas. Esta serie también recibió una complicación de fecha con el cal.1535. Otra complicación, el día de la semana, fue añadida más tarde con la ref.1555 (entre 1959 y 1967), empleada en los modelos Day-Date President. Más tarde recibió una mejora con el cal.1556 (entre 1965 y 1978) con versiones de 25 y 26 joyas.

La ref. 1530 cuenta con un rotor plano semicircular con recortes en forma de anillos y dos ruedas rojas, lo que facilita su identificación. Experimentó distintas mejoras antes de ser retirado en 1965.

La serie 1530, incluyendo las derivaciones 1550, fue muy exitosa, empleándose durante 20 años antes de ser retirada de todos los modelos en 1977.

Calibre 1520 (1963 - 1977)

Curiosamente, el cal. 1520 apareció después del cal.1530, en 1963. Parece haber sido un intento de simplificar y reducir los costes de producción de la ref. 1530. A pesar de su buen rendimiento, nunca fue sometido a las pruebas de certificación COSC, aunque sí fue empleado en relojes con la certificación Precision.

Más tarde recibió una función de fecha con el cal. 1525, empleándose junto al 1520 en todos los modelos no cronómetros hasta 1980. Para entonces, todos excepto el Air-King habían obtenido la certificación COSC, con la llegada de la serie 3000. El 3000 sería el calibre estándar de Rolex durante muchos años.

Calibre 1560 (1959 - 1965)

La ref. 1560 dio comienzo a la segunda generación de la serie 1500 (siendo la primera generación la de los calibres 1530 y 1520 entre 1963 y 1977). Su lanzamiento y venta se solapó con la de su predecesor, la ref. 1520.

Este es un movimiento automático de 26 joyas con una función de fecha añadida en el cal. 1565. Posteriormente se le añadió una manecilla de 24 horas para el 1560GMT. Aunque no contaba con un mecanismo de ajuste rápido, el sistema posibilitaba el cambio de fecha instantáneo a medianoche.

El primer cal.1560 sin fecha fue empleado en la serie Oyster Perpetual comenzando con la ref. 1002 a finales de los cincuenta. Las modestas dimensiones del movimiento (5.75mm de alto, 28.5mm de diámetro, 12.5 líneas) permitían que encajase cómodamente en las cajas de tamaño cadete (34mm) y caballero (36mm) de la época.

El Explorer ref. 1016 (de 1963 a 1989) fue lanzado inicialmente con un cal. 1530, pero fue mejorado con el cal. 1560 más preciso y con certificación cronómetro. El Submariner 5512 siguió un camino similar.

Calibre 1570 (1965 - 1974)

El cal. 1570 marcó el inicio de la tercera generación de la serie 1500, introduciendo la parada del segundero. Al sacar la corona se activaba una palanca que bloqueaba el muelle espiral, deteniendo la segundero. Esta innovación posibilitaba en ajuste más preciso de la hora, sincronizándose con otros relojes.

La ref. 1570 es uno de los movimientos más valorados de Rolex, siendo empleado en algunos de los modelos vintage más deseados. Las funciones de fecha y segundo uso horario fueron añadidas e incluidas en el Explorer II, el Sea-Dweller 1665 y el GMT-Master.

Movimientos Modernos

Calibre 3000 (1990 - 2001)

El cal. 3000 apareció en torno a 1977 como reemplazo de la serie 1500. La transición fue un proceso largo, con ambos movimientos superponiéndose hasta bien entrados los años noventa. El cal. 3000 se empleó en las series Air-King 14000, Submariner 14060 y en modelos Explorer sin fecha. La versión COSC (cal. 3130) marcó el camino de las actualizaciones para modelos como el Submariner 14060M y los Explorer 14000, 14010, 14060 y 14270.

Calibres 3035 y 3135 (1977 - Actualidad)

El 3035 fue el primer calibre equipado con una rueda de ajuste rápido de fecha, debutando en el Datejust.

El cal. 3135 llegó en 1988 como una modesta evolución del 3035. Los relojes modernos con cristal de zafiro emplearon los calibres 3035 y 3135 durante los noventa.

El cal. 3135 fue empleado en más referencias que cualquier otro movimiento. En comparación con sus predecesores, este calibre está altamente terminado, con un considerable tamaño de 28.5mm de diámetro y 6mm de alto. También cuenta con una elevada alternancia (28.8 Hz) y un gran número de joyas (31), lo que lo hace notablemente preciso.

Los entendidos en este mundillo consideran al 3135 uno de los calibres Rolex de más alto rendimiento y mayor éxito a nivel comercial.

Calibre moderno 3135

Cronograma de movimientos (aproximado)

Rolex nunca ha hecho público el historial de producción de sus movimientos. Sin embargo, coleccionistas, entusiastas y relojeros han logrado compilar un cronograma aproximado a partir de números de serie de cajas y registros de otras manufacturas que emplearon ébauches similares. Este gráfico ofrece aproximaciones al año de introducción y debería ser empleado solo como guía básica.

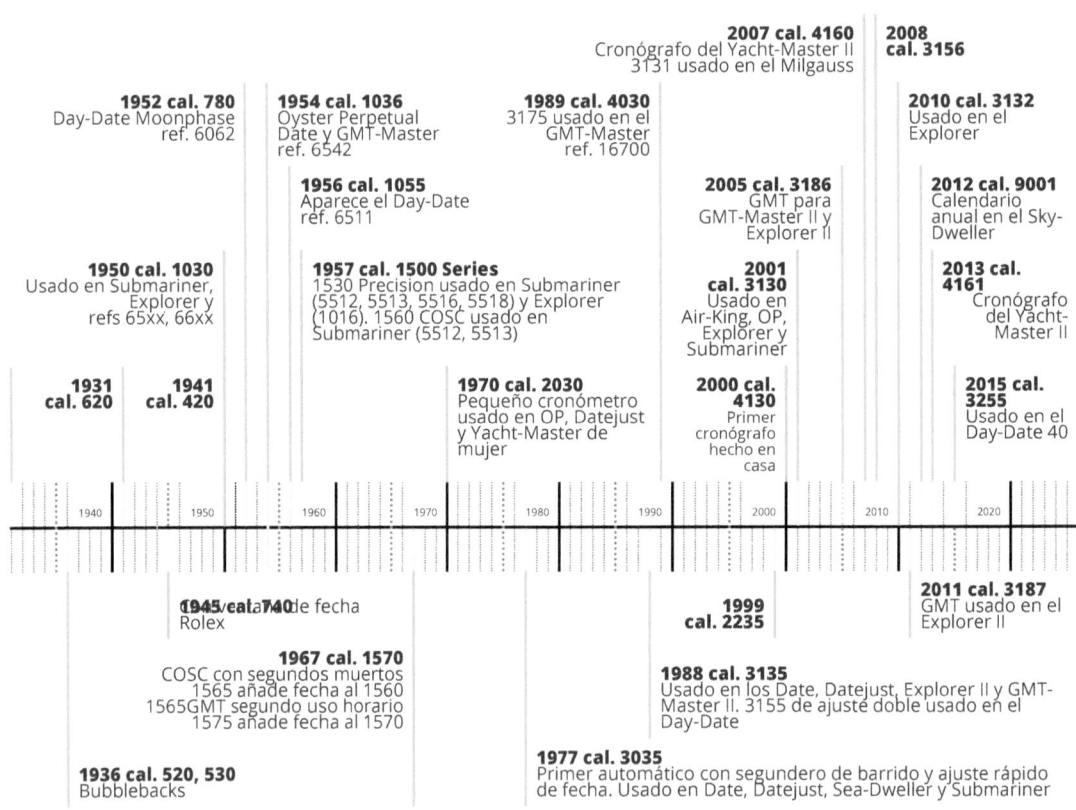

Tabla de referencias de movimientos

Cal.	Origen	Joyas	Alt. (Hz)	Forma	Tipo	Grabados	Años	Desc.
23	22	17	18	Circular	Cronógrafo manual		1960 - 1960	Cronógrafo Valjoux
59		17	18	Circular	Manual	-		Fontmelon usado en el Oyster Watch Co. y Canadian Junior Sport
72	Cal. base	17	18	Circular	Manual			
72A	Cal. base	17	18	Circular	Cronógrafo manual	Volante regulador	1964 - 1964	Shock Protecting
72B	72A	17	18	Circular	Cronógrafo manual	Volante regulador	1968 - 1968	Shock Protecting
72C	72A	17	18	Circular	Cronógrafo manual	Volante regulador	1962 - 1962	Shock Protecting
90	Cal. base	17	18	Rect.	Manual		1961 - 1961	
100	Cal. base	17	18	Rect.	Manual		1945 - 1945	Super Balance
150	100	17	18		Manual		1950 - 1950	
160	100	17	18	Rect.	Manual		1947 - 1947	Super Balance
161	100	17	18	Rect.	Manual	Placa	1950 - 1950	Super Balance
170	Cal. base	17	18	Rect.	Manual		1952 - 1952	Princess
180	Cal. base	17	18	Oval.	Manual		1950 - 1950	Super Balance
190	160	17	18	Rect.	Manual	Volante regulador	1952 - 1952	
191	160	17	21	Rect.	Manual	Volante regulador	1953 - 1953	
192	160	17	21.6	Rect.	Manual	Volante regulador	1956 - 1956	
193	160	17	21.6	Rect.	Manual		1961 - 1961	
200	Cal. base	17		Oval.	Manual		1938 - 1938	Extra Prima
210	210	17		Oval.	Manual		1945 - 1945	Prima

Cal.	Origen	Joyas	Alt. (Hz)	Forma	Tipo	Grabados	Años	Desc.
250	Cal. base	15		Oval.	Manual		1945 - 1945	Extra Prima
270	Cal. base	17	18		Manual		1950 - 1950	
280	270	17	21.6		Manual	Volante regulador	1954 - 1954	
281	270	17	21.6		Manual	Volante regulador	1958 - 1958	
282	270	17	21.6		Manual	Volante regulador	1963 - 1963	Shock Protecting
300	Cal. base	18		Rect.	Cronómetro manual		1938 - 1938	
310	300	18		Rect.	Cronómetro manual		1938 - 1938	
350	300	18	18	Rect.	Manual	Volante regulador	1938 - 1938	Extra Prima
360	Cal. base	18	18	Rect.	Cronómetro manual	Volante regulador	1953 - 1953	Super Balance
400	Cal. base	17			Manual		1953 - 1953	Super Balance
420	400	18			Auto		1952 - 1952	
510	500	17			Manual		1953 - 1953	Super Balance, Precision
520	500	18			Auto		1948 - 1948	
530	500	17			Auto		1948 - 1948	
600	Cal. base	17			Manual		1951 - 1951	Precision
620	600	18			Cronómetro automático		1951 - 1951	Super Balance
630	600	18			Auto		1951 - 1951	
635	600	18			Auto		1954 - 1954	Shock Protecting
640	635	18			Auto		1954 - 1954	Moonphase
645	635	18			Auto		1954 - 1954	
650	Cal. base	17	18	Ultra-slim	Manual	Puente tren engranajes	1977 - 1977	
651	650	18	21.6	Ultra-slim	Manual	Puente tren engranajes	1992 - 1992	

Cal.	Origen	Joyas	Alt. (Hz)	Forma	Tipo	Grabados	Años	Desc.
700	Cal. base	18			Cronómetro manual		1951 - 1951	Super Balance
710	700	17			Manual		1951 - 1951	Super Balance, Precision
720	Cal. base	18			Cronómetro automático		1952 - 1952	Super Balance
722	72A		18	Circular			1968 - 1968	Shock Protecting
727	72A	17	21.6	Circular	Cronógrafo manual		1984 - 1984	Shock Protecting
740	720	18		Circular	Cronómetro automático		1955 - 1955	Date (fecha)
730	720	18	21.6	Circular	Cronómetro automático		1952 - 1952	
745	720			Circular	Auto		1955 - 1955	Date (fecha)
750	Cal. base	20	21	Circular	Manual	Barrel Puente	1992 - 1992	Reloj de bolsillo
760	700			Circular	Manual		1956 - 1956	Date (fecha)
765	720	18		Circular	Manual		1955 - 1955	Date (fecha)
775	720	18		Circular	Manual		1955 - 1955	
780				Circular	Manual			Moonphase
722-1	72A	17		Circular	Cronógrafo manual		1969 - 1969	Shock Protecting
800	Cal. base	17		Circular	Cronómetro manual		1960 - 1960	Ultra Prima, Reloj de bolsillo, Shock Protecting
850	800	17		Circular	Cronómetro manual		1960 - 1960	Reloj de bolsillo, Shock Protecting
1000	1030	18	18	Circular	Manual	Volante regulador	1955 - 1955	Shock Protecting
1016			18	Circular	Auto	Puente remonte manual	1985 - 1985	
1030	Cal. base	17	18	Circular	Auto	Puente remonte manual	1957 - 1957	Shock Protecting
1030	1030	25	18	Circular	Auto	Puente remonte manual	1957 - 1957	Shock Protecting
1035	1030	25	18	Circular	Auto	Puente remonte manual	1957 - 1957	Date (fecha), Shock Protecting

Cal.	Origen	Joyas	Alt. (Hz)	Forma	Tipo	Grabados	Años	Desc.
1036	1030	25	18	Circular	Auto	Puente remonte manual	1957 - 1957	Date (fecha), Shock Protecting
1040	1030	26	18	Circular	Auto	Puente remonte manual	1957 - 1957	Shock Protecting
1040	1030	25	18	Circular	Auto	Puente remonte manual	1957 - 1957	Shock Protecting
1051	1030	25	18	Circular	Auto	Puente remonte manual	1956 - 1956	
1055	1030	25	18	Circular	Auto	Puente remonte manual	1956 - 1956	Day-Date, Shock Protecting
1065	1030	25	18	Circular	Auto	Puente remonte manual	1959 - 1959	Date (fecha), Shock Protecting
1066	1030	25	18	Circular	Auto	Puente remonte manual	1957 - 1957	Date (fecha), Shock Protecting
1080	1030	25	18	Circular	Auto	Puente remonte manual	1956 - 1956	Anti-magnetic, Shock Protecting
1036 GMT	1030	25	18	Circular	Auto	Puente remonte manual	1957 - 1957	Date (fecha), Shock Protecting
1055B	1030	25	18	Circular	Auto	Puente remonte manual	1956 - 1956	Day-Date, Shock Protecting
1065 GMT	1030	25	18	Circular	Auto	Puente remonte manual	1957 - 1957	Date (fecha), Shock Protecting
1065M	1030	25	18	Circular	Auto	Puente remonte manual	1959 - 1959	Shock Protecting
1066 GMT	1030	25	18	Circular	Auto	Puente remonte manual	1957 - 1957	Date (fecha), Shock Protecting
1066M	1030	25	18	Circular	Auto	Puente remonte manual	1957 - 1957	Anti-magnetic, Shock Protecting
1100	1120	17	19.8	Circular	Manual	Volante regulador	1957 - 1957	Shock Protecting
1120	Cal. base	27	19.8	Circular	Auto	Puente remonte manual	1956 - 1956	Shock Protecting

Cal.	Origen	Joyas	Alt. (Hz)	Forma	Tipo	Grabados	Años	Desc.
1130	1120	26	19.8	Circular	Auto	Puente remonte manual	1967 - 1967	Shock Protecting
1135	1120	26	19.8	Circular	Auto	Puente remonte manual	1967 - 1967	Date (fecha), Shock Protecting
1160	1120	26	19.8	Circular	Auto	Puente remonte manual	1968 - 1968	Shock Protecting
1161	1120	26	19.8	Circular	Auto	Puente remonte manual	1970 - 1970	Shock Protecting
1165	1120	26	19.8	Circular	Auto	Puente remonte manual	1968 - 1968	Shock Protecting
1166	1120	26	19.8	Circular	Auto	Puente remonte manual	1970 - 1970	Shock Protecting
1170	Cal. base	21	18	Circular	Manual	Volante regulador		Shock Resisting
1173	1170	17	18	Circular	Manual	Volante regulador		Shock Resisting
1200	1210	17	18	Circular	Manual	Volante regulador	1964 - 1964	Shock Protecting
1210	Cal. base	17	18	Circular	Manual	Volante regulador	1967 - 1967	Shock Protecting
1215	1210	17	18	Circular	Manual	Volante regulador	1967 - 1967	Shock Protecting
1216	1210	17	18	Circular	Manual	Volante regulador	1967 - 1967	Oysterdate, Shock Protecting
1220	1210	17	21.6	Circular	Manual	Volante regulador	1984 - 1984	Shock Protecting
1225	1210	17	21.6	Circular	Manual	Volante regulador	1984 - 1984	Oysterdate, Shock Protecting
1300	Cal. base	17	18	Rect.	Manual	Volante regulador	1967 - 1967	Shock Protecting
1240	1200				Manual			Shock Protecting
1310	1300	18	18	Rect.	Manual	Volante regulador	1967 - 1967	Shock Protecting
1315	1300	17	18	Rect.	Manual	Volante regulador	1967 - 1967	Date (fecha), Shock Protecting
1400	Cal. base	18	21.6		Manual	Volante regulador	1984 - 1984	Shock Protecting
1401	1400	18	21.6		Auto	Volante regulador	1966 - 1966	Shock Protecting

Cal.	Origen	Joyas	Alt. (Hz)	Forma	Tipo	Grabados	Años	Desc.
1525	1530	26	19.8		Auto	Puente remonte manual	1984 - 1984	Date (fecha), Shock Protecting
1530	Cal. base	17	18		Auto	Puente remonte manual	1964 - 1964	Shock Protecting (US Version)
1530	Cal. base	25	18		Auto	Puente remonte manual	1964 - 1964	Shock Protecting (EU Version)
1535	1530	26	18		Auto	Puente remonte manual	1967 - 1967	Date (fecha), Shock Protecting
1536	1530	26			Auto		1977 - 1977	
1555	1530	26	18		Auto	Puente remonte manual	1967 - 1967	Day-Date, Shock Protecting
1556	1530	26	19.8		Auto	Puente remonte manual	1978 - 1978	Day-Date, Shock Protecting
1560	1530	26	18		Auto	Puente remonte manual	1967 - 1967	Shock Protecting
1565	1530	26	18		Auto	Puente remonte manual	1967 - 1967	Date (fecha), Shock Protecting
1566	Cal. base	17	18		Auto	Placa	1967 - 1967	Shock Resisting
1566	1530	25	18		Auto	Eje	1967 - 1967	Shock Resisting
1570	1530	26	19.8		Cronómetro automático	Puente remonte manual	1979 - 1979	Shock Protecting
1575	1530	26	19.8		Auto	Puente remonte manual	1979 - 1979	Date (fecha), Shock Protecting
1580	1530	26	19.8		Auto	Puente remonte manual	1979 - 1979	Shock Protecting
1565 GMT	1530	25	18	Circular	Auto	Puente remonte manual	1967 - 1967	Date (fecha), Shock Protecting
1575 GMT	1530	26	19.8	Circular	Auto	Puente remonte manual	1979 - 1979	Date (fecha), Shock Protecting
1600	1600	19	19.8		Manual	Volante regulador	1984 - 1984	Shock Protecting

Cal.	Origen	Joyas	Alt. (Hz)	Forma	Tipo	Grabados	Años	Desc.
1601	1600	20	19.8		Manual	Volante regulador	1979 - 1979	Shock Protecting
1602	1600	20	21.6		Manual	Puente tren engranajes	2006 - 2006	Shock Protecting
1800	Cal. base	17	21.6		Manual	Volante regulador	1974 - 1974	Shock Protecting
1895	Cal. base	21	21.6		Auto	Volante regulador	1977 - 1977	Day-Date, Shock Resisting
2030	Cal. base	28	28.8		Auto	Puente remonte manual	1979 - 1979	Shock Protecting
2035	2030	28	28.8		Auto	Puente remonte manual	1979 - 1979	Shock Protecting
2130	Cal. base	29	28.8		Auto	Puente remonte manual	1992 - 1992	Shock Protecting
2135	2130	29	28.8		Auto	Puente remonte manual	1992 - 1992	Date (fecha), Shock Protecting
3000		27		Circular	Auto		1992 - 1992	OP, Air King, Explorer, Submariner
3035	Cal. base	27	28.8	Circular	Auto	Puente remonte manual	1990 - 1990	Date (fecha), Shock Protecting
3055	3035	27	28.8	Circular	Auto	Puente remonte manual	1990 - 1990	Day-Date, Shock Protecting
3075	3035	27	28.8	Circular	Auto	Puente remonte manual	1992 - 1992	Date (fecha), 12/24 Hr
3085	3035	27	28.8	Circular	Auto	Puente remonte manual	2004 - 2004	Date (fecha), 12/24 Hr
3130		31	28.8	Circular	Auto			OP, Air King, Explorer, Submariner
3135	Cal. base	31	28.8	Circular	Auto	Puente remonte manual	2001 - 2001	Quickset Date, Datejust, Submariner Date, Sea Dweller, Yacht Master
3155	3135	31	28.8	Circular	Auto	Puente remonte manual	2001 - 2001	Day-Date
3175		31	28.8	Circular	Auto		1992 - 1992	Quickset Date, GMT

Cal.	Origen	Joyas	Alt. (Hz)	Forma	Tipo	Grabados	Años	Desc.
3185	3135	31	28.8	Circular	Auto	Puente remonte manual	1992 - 1992	Quickset Date, GMT II
4030	Cal. base	31	28.8		Auto	Chrono Puente	1992 - 1992	Daytona, Shock Protecting, Zenith El Primero
4130	4030	44	28.8		Auto			
5035	Cal. base	11	32.3		Cuarzo	Puente	1992 - 1992	Quickset Date, Datejust
5055	5035	11	32.3		Cuarzo	Puente	1992 - 1992	Quickset Day-Date
6620	Cal. base	8			Cuarzo	Puente	1992 - 1992	Ultra-slim
2766							1977 - 1977	
2230	Cal. base	31	28.8		Auto			

12 ACCESORIOS

"Hay dos cosas que son infinitas: el universo y la estupidez humana; y del universo no estoy seguro."
- Albert Einstein

El término *set completo* (full-set) hace referencia a los accesorios que acompañan a un reloj nuevo cuando es adquirido por primera vez. Incluye la caja original, los manuales, el recibo de compra, las etiquetas y los documentos de la garantía. Estos elementos dan mayor entidad al origen e historia del reloj. Algunos coleccionistas llegan a obsesionarse por estos accesorios tanto como por los propios relojes.

Los accesorios falsificados son tan comunes como los relojes falsos a los que acompañan. Un estafador podría incluir accesorios originales para despistar al comprador ante un reloj falso, y un vendedor podría incorporar accesorios no pertenecientes a un reloj auténtico para subir su precio.

Por regla general, cuanto más viejo sea el reloj, menos probable será que incluya sus accesorios originales. Los relojes antiguos raramente irán acompañados de sus cajas y garantías originales. Ya es un logro que estos relojes hayan sobrevivido a un siglo de uso y desgaste, por lo que el ir acompañados de documentos y embalaje original sería altamente improbable.

Algunos relojes de la era vintage pueden incluir accesorios de los años cincuenta. Los coleccionistas los aprecian más por nostalgia que por su valor intrínseco. El incremento de precio dependerá del modelo del reloj y el estado de éste y de sus accesorios. Por ejemplo, la caja y documentos de un viejo Submariner resultan más interesantes que los accesorios de un Datejust.

Es más probable que los modern classics incluyan accesorios. Hay muchos accesorios desconjuntados a la venta en eBay que pueden agruparse para componer un set completo. Un comprador poco avezado podría pasar por alto los indicios de que se trata de un conjunto incorrectamente agrupado formado por accesorios que no se corresponden.

Existe un vibrante mercado de accesorios dirigido a coleccionistas que disfrutan del desafío de agruparlos correctamente. Verificar que un set de accesorios es auténtico, original de su periodo y perteneciente al reloj al que acompaña puede suponer una compleja labor técnica. Algunos disfrutan de este reto, otros optan por ignorar los accesorios completamente.

El tipo y combinación de accesorios varía con cada modelo y cambia con el paso del tiempo. Todos cuentan con cajas interiores y exteriores, documentos de garantía y manuales de distinta clase. Los relojes COSC llevaban etiquetas mientras que los de buceo incluían otros accesorios singulares como anclas o herramientas para el brazalete.

No se recomienda al comprador darle demasiada importancia a los accesorios. Después de todo, no es algo que vaya a lucir y, probablemente, queden relegados a la oscuridad de un cajón. Sin embargo, merece la pena adquirirlos si planea revender el reloj. Si espera conservar el reloj a largo plazo, pagar un extra por los accesorios es una decisión completamente personal y subjetiva.

Cajas

Se han empleado una gran variedad de cajas a lo largo de los años, todas destinadas a transmitir sensación de lujo con materiales como terciopelo o polipiel. También se han empleado cajas de viaje, saquitos y folletos de carácter más funcional y menos lujoso. También estos accesorios varían regionalmente.

Durante la época vintage, las cajas eran fabricadas por subcontratistas, asignándoles los relojes en el mismo punto de venta por el propio joyero o el distribuidor. Esto hace habituales las discordancias, especialmente entre distintas regiones. Por lo general, los relojes masculinos se vendían en cajas verdes, y los femeninos, en rojas. Para los modelos de joyería se empleaban cajas especiales.

La caja en sí era acompañada por otra caja exterior de cartón, decorada específicamente según la colección a la que perteneciese. Las marcas impresas y los códigos de identificación han cambiado a lo largo de los años. Todas las cajas interiores incluyen, además, un número de producto en sus bases. A día de hoy no hay un consenso entre los coleccionistas acerca de qué indican estos números.

Las cajas dañadas pueden ser restauradas y recuperadas, muchos artesanos ofrecen sus servicios en las redes sociales. La calidad de sus trabajos es alta, pudiendo devolver una caja a un estado prácticamente como nuevo. La restauración incluye reemplazar la cubierta exterior de polipiel y tapizar de nuevo los cojines, acolchados y forros interiores.

Las cajas falsificadas abundan, siendo posible adquirirlas online. Pueden ser difíciles de autentificar y diferenciar de una genuina, a no ser que cuente con bastantes ejemplos con los comparar. La mejor manera de protegerse es conocer con exactitud qué estilo es el propio del momento de fabricación del modelo que desea adquirir.

Folletos

Habitualmente son tres los folletos que acompañan a un reloj en el momento de su compra: uno específico para el modelo del reloj, otro del brazalete Oyster y la garantía con sus condiciones.

Los folletos del modelo incluyen una fecha impresa en la penúltima página. Debería estar en un rango de uno o dos años respecto a la fecha de fabricación del reloj para ser considerado el original. Los folletos son sencillos de falsificar, así que compruebe que su desgaste y deterioro se corresponden con su edad y asegúrese de saber qué diseño es el correspondiente al reloj con el que se incluye.

Anclas

En torno a 1969, Rolex rediseñó su empaquetado y comenzó a incluir un abalorio en forma de ancla con sus relojes de inmersión. Esta ancla en miniatura, similar a un llavero, incluye la capacidad de inmersión del reloj grabada por un lado en metros y por el otro en pies. Se incluían con los Submariner y los Sea-Dweller hasta 2005, cuando los números de serie alcanzaron la letra F.

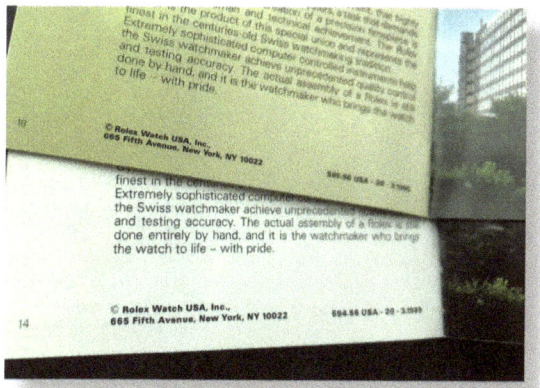

Dado que ya no se fabrican, estas anclas se han vuelto codiciadas pese no a servir ningún propósito específico. Las de color plata y acero son las más comunes, aunque también existen algunas doradas que se otorgaban con el Submariner de oro macizo.

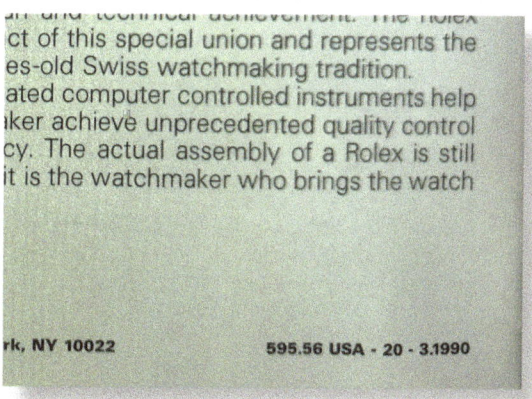

Existen falsificaciones de estas anclas, presumiblemente hechas para acompañar falsos Submariner y Sea-Dweller.

Etiquetas

Hay dos clases de etiquetas que el comprador puede encontrar: una de cronómetro y otra verde, con el indicativo de Swimproof Oyster.

La etiqueta de cronómetro apareció a mediados de los cuarenta como un pequeño disco rojo similar a un sello de cera acompañado por un cordel decorativo.

Esta etiqueta indica que el movimiento del reloj ha superado la certificación COSC y funciona de acuerdo con estándares cronométricos. Las etiquetas reemplazaron a los certificados COSC en papel.

La etiqueta o lacre COSC rojo ha tenido diferentes versiones. La primera era un disco completamente rojo con aspecto marmolado. El texto iba en relieve y el cordel decorativo era de color borgoña y dorado. Este estilo se mantuvo hasta comienzos de los sesenta.

La segunda versión tenía el mismo texto en relieve pero iba sobreimpreso en dorado. El plástico, ahora granate, tenía un aspecto marmóreo menos conseguido, y el cordel pasó a ser verde y dorado. En torno a 1967 el cordel volvió a cambiar sus colores volviendo al rojo y dorado anterior. Esta segunda variante se mantuvo hasta 1970.

En la década de los setenta la corona de Rolex adoptó su estilo similar a un pie de rana y el relieve Geneve pasó a ser Geneve-Bienne.

En la década de los ochenta la corona cambió de nuevo, adoptando un estilo ensanchado. En 1989, cuando la numeración alcanzó la letra R, se incorporó un holograma a la etiqueta roja mostrando una única corona. En el año 2000 este holograma fue modificado, mostrando ahora varias coronas de menor tamaño. Este holograma se mantendría hasta la llegada de la etiqueta verde en 2015.

Fue en julio de 2015 cuando la etiqueta de cronómetro pasó a ser verde, señalando la ampliación de la garantía de Rolex de dos a cinco años.

Todos los modelos actuales incluyen una etiqueta verde y el holograma que muestra varias coronas de menor o mayor tamaño.

Arriba: lacres COSC rojos de los ochenta con el holograma de varias coronas y etiqueta verde Swimpruf Oyster tag.

Abajo: lacre COSC temprano de finales los cincuenta.

Garantía

Existe la falsa creencia de que los papeles de la garantía de un Rolex demuestran con absoluta certeza que el reloj es auténtico. Esta presunción es falsa ya que los viejos documentos de la garantía o el recibo de compra no demuestran por sí mismos la autenticad de un reloj. Sin embargo, sí contienen información importante que puede ayudar a autentificar el reloj y reducir el grado de incertidumbre.

Los papeles de la garantía habitualmente incluyen las señas del joyero, muchos de los cuales ya han desaparecido. Sería posible intentar contactar con el joyero y comprobar si tienen registros de haber vendido ese reloj. Los relojes más antiguos son anteriores a la red oficial de vendedores de Rolex, por lo que en estos casos la comprobación no es posible. Así que, si bien estos documentos pueden resultar interesantes, tienen poco peso a la hora de determinar la autenticidad de un reloj.

Los documentos de garantía de los relojes vintage presentan distintos estilos, idiomas y tamaños. Muchos incluyen marcas de agua visibles si se sostiene el papel frente a una ventana u otra fuente de luz.

También es habitual que los detalles del reloj hayan sido cumplimentados a mano en bolígrafo, pudiendo ser borrados con facilidad.

Impregnar el documento en acetona hará que la tinta se disuelva, secándose posteriormente sin arrugar ni dejar marcas en el papel. Es fácil encontrar estos documentos lavados en eBay, prestándose a todo tipo de propósitos turbios. La tinta de máquina de escribir es mucho más difícil, cuando no imposible, de borrar.

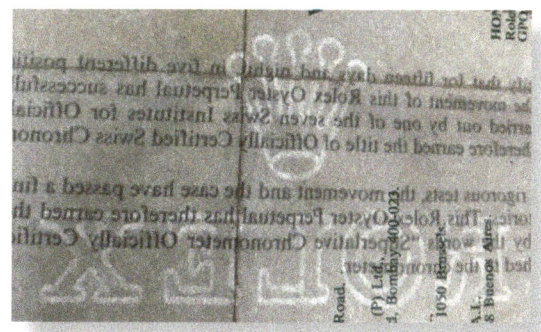

Marca de agua en una garantía.

Las perforaciones de una grantía original tienen un tamaño de 4 por 6 agujeros. Las falsificaciones tienen 5 por 7 o 5 por 9.

Máquina de perforar de la era vintage empleada por distribuidores Rolex autorizados.

Por ello, los coleccionistas prefieren los documentos perforados a los escritos a mano. Sin embargo, todavía existen máquinas de certificación de la era vintage que pueden usarse para perforar cualquier número de serie en documentos lavados o certificados.

Los documentos originales son útiles y deseables, pero es preferible la ausencia de documentos a los papeles de aspecto sospechoso, no correspondientes o falsificados. Debe saber que es posible grabar una caja Oyster falsificada con los números de serie y referencia de un documento auténtico. Esta mala práctica se ha dado en caros modelos vintage, como los codiciados primeros Daytona.

Los relojes vendidos en Estados Unidos incluían papeles de garantía con códigos únicos para el mercado estadounidense. Los documentos previos al 2000 incluían un código de cinco caracteres en color rojo impreso en el reverso.

Estos dígitos indican la fecha en la que Rolex envió el reloj al vendedor. De este modo, un código "C OWCE" equivaldría a "9 2694", señalando el 26 de septiembre de 1994.

Letra	Clave
R	1
O	2
L	3
E	4
X	5
W	6
A	7
T	8
C	9
H	0

En la cara principal del documento se incluye un código de 14 dígitos impreso o mecanografiado sobre el número de serie (por ejemplo, R16520A50B7839).

Este número puede ser dividido en seis grupos:

(L) NNNNN(N) X NX (L XXNN)

(L) : MARCA

- R = Rolex
- T = Tudor

NNNNN(N): REF. DEL RELOJ

- Cinco o seis dígitos: 16528, 116520, etc.

X : MATERIAL DE LA CAJA

- A = Acero inoxidable (En francés, *acier*)
- 3 = Oro y metal
- 4 = Acero inoxidable y oro blanco
- 8 = Oro amarillo
- 9 = Oro blanco

NX : ESTILO DE LA ESFERA

- 0U = Madreperla negra con diamantes
- 0W = Madreperla negra con números romanos
- 10 = Plata
- 18 = Plata con acabado tapizado
- 20 = Champagne
- 28 = Champagne con acabado tapizado
- 30 = Negro
- 3H = Ónice con números arábigos y

dos diamantes

- 50 = Blanco
- 51 = Blanco con números romanos
- 52 = Marfil con decoración piramidal y números romanos
- 57 = Blanco con números arábigos
- 83 = Rosa con números romanos
- 8X = Ónice con gemas (Serti)
- 9K = Madreperla blanca con números arábigos
- 9R = Madreperla con números romanos

L : BRAZALETE

- B = Brazalete
- S = Correa

En los brazaletes integrados (como el Oysterquartz) este código no aparece.

XXNN : TIPO DE BRAZALETE

- Cuatro dígitos o dos caracteres y dos dígitos. Ejemplo: 7839, 7876, 9315, etc.

Nuestro ejemplo R16520A50B7839 equivaldría a:

1. (R) Rolex

2. (16520) Ref. del Zenith Daytona

3. (A) Acero inoxidable

4. (50) Esfera blanca

5. (B) Brazalete

6. (7839) Ref. del brazalete 78390

13 EPÍLOGO

"Obsesionado es la palabra que usan los perezosos para describir a los dedicados."
- Anónimo

Eso es todo, la máxima cantidad de datos que un entusiasta de Rolex puede digerir en una sola sentada.

Ahora ya debería usted tener una idea del volumen y la variedad de relojes que circulan por el mercado, y de los obstáculos que hay en el camino hasta ellos. Se encontrará con ladrones y estafadores, chanchulleros y farsantes, todos buscando quitarle su dinero y su dignidad. Las falsificaciones y las réplicas son cada vez más comunes en el mercado de los relojes antiguos y vintage de segunda mano.

- Entre el 15 y 30% de las búsquedas en internet sobre relojes están relacionadas con la búsqueda de réplicas (Fuente: Forbes 2013). Cada vez más gente busca la falsa estética vintage.

- En 2017 Suiza exportó 25 millones de relojes. China exportó 663 millones. Aunque hay algunas marcas chinas conocidas en estas cifras, ninguna cuenta con la demanda o el caché de Rolex.

- El servicio de aduanas de Suiza informa de que hay entre 30 y 40 millones de relojes falsificados entrando en circulación cada año (2005).

- Las aduanas suizas calculan que un 40% de las falsificaciones provienen de China (2006). Independientemente de la exactitud de esta estimación, un gran número de falsificaciones se hacen o se ensamblan en otros lugares, incluyendo Europa e Estados Unidos.

- Según una estimación de 2012 de la Federación de Relojes Suizos, las falsificaciones de relojes generan ventas por valor de más de mil millones de dólares al año.

Hay una gran cantidad de gente que compra relojes falsos, y las existencias no decaen. Los falsificadores están dispuestos a enfrentarse a penas económicas y de cárcel con tal de beneficiarse de estas ventas. Sus réplicas son ilegales y, habitualmente, de pésima calidad. Se pueden encontrar en ciertos distritos de cualquier gran ciudad del mundo, y, cada vez más, online.

En el mercado de segunda mano, el fenómeno de las superfalsificaciones continúa creciendo. Las falsificaciones no son inocentes imitaciones u homenajes, sino un producto del crimen organizado.

Si está usted, aunque solo sea remotamente, dispuesto a comprar un Rolex vintage falso, entonces este libro y estos relojes no son para usted. No se sienta mal si no cuenta con el patrimonio o los ingresos necesarios. Simplemente, usted no está listo para los Rolex vintage. En su lugar, invierta su dinero en un reloj genuino y más asequible, como un Longines, un Seiko, un Zenith o cualquier otra marca coleccionable. Será usted mucho más feliz.

Si lleva usted un Rolex falso, tarde o temprano será puesto en evidencia. Entonces podrá usted admitir que es un imbécil y que el reloj es una birria, o podrá demostrar que es un imbécil e insistir en que es original. En cualquier caso, quedará expuesto y será ridiculizado. No lo haga.

La fortuna favorece a los audaces y la vida no hace sino acortarse. Así que encuentre un Rolex vintage genuino que le apasione, asegúrese de que puede permitírselo y lúzcalo con orgullo. Admírelo, presuma de él, disfrútelo, compártalo. El amor por un reloj se manifiesta a través del desgaste y las peculiaridades no originales.

Si ha llegado hasta este punto de la guía, me gustaría darle las gracias por su compra y por el tiempo que ha dedicado a su lectura

Espero que le sea de utilidad en su viaje. Si le sirve para comprar un reloj, me gustaría saber de usted. Si tiene alguna sugerencia, corrección, o incluso más información, por favor, póngase en contacto conmigo.

Pueden encontrarme en Instagram

@morning_tundra

O contactarme mediante email

morningtundra@gmail.com

¡Buena suerte!

www.ingramcontent.com/pod-product-compliance
Lightning Source LLC
Chambersburg PA
CBHW061753290426
44108CB00029B/2976